家社会科学基金后期资助重点项目（20FJLA001）阶段性成果
家社会科学基金重大研究专项项目（18VXK002）阶段性成果

国家"双一流"建设学科
辽宁大学应用经济学系列丛书

学术系列

总主编◎林木西

国民经济学发展报告
（2012-2019）

Report on National Economics Development（2012-2019）

林木西　赵德起　编著

中国财经出版传媒集团
经济科学出版社
Economic Science Press

图书在版编目（CIP）数据

国民经济学发展报告：2012-2019/林木西，赵德起编著．
—北京：经济科学出版社，2020.11
（辽宁大学应用经济学系列丛书．学术系列）
ISBN 978-7-5218-2148-2

Ⅰ.①国…　Ⅱ.①林…②赵…　Ⅲ.①中国经济-
国民经济发展-研究报告-2012-2019　Ⅳ.①F123

中国版本图书馆 CIP 数据核字（2020）第 242638 号

责任编辑：李一心
责任校对：孙　晨
责任印制：范　艳　张佳裕

国民经济学发展报告（2012~2019）

林木西　赵德起　编著

经济科学出版社出版、发行　新华书店经销

社址：北京市海淀区阜成路甲 28 号　邮编：100142

总编部电话：010-88191217　发行部电话：010-88191522

网址：www. esp. com. cn

电子邮箱：esp@esp. com. cn

天猫网店：经济科学出版社旗舰店

网址：http://jjkxcbs. tmall. com

北京季蜂印刷有限公司印装

710×1000　16 开　14 印张　210000 字

2021 年 3 月第 1 版　2021 年 3 月第 1 次印刷

ISBN 978-7-5218-2148-2　定价：56.00 元

（图书出现印装问题，本社负责调换。电话：010-88191510）

（版权所有　侵权必究　打击盗版　举报热线：010-88191661

QQ：2242791300　营销中心电话：010-88191537

电子邮箱：dbts@esp. com. cn）

总　序

　　本丛书为国家"双一流"建设学科辽宁大学"应用经济学"系列丛书，也是我主编的第三套系列丛书。前两套系列丛书出版后，总体看效果还可以：第一套是《国民经济学系列丛书》（2005年至今已出版13部），2011年被列入"十二五"国家重点出版物出版规划项目；第二套是《东北老工业基地全面振兴系列丛书》（共10部），在列入"十二五"国家重点出版物出版规划项目的同时，还被确定为2011年"十二五"规划400种精品项目（社科与人文科学155种），围绕这两套系列丛书取得了一系列成果，获得了一些奖项。

　　主编系列丛书从某种意义上说是"打造概念"。比如说第一套系列丛书也是全国第一套国民经济学系列丛书，主要为辽宁大学国民经济学国家重点学科"树立形象"；第二套则是在辽宁大学连续主持国家社会科学基金"八五"至"十一五"重大（点）项目，围绕东北（辽宁）老工业基地调整改造和全面振兴进行系统研究和滚动研究的基础上持续进行探索的结果，为促进我校区域经济学学科建设、服务地方经济社会发展做出贡献。在这一过程中，既出成果也带队伍、建平台、组团队，使得我校应用经济学学科建设不断跃上新台阶。

　　主编这套系列丛书旨在使辽宁大学应用经济学学科建设有一个更大的发展。辽宁大学应用经济学学科的历史说长不长、说短不短。早在1958年建校伊始，便设立了经济系、财政系、计统系等9个系，其中经济系由原东北财经学院的工业经济、农业经济、贸易经济三系合成，财税系和计统系即原东北财经学院的财信系、计统系。1959年院系调整，将经济系留在沈阳的辽宁大学，将财政系、计统系迁到大连组建辽宁财经学院（即现东北财经大学前身），将工业经济、农业经济、贸易经济三个专业的学生培养到毕业为止。由此形成了辽宁大学重点发展理论经济学（主要是政治经济学）、辽宁财经学院重点发展应用经济学的大体格局。实际上，后来辽宁大学也发展了应用经济学，东北财经大学也发展了理论经济学，发展得都不错。1978 年，辽宁大学恢复招收工业经济本科生，1980 年受人民银行总行委托、经教育部批准开始招收国际金融本科生，1984 年辽宁大学在全国第一批成立了经济管理学院，增设计划统计、会计、保险、投资经济、国际贸易等本科专业。到 20 世纪 90 年代中期，辽宁大学已有西方经济学、世界经济、国民经济计划与管理、国际金融、工业经济 5 个二级学科博士点，当时在全国同类院校似不多见。1998 年，建立国家重点教学基地"辽宁大学国家经济学基础人才培养基地"。2000 年，获批建设第二批教育部人文社会科学重点研究基地"辽宁大学比较经济体制研究中心"（2010 年经教育部社会科学司批准更名为"转型国家经济政治研究中心"）；同年，在理论经济学一级学科博士点评审中名列全国第一。2003 年，在应用经济学一级学科博士点评审中并列全国第一。2010 年，新增金融、应用统计、税务、国际商务、保险等全国首批应用经济学类专业学位硕士点；2011 年，获全国第一批统计学一级学科博士点，从而实现经济学、统计学一级学科博士点"大满贯"。

在二级学科重点学科建设方面，1984 年，外国经济思想史（即后来的西方经济学）和政治经济学被评为省级重点学科；1995 年，西方经济学被评为省级重点学科，国民经济管理被确定为省级重点扶持学科；1997 年，西方经济学、国际经济学、国民经济管理被评为省级重点学科和重点扶持学科；2002 年、2007 年国民经济学、世界经济连续两届被评为国家重点学科；2007 年，金融学被评为国家重点学科。

在应用经济学一级学科重点学科建设方面，2017 年 9 月被教育部、财政部、国家发展和改革委员会确定为国家"双一流"建设学科，成为东北地区唯一一个经济学科国家"双一流"建设学科。这是我校继

1997 年成为"211"工程重点建设高校 20 年之后学科建设的又一次重大跨越，也是辽宁大学经济学科三代人共同努力的结果。此前，2008 年被评为第一批一级学科省级重点学科，2009 年被确定为辽宁省"提升高等学校核心竞争力特色学科建设工程"高水平重点学科，2014 年被确定为辽宁省一流特色学科第一层次学科，2016 年被辽宁省人民政府确定为省一流学科。

在"211 工程"建设方面，在"九五"立项的重点学科建设项目是"国民经济学与城市发展"和"世界经济与金融"，"十五"立项的重点学科建设项目是"辽宁城市经济"，"211 工程"三期立项的重点学科建设项目是"东北老工业基地全面振兴"和"金融可持续协调发展理论与政策"，基本上是围绕国家重点学科和省级重点学科而展开的。

经过多年的积淀与发展，辽宁大学应用经济学、理论经济学、统计学"三箭齐发"，国民经济学、世界经济、金融学国家重点学科"率先突破"，由"万人计划"领军人才、长江学者特聘教授领衔，中青年学术骨干梯次跟进，形成了一大批高水平的学术成果，培养出一批又一批优秀人才，多次获得国家级教学和科研奖励，在服务东北老工业基地全面振兴等方面做出了积极贡献。

编写这套《辽宁大学应用经济学系列丛书》主要有三个目的：

一是促进应用经济学一流学科全面发展。以往辽宁大学应用经济学主要依托国民经济学和金融学国家重点学科和省级重点学科进行建设，取得了重要进展。这个"特色发展"的总体思路无疑是正确的。进入"十三五"时期，根据"双一流"建设需要，本学科确定了"区域经济学、产业经济学与东北振兴""世界经济、国际贸易学与东北亚合作""国民经济学与地方政府创新""金融学、财政学与区域发展""政治经济学与理论创新"五个学科方向。其目标是到 2020 年，努力将本学科建设成为立足于东北经济社会发展、为东北振兴和东北亚区域合作做出应有贡献的一流学科。因此，本套丛书旨在为实现这一目标提供更大的平台支持。

二是加快培养中青年骨干教师茁壮成长。目前，本学科已形成包括长江学者特聘教授、国家高层次人才特殊支持计划领军人才、全国先进工作者、"万人计划"教学名师、"万人计划"哲学社会科学领军人才、国务院学位委员会学科评议组成员、全国专业学位研究生教育指导委员会委员、文化名家暨"四个一批"人才、国家"百千万"人才工程入选者、国家级教学名师、全国模范教师、教育部新世纪优秀人才、教育部高等学校教学指导委员会主任委员和委员、国家社会科学基金重大项目首席专家等在内的学科团队。本丛书设学术、青年学者、教材、智库四个子系列，重点出版中青年教师的学术著作，带动他们尽快脱颖而出，力争早日担纲学科建设。

三是在新时代东北全面振兴、全方位振兴中做出更大贡献。面对新形势、新任务、新考验，我们力争提供更多具有原创性的科研成果、具有较大影响的教学改革成果、具有更高决策咨询价值的智库成果。丛书的部分成果为中国智库索引来源智库"辽宁大学东北振兴研究中心"和"辽宁省东北地区面向东北亚区域开放协同创新中心"及省级重点新型智库研究成果，部分成果为国家社会科学基金项目、国家自然科学基金项目、教育部人文社会科学研究项目和其他省部级重点科研项目阶段研究成果，部分成果为财政部"十三五"规划教材，这些为东北振兴提供了有力的理论支撑和智力支持。

这套系列丛书的出版，得到了辽宁大学党委书记周浩波、校长潘一山和中国财经出版传媒集团副总经理吕萍的大力支持。在丛书出版之际，谨向所有关心支持辽宁大学应用经济学建设与发展的各界朋友，向辛勤付出的学科团队成员表示衷心感谢！

林木西

2019 年 10 月

序 言

国民经济学是具有鲜明中国特色的学科，国民经济作为国民经济学研究的主要内容，是关乎国计民生的重大研究课题。因此，长期以来，众多学者对以国民经济为核心内容的国民经济学的研究倾注了大量心血，取得了大量科研成果。这些研究对中国特色国民经济发展的实践做出了深入全面地剖析，极大地丰富了国民经济学的思想与理论，进一步地为中国特色国民经济学的发展注入了源源不断的动力，推动国民经济学的持续发展与创新。

党的十八大以来，全球经济发展面临着新的战略机遇期，进入新的历史阶段。我国在全面建设小康社会进程中始终坚持以人为本，不断进行实践创新、理论创新、制度创新，推进国民经济全面协调可持续发展。在这一进程中，我国主动适应新发展环境，强化以人民为中心，主动转变发展方式，调整经济结构，践行创新、协调、绿色、开放、共享的发展理念，建设现代化经济体系，强化供给侧结构性改革，实施精准扶贫，促进乡村全面振兴，推进治理体系与治理能力现代化，全面促进经济高质量发展，一系列与时俱进的发展理念、思想与实践不断涌现。诸多国民经济改革发展的事实为国民经济学学者开展研究提供更多的平台，拓展更为丰富的研究领域，有利于产出国民经济学发展的新成果。

本书基于我国国民经济学的研究成果，在由笔者撰写且散见于《中国经济学发展报告》（黄泰岩著，经济科学出版社）国民经济学部分的基础上，对2012~2019年国民经济学发展的情况分年度进一步做了梳理。笔者根据2012~2019年国民经济学研究的主要内容及重点领域，主要从国民经济学学科发展、中国经济发展、宏观经济调控、经济的微观规制四个方面对国民经济学的发展归纳总结，以飨读者。

国民经济学学科发展方面，本书主要归纳了国民经济学的研究对象、研究方法、研究内容等方面的相关成果，明晰了近年来国民经济学研究对象、研究方法、研究内容等方面的发展变化，得出了国民经济学科研究中实践研究较多、思想与理论研究相对薄弱等基本规律，为国民经济学学科的研究提供了一个基本思路。

中国经济发展问题是国民经济学研究的重点内容，诸多学者在这一领域均有重要论述。本书主要从中国经济发展的挑战、发展的机遇和新常态、影响因素、经济发展转型、经济发展动力、经济发展空间等方面对中国经济发展的相关研究成果进行了分析归纳。总的来看，中国自2012年以来，经济发展已经进入一个新的历史时期，除了涉及与经济发展相关的需求、投资、创新等传统问题，还涉及供给侧结构改革、高质量发展、治理体系与治理能力现代化等新的问题，涉及领域包括国有企业改革、城乡融合、对外开放、区域均衡等，研究成果丰富，研究结论具有较大的借鉴意义。

宏观调控作为国民经济学的重要研究内容，2012年以来成果颇丰。这些成果多集中于政府职能与作用、宏观调控目标与机制、宏观调控政策三个方面，涉及宏观调控的理论与实践。具体来说，研究成果包括政府与市场关系、产业政策、财政政策、货币政策、居民收入、对外贸易政策等诸多内容，较好地展示了我国近年来宏观调控的基本思路与主要举措。总的来看，对宏观调控的实践研究较多，理论研究相对较少。

微观规制改革方面的研究，主要体现在经济性规制、社会性规制、规制体制改革、规制体系改革四个方面的理论与实践研究上，研究成果很好地展示了我国微观规制改革领域的基本思路、重点领域与基本特征。总体来看，我国微观规制改革近年来规制体制改革不断深入，规制体系不断完善，在不断优化经济性规制手段与方式外，在社会性规制方面取得了较大进展，尤其是在环境规制方面取得了长足的进展。微观规制很好地发挥了促进经济公平、高效高质发展的作用，对我国经济发展的作用日益显著。

　　本书在编写过程中，博士研究生沈秋彤、谢朝辉、王雨薇、孟琳等，硕士研究生唐旺、王艾佳、魏琳、解冰洁、刘书昊、方照、朱凯璐、张家星、李飒等协助撰写了部分内容，外语专业赵予宁完成了部分外文文献的翻译与校对工作，特此表示感谢。

　　由于资料不够充分等原因，本书会存在不完善的地方，请各位方家批评斧正，以便作者修改订正。

林木西　赵德起

2020 年 10 月 10 日

目　　录

第一章

2012 年国民经济学发展

一、学科发展

刘伟认为国民经济学专业是一个具有中国特色的专业，并将其研究主要定位于"对宏观经济运行状况的把握、数据的核算与管理"。[1] 王廷惠认为，中国的国民经济学应该重点强调国家战略利益导向、国情与本土化语境，关注可持续发展。[2] 高昊认为，在国民经济学科建设持续升温的同时，面临着国内学科分工不明确和专业同行不同语的尴尬，需要进一步弄清楚国民经济学学科的内涵、特点、研究对象和内容。[3] 邹晓芟认为国民经济学的理论原则是以物为本，而马克思批判国民经济学的武器是以人为本。[4]

---

[1] 刘伟：《国民经济学》，上海财经大学出版社 2012 年版。

[2] 王廷惠：《国民经济评论·首发辞》，载《国民经济评论第 1 辑》，经济科学出版社 2012 年版。

[3] 高昊：《对发展国民经济学学科的思考》，载《合作经济与科技》2012 年第 23 期。

[4] 邹晓芟：《马克思和国民经济学的原则分野："以人为本"还是"以物为本"——〈1844 年经济学哲学手稿〉研究一得》，载《武汉大学学报（人文科学版）》2012 年第 3 期。

二、经 济 发 展

（一）经济发展形势

1. 包容性经济发展

高传胜认为中国应该推进包容性发展，需要围绕着发展主体的人人有责、发展内容的全面协调、发展过程的机会均等、发展成果的利益共享四个方面，从公共服务体系建立健全、公共政策改革完善和公共管理规范提升三个方面着力。中国近期突破的重点是建立覆盖全民的社会保障体系，充分发展教育、医疗卫生等社会服务业和优化国民收入分配政策。[①] 方勇等认为从开放视角看，包容性增长主要体现在贸易和投资自由化、反对投资和贸易保护主义。[②] 周小亮、刘万里认为为了实现"民富优先"的发展战略，应该建立以民生福利为核心并有阶层差异的包容性发展测评指标体系，并进一步地将这种绩效考察的原则稳固成规制官员行为的制度，从而引导管理者的行为，进而传导至个人行为偏好，最终实现情境的改进。[③] 卢现祥、徐俊武认为改革开放以来中国经济增长总体上具有共享性，但是大部分年份的共享程度较低。长期内，在公共支出、部门效应和政府治理水平三大类因素中公共支出方面的三个变量对共享增长指数的影响最大，短期内，政府一般性支出和政府规模对共

[①] 高传胜：《论包容性发展的理论内核》，载《南京大学学报》2012 年第 1 期。

[②] 方勇、戴翔、张二震：《论开放视角的包容性增长》，载《南京大学学报》2012 年第 1 期。

[③] 周小亮、刘万里：《包容性发展水平测量评价的理论探讨》，载《社会科学研究》2012 年第 2 期。

享式增长程度有非常显著的消极影响。[①] 于敏、王小林认为中国经济发展总体上呈现出包容性趋势，经济增长迅速并且带来了就业增长，提高了人的基本能力和基础社会保障水平，但是中国包容性增长整体水平较低，并且发展缓慢，收入不平等越来越显著，成为中国实现经济包容性增长的巨大障碍。[②]

2. 影响经济发展的因素

黄泰岩认为扩大内需是后国际金融危机时期我国保持经济平稳较快增长的必然要求，把握这一基点的关键在于将扩大内需与优化经济结构结合起来，着力促进消费结构与投资结构相适应，形成增长的长效机制。主要包括优化居民收入结构的消费主体结构扩大消费需求；优化产业结构、城乡结构和区域结构扩大投资需求；优化初次分配结构，通过调整企业与居民收入比例来提高居民收入。[③] 对于中国经济增长的核心动力，丁志国、赵宣凯、苏治认为劳动力不是影响中国增长的核心动力，关于中国经济增长的"人口红利说"不存在有效的科学依据；固定资产投资仍然是中国经济增长行之有效的驱动力量，但不是在第二产业而是第三产业；技术进步才是驱动中国经济健康持续增长的核心动力。[④] 倪国华、郑风田研究表明在控制了基础设施、债务水平、技术创新以及储蓄率这些影响因素之后，通胀对陷入"中等收入陷阱"的国家的人均 GDP 增长率有着显著的负影响，即使是在年均通胀率只有5.14% 的东亚国家中，通胀对人均 GDP 增长率的平均影响也达到了

---

① 卢现祥、徐俊武：《中国共享式经济增长实证研究——基于公共支出、部门效应和政府治理的分析》，载《财经研究》2012 年第 1 期。
② 于敏、王小林：《中国经济的包容性增长：测量与评价》，载《经济评论》2012 年第 3 期。
③ 黄泰岩：《正确把握扩大内需这一战略基点》，载《求是》2012 年第 12 期。
④ 丁志国、赵宣凯、苏治：《中国经济增长的核心动力——基于资源配置效率的产业升级方向与路径选择》，载《中国工业经济》2012 年第 9 期。

1.23 个百分点~2.21 个百分点，影响比重达到了 27%~28%。[1] 蔡晓陈认为二元经济结构变化是影响中国经济周期波动的一个显著因素，在 1995 年以前这一因素的作用更为突出。[2] 王林辉、董直庆认为资本体现式技术进步是生产率增长的重要来源，但技术效率实现与否内嵌于经济环境，受制于行业利润率及技术与人力资本的匹配程度。行业整体合意技术结构效应不明显，而以利润率和国有化程度分组发现，高国有化行业和高利润行业存在合意技术结构。[3] 张其仔、伍业君、王磊认为地区专业化是经济复杂度推动地区经济增长的主要途径。除人力资源外，要素投入、外商直接投资、出口以及交通基础设施都直接或间接地对地区经济增长和地区专业化产生正面影响。[4] 庄子罐等通过构建 DSGE 模型，探讨了预期冲击驱动经济波动的机制及其动态特征，结果表明预期冲击是改革开放以来中国经济周期波动最主要的驱动力，预期冲击可以解释超过 2/3 的经济总量的波动。[5] 李勇、王满仓、高煜认为当交易效率较低时，生产风险成本较高，那么国有企业的产权安排将有利于节约生产风险成本而促进经济增长；反之，交易风险成本较高，于是民营企业将因为有利于降低交易风险成本而促进经济增长。国有企业的低效率需要以市场（交易效率）的高效率为前提，即当市场失灵或缺失时，国有企业仍旧不失为一种有效率的产权结构并促进经济增长。[6] 另外，曹玉书、楼东玮认为要素流动障碍和资源误置因素的存在不仅影响经济短期

---

① 倪国华、郑风田：《通货膨胀与"中等收入陷阱"：家庭福利损失的视角》，载《经济理论与经济管理》2012 年第 3 期。

② 蔡晓陈：《中国二元经济结构变动与全要素生产率周期性——基于原核算与对偶核算 TFP 差异的分析》，载《管理世界》2012 年第 6 期。

③ 王林辉、董直庆：《资本体现式技术进步、技术合意结构和我国生产率增长来源》，载《数量经济技术经济研究》2012 年第 5 期。

④ 张其仔、伍业君、王磊：《经济复杂度、地区专业化与经济增长——基于中国省级面板数据的经验分析》，载《经济管理》2012 年第 6 期。

⑤ 庄子罐、崔小勇、龚六堂、邹恒甫：《预期与经济波动——预期冲击是驱动中国经济波动的主要力量吗?》，载《经济研究》2012 年第 6 期。

⑥ 李勇、王满仓、高煜：《适度补贴、次优产权安排与长期经济增长》，载《管理世界》2012 年第 7 期。

的产出总量及其产出比例，也影响经济长期产出组合方式（生产前沿面），若消除所有错配年份的错配因素，则在这些年份中，中国 GDP 增长平均每年提高 0.90 个百分点。①

3. 经济增长速度及方式

牛立超认为中国经济目前潜在的增长率为 8% ~ 10%，中值为 9%。从未来更长时期来看，由于经济结构的调整和人口红利等诸多因素的影响，中国经济潜在增长率将会下降，宏观经济调控将更多地注重多维动态平衡。② 洪银兴认为虽然推动经济增长的基本动力还会继续发挥作用，但是一些重要的动力因素的作用正在衰减，从而影响未来的持续快速增长。要注重消费增长、公平增长、创新增长、竞争增长等方面。③ 卫玲认为中国经济传统红利逐渐消退，必须通过调整收入分配制度、推进城乡二元体制改革、促进创新型经济的发展来创造新的红利空间。④ 周游、翟建辉认为中国目前正处在创新高涨、潜在增长率下滑的阶段，虽然经济增速在短期内会放缓，但技术创新在 2013 ~ 2023 年对经济会有拉升作用。⑤ 欧阳峣、易先忠、生延超认为经济增长方式随技术水平的提升从"生产性投资驱动"到"模仿主导"到"创新主导"逐步转换。基于我国省级面板数据的经验分析表明：在不同技术水平的区域，生产性投资与研发投资、模仿与创新对经济增长和技术进步的效应不同。我国作为一个后发大国在推进经济增长方式转变过程中也应根据与国际前沿的技术差距，合理配置生产性投资与研发投资、模仿投资与创

① 曹玉书、楼东玮：《资源错配、结构变迁与中国经济转型》，载《中国工业经济》2012 年第 10 期。

② 牛立超：《中国经济的潜在增长率及其多维动态平衡》，载《改革与战略》2011 年第 12 期。

③ 洪银兴：《我国经济长期持续快速增长的动力因素分析》，载《辽宁大学学报》2012 年第 1 期。

④ 卫玲：《中国经济增长红利的变化及其新红利空间的创造》，载《西北大学学报》2012 年第 5 期。

⑤ 周游、翟建辉：《长波理论、创新与中国经济周期分析》，载《经济理论与经济管理》2012 年第 5 期。

新投资，并根据我国区域技术水平的差异性，"分层"推进经济增长方式的转变。[1] 袁志刚、余宇新认为中国经济目前缺乏可持续的增长动力，必须实行以市场化为指向的改革，以政府职能转变为前提条件，以市场化改革为主线，增强市场活力，促进资产的资本化进程，提高市场运行效率，尤其是应该以土地资产的资本化为切入点、以金融市场利率市场化为条件，进一步加快劳动力要素流动，促进经济发展。[2] 面对中国经济下行压力，魏杰、施成杰认为稳定中国经济增长必须转变增长方式，从依靠成本优势转向技术创新，从出口导向转向内需拉动，从政府主导转向以市场经济为基础。而转向方式必须以调整结构为基础，包括需求结构、分配结构、产业结构到增长动力结构等。[3] 对于中国经济发展方式转变的进程，何菊莲、张轲、唐未兵认为我国经济发展方式转变进程需要加快，其制约主要来自五个方面：经济体制和经济结构、资源环境、粗放经济发展方式的惯性、经济技术手段和水平、人力资本智能水平。提出需要通过大力培养人力资本智能推动科技进步、进行制度创新和政策调整促进产业结构优化、提升人力资本的自主创新能力等措施加快经济发展方式转变。[4]

4. 经济发展的质量

朱启贵认为中国经济在快速发展中出现了资源消耗高、生态环境污染严重、社会矛盾突出等问题，[5] 经济发展的质量堪忧。郭晗、任保平认为高质量的经济增长应该使大多数人能够从增长中受益。国民收入初

[1] 欧阳峣、易先忠、生延超：《技术差距、资源分配与后发大国经济增长方式转换》，载《中国工业经济》2012年第6期。
[2] 袁志刚、余宇新：《中国经济长期增长趋势与短期波动》，载《学术月刊》2012年第7期。
[3] 魏杰、施成杰：《中国当前经济稳增长的重点应当放在哪里?》，载《经济问题探索》2012年第9期。
[4] 何菊莲、张轲、唐未兵：《我国经济发展方式转变进程测评》，载《经济学动态》2012年第10期。
[5] 朱启贵：《中国经济"慢"增长的多维观察》，载《学术前沿》2012年第6期（下）。

次分配中的劳动报酬占比，通过改变经济增长源泉结构和改变收入分配格局来影响经济增长质量。自 20 世纪 90 年代中期以来我国劳动报酬占比不断下降，变化大部分来自资本收入的挤压，小部分来自政府收入的挤压，国民收入的分配可能存在着"利润侵蚀工资"的现象，进一步导致了居民消费不足。资本深化和资本偏向性技术进步是我国劳动报酬比下降的重要原因。[①] 王建国、周建慧认为中国在施行低碳发展战略中可以通过文化政策激发全民低碳发展的使命、动力和激情；通过信息政策保证科学低碳发展的依据；通过科技政策寻求有效的方法；通过权变政策保证低碳发展对环境变化做变通；通过政策艺术根据对象的不同对低碳发展做调整和通过整合政策保证协同一致地对低碳发展做统筹。[②] 江飞涛等认为在地方政府低价供地等所导致的补贴效应、地方政府低价供地以及直辖市配套贷款等行为的影响下，企业自有投资过低所导致的严重风险外部化效应扭曲了企业的投资行为，导致企业过度的产能投资、行业产能过剩。[③] 李炳炎对"中国模式"的经济发展提出三个完善方式：一是发展战略从"以物为本"转向"以人为本"；二是发展理念从"利益独占"转向"利益分享"；三是发展方式从"以 GDP 为中心"转向"分享型经济发展"。[④]

5. 经济结构调整

朱安东、大卫·科茨认为中国经济增长主要依赖出口和投资，中国的增长模式需要结构性的改变，在当前不可持续的增长模式中获益的集团是改变现有模式将会遇到的最严重的障碍。若不改变发展方式，中国

① 郭晗、任保平：《中国经济增长质量：增长成果分享性视角的评价》，载《海派经济学》第 33 辑。

② 王建国、周建慧：《中国低碳发展战略和政策制定的六维路线图》，载《北京大学学报》2012 年第 3 期。

③ 江飞涛、耿强、吕大国、李晓萍：《地区竞争、体制扭曲与产能过剩的形成机理》，载《中国工业经济》2012 年第 6 期。

④ 李炳炎：《"中国模式"的完善与"分享型经济发展方式"》，载《海派经济学》2012 年第 2 期。

经济增长会出现严重减速。① 交通银行金融研究中心课题组认为中国经济在高速增长的同时，不断扩大的结构失衡问题一直制约着可持续发展和社会公平的实现。其主要表现为城乡二元结构、"阶梯式"区域经济结构、轻视服务业的非均衡产业结构、过分倚重投资和出口拉动的非均衡增长动力结构、倚重低成本要素的低附加值的非均衡贸易结构。实现经济结构均衡化的基本原则是克服地方利益对结构均衡化的抵触和掣肘倾向，克服垄断部门和既得利益者对结构均衡化的利益调整的抵触和掣肘倾向，坚持"稳中求进"对货币政策适时进行预调微调，强化财政政策在结构均衡化中的作用，实施均衡化协调发展的产业政策，稳步推进发展模式和经济体制的转型。② 石永拴、肖继五、高士亮认为产业结构的失衡会造成收入分配结构、消费投资及外贸结构的失衡，并且是"双顺差"形成的根源；收入分配结构、消费投资及外贸结构的不合理，可强化国际收支的"双顺差"格局。因此需要对宏观经济结构进行调整，重点在于：推行国民收入的存量调节，增强收入分配结构的调整力度；运用"小政府、大市场"的运行模式，改善投资消费及外贸结构；通过提升附加值创造力，引导产业结构实现优化与调整。③ 韩文秀认为中国未来经济结构演变的基本方向和内在要求可以描述为"四个发展"和"四化"，即协调发展、绿色发展、创新发展和包容发展，高端化、轻型化、信息化和一体化。政策方面主要倾向于扩大内需、稳定出口增加进口、利用外资与对外投资并重、节能减排、社会保障体系建设等方面。④

---

① 朱安东、大卫·科茨：《中国的经济增长对出口和投资的依赖》，载《国外理论动态》2012 年第 3 期。

② 交通银行金融研究中心课题组：《中国经济结构的非均衡性质与均衡化机制》，载《新金融》2012 年第 4 期。

③ 石永拴、肖继五、高士亮：《我国宏观经济的结构性失衡对"双顺差"的影响研究》，载《经济学动态》2012 年第 10 期。

④ 韩文秀：《中国经济结构调整的现状和展望》，载《中国发展观察》2012 年第 4 期。

（二）需求问题

1. 需求结构

李永久根据其构建的居民消费率变化与消费结构变化中的收入效应、规模效应和结构效应之间的关系模型模拟居民消费率变化趋势对我国需求结构失衡情况进行的评估表明：尽管我国需求结构存在失衡，但失衡程度相对有限，如果剔除水平因素，失衡总体上还是在经济增长可以承受范围之内，其中，居民消费只是近年来才表现出偏离一般水平的变化模式。[1] 此外，杨晓龙、葛飞秀认为从中国需求结构失衡的权重来看，内外需结构失衡的权重最大，历年均超过 40%。从不考虑权重的失衡指数来看，我国需求结构失衡主要是消费和投资的失衡；从考虑权重构建的需求结构失衡指数来看，消费和投资的失衡仍旧构成了需求结构推移的主要部分，且需求结构出现过两次大的失衡高峰期，即 1993 年和 2000 年前后。[2] 纪明认为消费需求是经济增长的最初需求动力，对经济增长的驱动作用由强变弱再变强，受消费需求导向的投资需求对经济增长的驱动作用由弱变强再变弱；均衡增长状态下，产出与投资、消费同步增长，价格水平基本稳定；相对于消费需求而言，投资需求的"投资滞后性"和"投资惯性"的存在使投资常与消费非同步增长，导致经济失衡和价格水平规律性波动，早期价格上升为消费需求拉动，中后期为成本拉动。[3] 柳欣、赵雷、吕元祥进一步探究了需求结构失衡的原因，认为存量—流量比例失衡、收入分配差距拉大、需求结构失衡之间存在着循环累积机制，结果集中表现为有效需求不足。只有降低过高的

---

[1]　李永久：《我国需求结构失衡及其程度评估》，载《经济学家》2012 年第 1 期。
[2]　杨晓龙、葛飞秀：《中国需求结构失衡：现状、度量及调整》，载《新疆财经》2012 年第 4 期。
[3]　纪明：《需求驱动下的经济增长及增长中的价格水平波动——基于投资与消费本质属性分析框架的阐释》，载《经济与管理研究》2012 年第 1 期。

资产值，恢复存量—流量的合适比例才是摆脱这一困境的根本办法。①

2. 消费需求

对于中国难以启动内需问题，沈坤荣、刘东皇从预防性储蓄理论出发从不确定性、收入分配和公共支出三个视角系统地研究中国居民消费的制约因素，认为居民的谨慎消费行为、收入分配的不合理和公共支出转型滞后等都严重地制约着我国居民消费的增长。② 胡永刚、郭新强认为中国居民消费与政府生产性支出表现出稳健的正相关关系。政府支出增加在提高税负、挤出居民消费的同时，也通过其生产性增加收入、挤入居民消费；政府支出增加究竟挤入还是挤出居民消费取决于两种效应的比较以及政府的生产性支出比重和税负水平。③ 此外，郭春丽认为贸易顺差增长过快、投资和消费关系不协调，存在制约居民消费的体制机制，共同导致进入 21 世纪以来我国内需率持续大幅下降。扩大内需的长效机制建立需要把握扩大内需与降低净出口并重、扩大内需与提高内需增长质量并重两个要点。④

3. 能源需求

徐铭辰等认为 2015 年、2020 年我国能源需求量将分别达到 28.4 亿吨和 34.9 亿吨油当量。分别比 2009 年增长 30.8% 和 60.9%。2021~2030 年，我国将处于前所未有的能源消费高增长期，调整产业结构和能源结构将是控制我国能源消费的关键。⑤ 李文洁认为能源开发强度对

---

① 柳欣、赵雷、吕元祥：《我国经济增长中的需求结构失衡探源——基于存量流量均衡的分析视角》，载《经济学动态》2012 年第 7 期。

② 沈坤荣、刘东皇：《是何因素制约着中国居民消费》，载《经济学家》2012 年第 1 期。

③ 胡永刚、郭新强：《内生增长、政府生产性支出与中国居民消费》，载《经济研究》2012 年第 9 期。

④ 郭春丽：《我国内需率下降的成因及建立扩大内需长效机制的思路》，载《经济理论与经济管理》2012 年第 9 期。

⑤ 徐铭辰、岑况、李建武、陈其慎：《基于倒 "U" 形规律的中国未来 10 年能源需求预测》，载《资源与产业》2011 年第 5 期。

总体经济的影响为负，说明能源开发强度在一定程度上制约了经济增长。从影响时间上来看，其影响逐渐从正向转为负向；从影响区域来看，西部、中部为负，东部为正。宏观政策的倾斜导致东西部出现产业结构差异，各地区应该发展适宜本区域的低碳经济发展战略。[1]

（三）通货膨胀的形成与治理

1. 我国通货膨胀的形成原因

张会清、王剑认为通胀预期和成本因素能够快速传导至通胀指标，但其影响力可以在短期内予以消化。而需求因素和货币因素对通胀指标的传导时滞相对较长，但影响更为深远，是决定通胀变动的根源所在。[2] 谢家智、张明研究发现中国的物价上涨并不是货币超发带来的流动性过剩引发的，货币供给的内生性、货币流通速度下降以及虚拟经济发展等因素，使得货币超发向物价上涨的传递管道受钳制。但通过预期的自我实现机制，流动性过剩可能助推通货膨胀拉动价格上涨，在长期决定价格水平的仍会是货币供给。[3] 陆军、刘威、李伊珍认为工资水平对通胀的影响明显，国内和进口中间品价格对通胀水平都存在显著的价格传导效应，国际能源价格对通胀具有正向冲击，存在输入性通胀效应，通胀预期和通胀惯性对通胀水平的影响显著。[4] 张天顶认为中国高的通货膨胀水平将带来通货膨胀不确定性的增加，而不确定性的增加也

---

① 李文洁：《中国低碳经济的发展研究——基于能源开发与经济增长的视角》，载《经济学家》2012 年第 1 期。

② 张会清、王剑：《我国通胀演变的决定因素与传导机制研究》，载《财贸经济》2012 年第 2 期。

③ 谢家智、张明：《中国的物价上涨是货币超发引起的吗?》，载《经济管理》2012 年第 2 期。

④ 陆军、刘威、李伊珍：《开放经济下中国通货膨胀的价格传递效应研究》，载《世界经济》2012 年第 3 期。

会进一步提高通货膨胀水平。[①]

2. 我国通货膨胀的类型及特点

潘石、周琳认为中国当今的通胀螺旋是混合型通胀螺旋，其形成基础是追求数量扩张的传统经济增长方式与发展方式。[②] 沈悦认为中国的结构性通货膨胀明显，农业部门瓶颈制约明显，产品供给弹性低，当需求短期内增加，农业劳动力、农产品价格上涨的结构性通货膨胀明显，当货币流动性出现过剩，充足的流动性会将结构性通货膨胀推向更高水平，国内货币流动性、外汇储备则起到推波助澜的作用。[③]

3. 我国通货膨胀的治理

崔惠民、李文庆认为从通胀的不确定性来看，PPI 和 CPI 是相互传导的，从传导模式上来看，无论以 PPIMG 还是以 CGPI "充当" PPI，均只能在短期影响 CPI，而 CPI 对它们的影响在长短期都是一贯的，可知 CPI 到 PPI 方向构成了二者的不确定性传导的 "系统性" 路径，通胀治理应从需求方考虑。[④] 潘石、周琳认为目前中国综合治理通胀的总体方略应该是：控货币、降成本、逐正利、涨工资、防 "外输"、扩内需、调结构、转方式、抓改革、促发展。[⑤] 李炳炎、袁灏认为中国化解 "滞胀" 可以建立社会主义分享经济制度，从调整微观经济机制入手，构建调节经济运行的 "自动稳定器"，建立 "标本兼治" 的反 "滞胀" 长效机制。[⑥]

---

① 张天顶：《通货膨胀与通货膨胀不确定性——基于中国数据的实证研究》，载《西部金融》2012 年第 7 期。

②⑤ 潘石、周琳：《通货膨胀螺旋类型、形成机理及治理对策》，载《学习与探索》2012 年第 2 期。

③ 沈悦、申建文：《结构性通货膨胀的一个基本分析框架——基于状态空间时变参数模型的实证》，载《当代财经》2012 年第 2 期。

④ 崔惠民、李文庆：《基于不确定性视角的 PPI 与 CPI 传导关系真相研究》，载《经济学家》2012 年第 2 期。

⑥ 李炳炎、袁灏：《后危机时期反 "滞胀" 的新思路与可行对策——兼论社会主义分享经济运行机制的宏观效应》，载《海派经济学》2012 年第 35 辑。

三、宏观经济调控

（一）宏观调控理论与政策

1. 宏观调控的理论探索

周学认为中国同其他国家一样，政府干预经济，对经济进行调控先后经历了指令性计划干预阶段、总量干预阶段，现正进入局部调控阶段。[①] 王春丽认为近年来我国的宏观调控水平不断提高宏观调控模式呈现出新的特点，"微调"开始成为时代的主旋律，以往"伤筋动骨"的大幅调控正在被"微调"式的精确干预取而代之。[②] 张勇认为中国已经形成了具有自己特色的宏观调控模式，即一元化的调控主体，二元化的调控目标、任务，以及多元化的调控主体。一元化的宏观调控的主体是中央政府，地方政府的经济管理权限仅限于管理调节地方经济的发展。二元化的调控任务是指宏观调控的任务既包括总量调节，也包括结构调整，其目标是短期经济运行的问题平衡和长期内经济社会发展的结构优化。多元化的手段体系是指宏观调控的手段包括经济手段、法律手段和行政手段等其他必要的手段。[③] 赵英、倪月菊认为中国的产业调控政策由着眼于结构调节、技术进步、产业组织调节等方面的中长期政策，逐步进入经济运行宏观调节领域，成为与财政政策、货币政策并列的政府

① 周学：《总量调控与局部调控优劣比较——对现代宏观经济学的反思》，载《经济学动态》2012 年第 2 期。

② 王春丽：《新形势下我国宏观调控的理性选择：从"粗调"到"微调"》，载《改革与战略》2012 年第 5 期。

③ 张勇：《宏观经济管理中国范式的形成与发展——论中国宏观调控的理论价值》，载《中国延安干部学院党报》2012 年第 1 期。

推动经济发展，进行经济宏观调控的重要政策，三大政策并用成为中国政府推动经济发展经济的重要特征。[1] 吴澄秋认为中国未来的治理模式应该是通过市场化改革来减少政府对经济的干预，通过收入分配改革和完善社会保障体系来促进社会福利提供水平的提高。[2]

2. 宏观调控政策的目标

张连成、郎丽华认为无论是从中国经济自身的运行规律还是从世界经济的运行规律来看，未来几年中国经济增长总体上都将呈现向好的趋势，因此在未来一段时间内，保持经济适度增长，促进结构调整，抑制通货膨胀，将成为中国经济发展的主旋律和政策选择的目标。[3] 与此同时，张平认为中国经济已经进入"结构性"引起的中长期减速发展时期，因此常规化的总量宏观政策已经无法对冲结构性减速的调整，需要结构性的改革，以便在基础框架下应对"结构性"减速带来的经济增长的不确定性，建立新的体制机制，完成走向"减速增效"的均衡发展道路。[4] 张曙光认为当前中国宏观经济走势强调四个方面：经济结构调整与发展方式转变、中小企业融资难、政府收入增长与居民收入下降、政府强势社会弱势，基于此，未来改革的方向可概括为：约束政府，壮大社会，回归市场。[5] 肖争艳、姚一旻研究表明在各组参数设定下，5%的通胀和经济增速下滑一个百分点所造成的社会总福利成本分别平均是1.8%和5.9%，通胀福利成本与增长放缓福利成本之比平均为32.9%，相比之下，在不考虑财产再分配效应的计算方法

① 赵英、倪月菊：《财政、货币、产业三大政策并用的宏观调控——亚洲金融危机以来中国经济宏观调控模式探讨》，载《经济管理》2012年第8期。
② 吴澄秋：《中国经济治理模式的演进：路向何方？——基于全球化时代主要经济治理模式的比较分析》，载《外交评论》2012年第6期。
③ 张连城、郎丽华：《中国经济走势与宏观经济政策取向》，载《经济理论与经济管理》2012年第5期。
④ 张平：《"结构性"减速下的中国宏观政策和制度机制选择》，载《经济学动态》2012年第10期。
⑤ 张曙光：《中国宏观经济走势和调控政策选择》，载《战略决策研究》2012年第3期。

中，该比例为约 16%，说明在中长期"保增长"和"防通胀"都具有重要的社会福利意义，因此宏观调控应该将两者都作为重要的政策目标。[①]

3. 宏观调控政策的实施

刘伟认为要提高宏观政策的有效性和科学性，在宏观调控方式上要推动总量与结构、需求与供给、货币与财政、中央与地方各方面的协调，而宏观调控各方面的协调只有依靠市场化改革的深入才真正具有体制基础。[②] 周文、赵果庆认为我国经济增长与通货膨胀处在次优的非均衡运行状态，两者呈现出同向性变动特点，"十二五"期间要以调控 GDP 增长为导向，以从紧货币政策为基础，配合多种调控手段，形成强有力的联合调控机制，以确保 GDP 增长率和 CPI 目标的最优实现。[③] 刘畅认为在益贫式发展的前提下，要进一步推动财政支出结构调整；实行稳健的货币政策，防止通货膨胀水平大幅上升；转变外贸发展方式，优化出口结构。[④] 在外资政策上，由于其对经济增长具有双面性，因此章文光、杨焕城、尹宗平认为政府应该采取改善外商投资环境、提高进入门槛、增强外资政策导向、完善环境法制体系等措施。[⑤] 孔丹凤认为未来中国可以从渐进导入以利率为主要操作工具的通货膨胀目标和财政政策债务目标、设立财政政策委员会等方面构建保证物价稳定的基本操作框架。[⑥] 谢作诗、李善杰认为中国实施过度的财政扩张可能使中国经济

[①] 肖争艳、姚一旻：《我国通胀与经济增长放缓福利成本的比较研究》，载《经济理论与经济管理》2012 年第 5 期。

[②] 刘伟：《当前中国经济失衡的特点与宏观政策的效应》，载《学术月刊》2012 年第 3 期。

[③] 周文、赵果庆：《中国 GDP 增长与 CPI：关系、均衡与"十二五"预期目标调控》，载《经济研究》2012 年第 5 期。

[④] 刘畅：《加速中国益贫式增长的宏观政策模拟及其调整思路》，载《云南财经大学学报》2012 年第 3 期。

[⑤] 章文光、杨焕城、尹宗平：《中国外资政策对经济增长的影响机制研究》，载《北京师范大学学报》2012 年第 4 期。

[⑥] 孔丹凤：《中国的货币政策、财政政策与物价稳定》，载《山东大学学报》2012 年第 4 期。

再次陷入通缩的境地，而财政政策和货币政策的双重过度扩张则可能使中国经济陷入"滞胀"的风险之中。①

（二）产业结构与产业升级

1. 我国产业结构的特征

吕炜、王娟认为中国当前产业结构与其经济发展水平并不相称，以第二产业占 GDP 比重过高为特征的产业结构升级迟滞现象依然严重。较低层次的产业结构已内生于中国经济增长模式，成为维系高增长的重要动力，同时也异化为产业结构自身向高级升级的巨大阻力。②

2. 产业结构调整与产业升级的影响因素及措施、目标

张国胜、胡建军认为在产业升级的过程中，本土市场的互动效应、市场规模的诱致效应与本土规模市场的终端需求效应能对其产生重要影响。这种影响集中体现为互动效应能够引导产业升级的需求发现，需求发现通过市场规模的相互催化为产业升级提供运营支持，终端需求效应式合作有助于发展产业升级所需要的技术能力。我国应该充分利用本土市场的规模效应。③

沈利生研究认为要提高三次产业中第三产业的比重，必须提高最终需求中的消费的比重。④ 汪前元、祝佳、唐松认为中国产业的进一步发展需要形成以内需为导向的产业结构，加大传统产业改造的投资力度，通过财政手段和金融工具扶植具有"增长"能力产业的发展，建立专

① 谢作诗、李善杰：《软预算约束下的宏观经济政策传导机制及政策效应》，载《学术月刊》2012 年第 8 期。
② 吕炜：《高增长背景下的产业结构升级迟滞研究——经验证据与体制解析》，载《财经问题研究》2012 年第 6 期。
③ 张国胜、胡建军：《产业升级中的本土市场规模效应》，载《财经科学》2012 年第 2 期。
④ 沈利生：《最终需求结构变动怎样影响产业结构变动——基于投入产出模型的分析》，载《数量经济与技术经济研究》2011 年第 12 期。

门机构来实施的差别化的产业政策。①

陈明森、陈爱贞、张文刚认为发展中国家产业垂直升级出现低端锁定效应。应该培育企业家的冒险精神，改变其决策偏好；提升升级能力，改变企业升级预期，这是我国企业突破产业垂直升级低端锁定效应的主要路径。② 刘秀莲认为中国产业政策的目标是集中力量实现本国经济结构升级，尽快建立国家自主产业创新能力。政策重点应该向管理创新和技术创新倾斜。③ 孙军、高彦彦认为中国产业结构升级是一个螺旋式上升的路径，传统产业升级促进形成战略性新兴产业，而新兴产业的培育可以为传统产业升级提供支撑，其关键在于发挥比较优势，政府应该制定相应的保护或扶持新兴产业政策。④ 盛朝迅认为中国产业升级需要发挥比较优势，而比较优势的建立需要大力培育中间部门，促进资本和技术要素集聚，塑造动态比较优势。⑤ 崔焕金、刘传庚从全球价值链角度分析认为全球价值链驱动对各国的影响是不均衡的，它引致产业结构明显偏离标准形式，因此追求外向和内向战略平衡就成为产业结构调整的优先考虑。⑥ 张纪从产业片段化转移视角认为中国实现产业升级需要承接产业转移强化比较优势、打造开放型产业集群整合全球资源、通过产业关联带动国内产业升级。⑦

3. 中国的制造业

韩国高、高铁梅等利用实证分析证明了固定资产投资是产能过剩的

---

① 汪前元、祝佳、唐松：《中国产业发展模式与政策：东南亚区域经验及启示》，载《贵州财经学院学报》2011 年第 6 期。

② 陈明森、陈爱贞、张文刚：《升级预期、决策偏好与产业垂直升级——基于我国制造业上市公司初评分析》，载《中国工业经济》2012 年第 2 期。

③ 刘秀莲：《中国产业结构调整的难度及政策选择》，载《经济研究参考》2012 年第 42 期。

④ 孙军、高彦彦：《产业结构演变的逻辑及其比较优势——基于传统产业升级与战略性新兴产业互动的视角》，载《经济学动态》2012 年第 7 期。

⑤ 盛朝迅：《比较优势动态化与我国产业结构调整——兼论中国产业升级的方向路径》，载《当代经济研究》2012 年第 9 期。

⑥ 崔焕金、刘传庚：《全球价值链驱动型产业结构演进机理研究》，载《经济学家》2012 年第 10 期。

⑦ 张纪：《产品内分工、产业片段化转移与中国产业跨越发展》，载《现代经济探讨》2012 年第 9 期。

直接原因，针对宏观调控政策对抑制固定资产投资收效甚微这一现象，阐述我国产能过剩的原因在于：经济增长方式不合理、利益驱动导致的投资潮涌现象、地方政府对微观主体的不当干预致使企业投资行为扭曲等。抑制产能过剩的对策包括：减少政府干预、市场化金融资源配置、健全生产要素体系、征收高污染企业环保税、深化投资体制改革、完善统计体系机制。[①] 杨林涛认为不同所有制类型的制造业行业结构和不同制造业行业的所有制结构均存在着不均衡，制造业间的不平衡对制造业区域内的不平衡影响正在加大，制造业不同类型的均衡存在明显的地域特色。[②] 巫强、刘志彪认为发展中国家消费品厂商被国际大买家俘获后，倾向于选择进口机器设备，这使本土装备制造业面临必然的市场空间障碍。构建国家价值链，提高价值链终端的竞争程度，有助于本土装备制造业的市场空间障碍。[③] 黄莉芳、黄良文、郭玮认为基于国家层面，生产性服务业主要通过直接作用提高制造业效率，其对技术密集型制造业的成本中介效应和规模中介效应十分显著，满足效应传导机制假设。[④] 可见，生产性服务业对制造业效率具有提升作用。进一步地，杨书群提出了服务型制造业的三种实现方式：依托原有制造业向价值链两端延伸、制造企业由以生产为中心向以服务为中心转型、制造企业服务外包。[⑤]

4. 中国的服务业

王恕立、胡宗彪认为中国服务业总体及细分行业的全要素生产率（TFP）均处于上升通道，进入21世纪以来，服务业TFP增长的主导因

① 韩国高、高铁梅、王立国、齐鹰飞、王晓姝：《中国制造业产能过剩的测度、波动及成因研究》，载《经济研究》2011年第12期。

② 杨林涛：《多视角分析下的中国制造业不均衡格局》，载《上海经济研究》2012年第1期。

③ 巫强、刘志彪：《本土装备制造业市场空间障碍分析——基于下游行业全球价值链的视角》，载《中国工业经济》2012年第3期。

④ 黄莉芳、黄良文、郭玮：《生产性服务业提升制造业效率的传导机制检验——基于成本和规模中介效应的实证分析》，载《财贸研究》2012年第3期。

⑤ 杨书群：《服务型制造的实践、特点及成因探讨》，载《产经评论》2012年第4期。

素是技术进步，且技术效率改进已开始由以纯技术效率为主转向以规模效率为主，但服务业发展的粗放型特征仍然明显。同时中国服务业 TFP 增长表现出了较大的行业异质性，其 TFP 增长滞后于工业行业。[①] 肖文、樊文静认为宏观国家层面上，我国服务业比重的变化确实有悖于世界经济整体服务化的趋势，但在地区层面上，我国服务业比重与人均 GDP 的关系基本符合"服务业比重随经济发展不断上升"的普遍规律，所谓经济服务化的"中国悖论"在地区层面上并不存在。我国大部分地区处在以传统服务业为主的第一波发展阶段，只有少数地区进入了以现代服务业发展为主导的第二波。[②] 同时，谭洪波、郑江淮认为中国服务滞后是由于中国服务业特别是高级生产者服务业的 TFP 增长率为零造成的，这一结果是由于本应该属于"进步部门"的生产者服务业对整体服务业 TFP 增长率增长贡献不足所致。而贡献率不足是由于制造业与生产者服务业没有大规模实现主辅分离以及中国的生产者服务业没有像制造业和印度的软件业那样融入全球化分工体系，且受到国外发达服务业的排斥。因此需要大力促进产业结构升级，促进以中间投入品为代表的高级生产者服务业的发展。[③]

（三）居民收入

1. 居民收入分配特点

王弟海认为现阶段我国收入分配格局呈现出以下三个特点：一是全国总体收入不平等程度非常大，目前基尼系数达到了 0.5，超过国际警

① 王恕立、胡宗彪：《中国服务业分行业生产率变迁及异质性考察》，载《经济研究》2012 年第 4 期。
② 肖文、樊文静：《中国服务业发展悖论——基于"两波"发展模式的研究》，载《经济学家》2012 年第 7 期。
③ 谭洪波、郑江淮：《中国经济高速增长与服务业滞后并存之谜——基于部门全要素生产率的研究》，载《中国工业经济》2012 年第 9 期。

戒线；二是收入差距的扩大表现在各个领域，包括城乡之间、地区之间、行业之间、城镇内部和农村内部等居民收入差距，以及资本劳动收入之比的持续扩大；三是城镇内部和农村内部的收入差距虽然也一直在扩大，但都仍处在国际警戒线（0.4）之内。[1] 罗楚亮、王亚柯认为城镇居民收入差距表现出上升趋势。[2] 高连水、尹碧波、刘明认为中国居民收入地区差异呈倒"U"型拐点，政府应该因势利导。[3] 阮敬认为在经济高速增长的过程中中国城镇低收入阶层的成果分享经历了一个"U"型的发展过程，其分享到的成果近年来逐步提高；地区内部收入差距扩大和物价水平提升会抵消一部分所分享到的增长成果，地区之间经济发展的不平衡仍是阻碍分享能力提升的主要因素。[4] 吕冰洋、郭庆旺通过测算全国税前和税后要素收入分配情况，认为从全国整体情况看，自1983年后，税前和税后劳动分配份额呈长期下降趋势；自1983~1984年分税制改革前，税前和税后资本分配呈长期上升趋势，之后上升趋势变缓；无论是劳动要素还是资本要素，税后分配份额一直低于税前分配份额。[5]

2. 居民收入差距的形成原因及对策

王春梅、方辉振从体制视角分析了国民收入分配格局失衡的原因，包括分权式的财政税收体制导致企业税费负担加重；土地转让产生的巨大收益成为某些利益阶层获取的主要目标；选拔式的干部作用体制导致国民收入分配向地方政府、资本倾斜及劳动者收入增长缓慢；集中的资

① 王弟海：《我国收入分配格局的变迁和现状：原因、影响及其对策》，载《社会科学辑刊》2012年第3期。
② 罗楚亮、王亚柯：《城镇居民收入差距扩张及其因素的经验分析》，载《华中科技大学学报》2012年第3期。
③ 高连水、尹碧波、刘明：《我国居民地区收入差距的变动趋势及其解释》，载《中央财经大学学报》2012年第3期。
④ 阮敬：《我国低收入群体分享经济增长成果的地区差异研究》，载《财经研究》2012年第7期。
⑤ 吕冰洋、郭庆旺：《中国要素收入分配的测算》，载《经济研究》2012年第10期。

源控管体制导致社会矛盾日趋尖锐；断裂式的社会保障体制有时甚至扩大了收入分配差距。[1] 陈斌开、林毅夫通过研究金融抑制发现金融抑制导致穷人面对更高的贷款利率和更低的存款利率，造成金融市场的"机会不均等"，使穷人财富增长更慢，甚至陷入贫困陷阱。在比较优势战略下，"先富带动后富"的"滴落"机制将发生作用，收入分配格局会不断改善，若政府推行重工业化优先的发展战略，人体财富收敛速度将减慢，收入分配趋势于恶化，甚至造成"两极分化"的态势。[2] 陈宗胜、马草原认为"制度诱发型"效率增进与收入差别的相互反馈效应在短期内会放大收入差距，然后政策的效果出现衰减，又引发了新一轮改革。因此需要在制定政策时充分考虑经济效率与收入差别的均衡关系。[3] 罗楚亮从农民收入的角度通过研究经济增长对收入的影响发现，如果将基尼系数上升1个百分点对贫困变动的影响和收入增长1个百分点对贫困变动率的影响分别定义为分配弹性和增长弹性，那么不同年份的农村贫困减缓的经济增长弹性在逐步下降，分配弹性在逐步上升。另外，农业纯收入对贫困指标的贡献份额最高，但具有下降趋势；外出务工收入和其工资收入，对贫困的影响都在逐渐增强；财产收入和转移收入对贫困的影响一直都非常低。贫困减缓中收入分配弹性的增加意味着收入分配的不均等性对于贫困减缓所造成的不利影响在加剧。[4]

（四）跨越"中等收入陷阱"

伍业君、王磊认为在中等收入阶段产业升级的必要条件容易得到满足，但必要条件的满足使得企业实现升级跳跃的临界距离变小，同时如

① 王春梅、方辉振：《国民收入分配格局失衡的体制性成因分析》，载《中共中央党校学报》2012年第5期。
② 陈斌开、林毅夫：《金融抵制、产业结构与收入分配》，载《世界经济》2012年第1期。
③ 陈宗胜、马草原：《城镇居民收入差别"阶梯型"变动的理论解释与实证检验》，载《财经研究》2012年第6期。
④ 罗楚亮：《经济增长、收入差距与农村贫困》，载《经济研究》2012年第2期。

果向新产品跳跃的能力不足，则会使跳跃的充分条件得不到满足，这两者增加了产业升级断档的可能性，即增加了经济增长停滞的风险，而这正是中等收入陷阱的形成机理。① 周文、孙懿认为中国跨越"中等收入陷阱"应该解放市场"无形之手"，形成转型的基本动力，包括推进市场化改革，完善市场制度，维护市场秩序，推进体制改革，改变收入分配结构，调整要素供给结构；规范政府"有形之手"，构建转型的引导力量，包括明确政府公共管理的职能目标，改变地方官员的晋升规则，积极使用调控政策引导收入分配结构、需求结构以及产业结构逐步调整。②

四、微观规制改革

（一）经济性规制

张中元、赵国庆认为提高环境规制强度有利于促进地区工业的技术进步，同时环境规制强度对 FDI 溢出的边际效应存在显著的影响。③ 沈能认为环境规制强度与技术创新是非线性的，在强度维度上，环境规制强度和企业技术创新之间符合"U"型关系，即随着环境规制强度的由弱变强，对企业技术创新产生先降低后提高的影响。环境规制的创新效应还取决于经济发展水平的变量，经济发展水平则存在双门槛，经济发展水平跨越的门槛值越高，环境规制对技术创新的促进作用越显著。④

---

① 伍业君、王磊：《比较优势演化、产业升级与中等收入陷阱》，载《广东商学院学报》2012 年第 4 期。
② 周文、孙懿：《中国面对"中等收入陷阱"问题的解构：本质、挑战与对策》，载《经济学动态》2012 年第 7 期。
③ 张中元、赵国庆：《FDI、环境规制与技术进步——基于中国省级数据的实证分析》，载《数量经济技术经济研究》2012 年第 4 期。
④ 沈能：《环境规制对区域技术创新影响的门槛效应》，载《中国人口·资源与环境》2012 年第 6 期。

龚海林通过数理模型分析发现实施环境规制有利于消费结构的升级，对投资结构系数具有正向促进作用，较弱的环境规制并没有在技术或资本等方面对工业企业的进入形成阻碍作用，而环境规制对技术进步具有激励效应，严厉的环境规制有利于技术创新，整体来说，环境规制通过影响消费结构、投资结构的升级、技术创新来正向促进产业结构的优化，从而有利于经济增长和环境改善。[1] 沈能、刘凤朝利用非线性门槛面板模型实证研究发现环境规制强度和技术创新之间呈现"U"型关系，只有环境规制强度跨越特定门槛值时，"波特假说"才能实现；经济发展水平则存在双重门槛，GDP跨越的门槛值越高，环境规制对技术创新的促进作用越显著。[2]

王文普通过实证研究发现中国的环境规制并没有妨碍经济增长，竞相降低环境标准的竞争反而会阻碍经济的良性发展，同时环境规制对环境技术创新有显著的促进作用，但对总技术创新存在不利影响。除此之外，环境规制对产业竞争力也产生一定的积极影响，进而推动经济增长质量的提高。[3] 谭娟研究发现政府环境规制是引起第二产业和第三产业碳排放强度变动的格兰杰原因，政府环境规制对低碳型产业结构的形成具有积极影响，而我国各大区域的政府环境规制对低碳经济发展产生的影响存在差异。在低碳经济发展过程中，通过政府环境规制的作用有利于推动区域经济实现均衡化和低碳化发展。[4]

（二）社会性规制

闫文娟、郭树龙、史亚东利用非线性面板门限模型研究发现环境规

① 龚海林：《产业结构视角下环境规制对经济可持续增长的影响研究》，江西财经大学，2012年。

② 沈能、刘凤朝：《高强度的环境规制真能促进技术创新吗？——基于"波特假说"的再检验》，载《中国软科学》2012年第4期。

③ 王文普：《环境规制的经济效应研究——作用机制与中国实证》，山东大学，2012年。

④ 谭娟：《政府环境规制对低碳经济发展的影响及其实证研究》，湖南大学，2012年。

制对就业的影响显著为正，只有保持低水平的环境规制才能不损害就业，而要想出现环境规制和就业双赢的局面，提高第三产业的比重是关键。[①] 李亮山认为如果政府以公权的形式介入劳动关系的调整，构建有效的规制机制来消除或者缓和矛盾，不仅有利于劳资双方的利益最大化，还会避免资源的浪费，实现社会收益的最大化。同时指出一国政府对劳动关系的规制不应脱离该国所处的生产力发展阶段，更不应脱离该国的政治、文化传统。[②] 李小平、卢现祥、陶小琴认为环境规制强度提升了工业行业的比较优势，但是存在着"度"的限制，当环境规制强度超过一定水平时，反而不利于产业贸易比较优势的提升。[③]

陈德敏、张瑞认为环境规制各变量对全要素能源效率影响表现出不同的特征，环境科技投入、环境信访监督、环境工业治理投资对改善全要素能源效率意义重大；排污许可证、环境执法强度、排污费收入表现出较大的地区差距；而环保机构人数、三同时执行环保投资和建设项目限期治理投资等指标的统计显著性较低。[④] 殷宝庆通过面板数据实证发现环境规制强度与制造业绿色全要素生产率整体上符合"U"型关系，即环境规制强度由弱变强，将对绿色全要素生产率产生先削弱后提升的影响；同时环境规制强度对绿色全要素生产率的影响在清洁型部门与污染密集型部门存在一定的差异性。因此需要适度加强环境规制强度，采取灵活多样的环境规制形式，不仅有利于保护环境，而且利于促进技术创新，提升制造企业的绿色全要素生产率。[⑤] 李玲、陶锋利用面板数据模型研究发现1999～2009年我国重度污染产业环境规制强度相对合理，

① 闫文娟、郭树龙、史亚东：《环境规制、产业结构升级与就业效应：线性还是非线性?》，载《经济科学》2012年第6期。
② 李亮山：《我国劳动关系政府规制研究》，北京交通大学，2012年。
③ 李小平、卢现祥、陶小琴：《环境规制强度是否影响了中国工业行业的贸易比较优势》，载《世界经济》2012年第4期。
④ 陈德敏、张瑞：《环境规制对中国全要素能源效率的影响——基于省际面板数据的实证检验》，载《经济科学》2012年第4期。
⑤ 殷宝庆：《环境规制与我国制造业绿色全要素生产率——基于国际垂直专业化视角的实证》，载《中国人口·资源与环境》2012年第12期。

能够促进产业绿色全要素生产率提高、技术创新和效率改进；中度污染
产业环境规制强度较弱，环境规制与绿色全要素生产率、技术创新和技
术效率的关系呈"U"型，相对于生产率和技术创新而言技术效率可以
更早地突破"U"型拐点；轻度污染产业环境规制强度与三者的关系也
呈"U"型，相对于生产率和技术效率而言，技术创新能够更早突破
"U"型拐点。在制定适当的环境规制强度同时，政府应推进环境规制
政策从控制型向激励型转变，诱导企业进行技术创新，实现环境和经济
发展的双赢。[1] 沈能认为工业环境规制与环境效率正相关，一定程度上
验证了"波特假说"的正确性；其中，环境规制对清洁生产型行业当
期环境效率促进作用显著，而对污染密集型行业的影响存在滞后效应；
环境规制强度和环境效率之间符合倒"U"型关系，具有显著的三重非
线性门槛特征，但是，不同行业环境绩效对于环境规制强度的弹性系数
和极值有所差异。因此政府需要根据各行业现实特点，有针对性地制定
差异化的环境规制强度和标准，并注重滚动修订，及时调整至最优
水平。[2]

（三）规制体制

彭秀坤认为不当评级会阻碍我国资本市场的快速发展和形成巨大
的金融风险，需要对我国评级机构进行重大的规制改革，建立和健全
评级机构的规制制度。[3] 车丽华认为认真研究非正规金融规制问题对
于促进非正规金融健康发展和维护良好金融秩序具有非常重要的意
义，并指出非正规金融规制应该放松对非正规金融的审核管制，遵循
管制的安全性、效率性与公平性，以及重视对非正规金融风险的预警

① 李玲、陶锋：《中国制造业最优环境规制强度的选择———基于绿色全要素生产率的
视角》，载《中国工业经济》2012 年第 5 期。
② 沈能：《环境效率、行业异质性与最优规制强度——中国工业行业面板数据的非线性
检验》，载《中国工业经济》2012 年第 3 期。
③ 彭秀坤：《国际社会信用评级机构规制及其改革研究》，苏州大学，2012 年。

监管，建立健全非正规金融的区别规制体系和优化非正规金融发展的政策环境。[1]

何跃鹰认为面对互联网日新月异的技术变革以及层出不穷的应用创新，政府规制必须更加重视安全规制，应当加强对制度体系和技术体系的建设来实现互联网安全的有效规制。[2] 夏源认为新媒体的社会影响力越来越大，政府在对新媒体的规制方式应从强力介入转变为顺势而为，规制手段应从经济性规制走向社会性规制，遵循市场经济规律构建新媒体规制模式。[3] 肖叶飞通过研究广播电视经济性规制，认为融合规制有利于消除部门壁垒，提高效率和消费者福利，因此有必要建立独立的规制部门，实现从行政性管理到科学的行业规制转变。[4] 张秉福认为我国文化产业政府规制存在规制法制建设滞后、规制体制不合理、规制方式存在缺陷、规制成本过高、规制权利缺乏制约等问题。为创新我国文化产业政府规制职能，应当完善文化产业政府规制的法律体系，健全文化产业政府规制的行为主体，构建适度型文化产业政府规制模式，提高文化产业政府规制的质量和效率，实现对规制者的有效规制。[5] 白让让、王光伟认为促进我国电信产业的发展，需要强化规制机构的独立性和专业化，同时在监管模式、手段，特别是相互制衡的规制组织建设方面，引进欧美各国成熟的理念，乃至具体的监管工具，提升监管者自身的专业化水平。[6]

陆军荣认为自然垄断产业规制模式的选择应因地制宜，对于转型改革时期的中国，针对自然垄断行业的国有企业，可以考虑采用混合所有权规制模式的改革路径，通过股权开放的形式放松民营资本进入自然垄

---

① 车丽华：《我国非正规金融规制研究》，中南大学，2012 年。

② 何跃鹰：《互联网规制研究——基于国家网络空间安全战略》，北京邮电大学，2012 年。

③ 夏源：《新媒体政府规制研究》，浙江大学，2012 年。

④ 肖叶飞：《媒介融合语境下广播电视经济性规制研究》，华中科技大学，2012 年。

⑤ 张秉福：《我国文化产业政府规制的现状与问题探析》，载《图书与情报》2012 年第4 期。

⑥ 白让让、王光伟：《结构重组，规制滞后与纵向圈定——中国电信、联通"反垄断"案例的若干思考》，载《中国工业经济》2012 年第 10 期。

断产业的行业管制，并有效、平稳地建立起自然垄断产业规制体系。①
李华伟认为政府应当放松铁路运输业价格规制，因为运输方式之间价格
规制的协调可以提高社会福利。②

于德森认为我国供热产业政府规制在理论体系构架、规制制度安排
上都表现出极大的缺陷，应该对供热行业实施社会性规制，同时必须强
化经济性规制，加强对进入规制、价格规制等方面的监管，进行扶持性
规制和激励性规制，提高供热产业资源配置效率。③ 王宇红认为转基因
食品安全风险的复杂性和不确定性对政府规制提出更高的要求，因此应
在全面考量利益相关主体的规制需求与政府规制理念、能力和制度的基
础上优化政府规制供给，借鉴国际经验，建立"定位准确、体制合理、
制度健全、立法完善、执法有力"的转基因食品安全政府规制体系。④
容玲认为在发展第三方支付市场的时候要基于充分竞争和政策稳定的原
则下建立准入规制，提高违法成本，在遵循市场原则的同时，多方规制
机构加强协调配合，形成信息共享、目标统一的合理规制，促进行业发
展和提高效率以及社会福利。⑤

（四）规制体系

江必新认为我国行政规制的发展要立足中国的现实，运用历史分析
以及成本效益分析等方法，因地制宜，快慢结合，并且重视规制手段的
选择与不同领域内不同目标的相适应性等问题，科学构建和不断完善符
合市场经济的现代行政规制制度体系和实现机制。⑥

徐维认为由于行政自我规制存在诸多问题，因此需要通过推行政务

① 陆军荣：《所有权与自然垄断产业规制———组合模式及选择》，载《中国工业经济》2012 年第 8 期。
② 李华伟：《我国铁路运输业价格与市场结构规制改革研究》，西南财经大学，2012 年。
③ 于德森：《我国供热行业特性与政府规制研究》，武汉理工大学，2012 年。
④ 王宇红：《我国转基因食品安全政府规制研究》，西北农林科技大学，2012 年。
⑤ 容玲：《第三方支付平台竞争策略与产业规制研究》，复旦大学，2012 年。
⑥ 江必新：《论行政规制基本理论问题》，载《法学》2012 年第 12 期。

公开，增强行政权力运行的透明度，提升自我规制的正当性，同时通过落实公众参与机制，自下而上推动行政自我规制，增强自我规制规范的民主性和科学性，实现行政自我规制的持续性和统一性。除此之外，还需要完善行政自我规制与其他规制方式的衔接。[①]

李真、张红凤认为我国社会性规制总体质量依然不高，在强化社会性规制的时候，需要完善社会性规制体系，加强规制执行力，有效规制规制者；同时不断完善市场经济体制，加强相关法制法规建设，为社会性规制的有效性提供制度保障；还需要通过提供信息服务、加强教育培训等方式，克服信息不对称，以提高社会性规制效率。[②]

---

① 徐维：《论行政机关自我规制》，中南大学，2012 年。
② 李真、张红凤：《中国社会性规制绩效及其影响因素的实证分析》，载《经济学家》2012 年第 10 期。

第二章

2013 年国民经济学发展

一、学 科 发 展

张静、张今声编写了全国第一部《国民经济发展战略学》。主要内容包括：战略理论和中外战略实践经验教训的深入分析；论述了战略的选择与确定、战略实施与控制两大关键性问题的一般性理论，即战略选择与确定研究；深入研究了国家创新战略、经济发展战略、社会发展战略、区域协调发展战略、城乡一体化战略、可持续发展战略等若干重大战略问题，探索实现创新发展、全面协调发展和可持续发展的思路；系统研究了战略组合与总体协调，研究发展战略体系和战略体系内部各组成要素如何在相互配合、和谐一致、良性互动的基础上，推动发展战略目标体系得到有效的实施，促进经济与社会由低级到高级、由简单到复杂、由无序到有序的总体进化，协调发展。[①]

马树才、贾凯威结合我国宏观经济调控的实践研究了货币政策，侧重货币政策及政策工具的分析检验。两位学者对国际资本流动加剧背景下货币需求易变性及货币供给的内生性进行了分析检验，针对经济周期

---

① 张静、张今声：《国民经济战略学》，经济科学出版社 2013 年版。

的不同阶段，对货币政策的松紧程度进行量化与度量，重点研究了我国货币政策调控与经济周期的联动机制。对货币政策调控国民经济的利率传递渠道、股票价格传递渠道及房地产价格传递渠道进行实证检验。进一步研究了利用货币政策进行宏观经济调控的范式——相机还是规则。深入研究了人民币均衡汇率的决定与调整、人民币汇率的非线性调整以及人民币汇率波动对贸易量及产业结构的影响。在此基础上，对国际资本流动加剧背景下的我国货币需求易变性及货币供给的内生性进行了分析检验。[①]

二、经 济 发 展

（一）中国经济发展的挑战与机遇

1. 面临的挑战

黄泰岩认为30多年来中国改革开放实践表明：不改革，生产力就难以得到解放和发展，人民生活水平就难以得到切实改善和提高。从这个意义上说，改革在根本上适应民生的基本诉求。改革必须适应发展这个最大的民生；改革必须适应以人为本这一保障民生的基本要求；改革必须适应民生的多样化需要。[②] 对于中国经济未来10~20年还能否持续健康增长，由于中国作为一个世界上最大的发展中国家仍有巨大的发展空间，完全可以再创造出一个20年的"黄金发展期"，具有进入高收入国家的发展空间；具备实现工业化的发展空间；具备进入城镇化发展

---

① 马树才、贾凯威：《宏观经济调控与货币政策——中国货币政策宏观调控研究》，经济科学出版社2013年版。

② 黄泰岩：《改革的民生诉求》，载《前线》2013年第3期。

的空间；具备实现区域协调发展的空间。[①]

王小广认为中国经济在"十二五"期间可能出现经济失速后陷入中等收入陷阱，还可能出现三种波动风险类型的叠加效应。[②] 杨文进认为中国所处的长波位置和国际环境，近十多年美元增长率快于实际增长率，企业整体收支不断恶化的现象，反映中国正处在发展陷阱的入口，并且该过程是不可逆转的。[③] 姜少敏认为中国现在面临着"中等收入陷阱"，但每个国家面临的情况不同，解决的方式自然也就不同，中国如能不断深化政治与经济体制改革，在相当长的时期内保持经济持续快速增长是可能的。[④] 中国依然处在工业化和城市化双加速阶段、区域经济结构差异较大、拥有巨大的消费市场潜力，这些因素共同决定了未来 10～15 年保持 7% 以上的增长完全是可能的，陷入"中等收入陷阱"的可能很小。[⑤]

刘伟认为中国经济既有实现现代化的机遇，又面临着新的矛盾，尤其是在经济失衡方面。从总量上看，既面临着巨大的通货膨胀的压力，又面临严重的经济下行的风险；从结构上看，无论是需求结构，还是供给结构，都存在深刻的矛盾。[⑥] 侯新烁、周靖祥认为中国区域经济发展不平衡，且有时空异质性；消费显著失衡，存在以牺牲消费获取增长发展的路径依赖；东部长期保持相对较高的投资拉动增长的结构效应，富裕地区对贫穷地区的发展权剥夺并未停止。[⑦] 欧阳志刚认为近期中国经济正面临着艰难的国内外环境，且具有恶化的趋势。中国经济波动的国

① 黄泰岩：《中国经济还能保持 20 年的快速增长吗?》，载《价格与市场》2013 年第 1 期。
② 王小广：《"十二五"时期中国经济波动的风险研究》，载《中州学刊》2013 年第 1 期。
③ 杨文进：《"发展陷阱"入口的中国经济——"发展陷阱"形成机理分析》，载《学术月刊》2013 年第 1 期。
④ 姜少敏：《中国经济能实现可持续发展吗？——兼论"中等收入陷阱"》，载《教学与研究》2013 年第 6 期。
⑤ 中国银行国际金融研究所课题组：《"中等收入陷阱"：中国的挑战与抉择》，载《经济研究参考》2012 年第 68 期。
⑥ 刘伟：《促进经济增长均衡与转变发展方式》，载《学术月刊》2013 年第 2 期。
⑦ 侯新烁、周靖祥：《需求引致增长：三大结构效应的时空演化》，载《数量经济技术经济研究》2013 年第 5 期。

际协同既有外国冲击对中国的溢出效应，也有国际共同冲击的作用。当前的国际共同冲击、外国冲击和本国冲击的综合作用，使得未来一定时期内中国经济增长速度将处于下行趋势中，中国当前保增长的政策效果主要取决于本国内部经济形势。① 张永军认为中国将于2015年和2020年人均GDP达到10000～11000国际元和15000～16000国际元，这两个时段可能是我国经济增速下降的两个风险时段。② 2011～2015年我国潜在经济将保持在8.5%左右，2016～2020年降低到7.5%左右，2021～2030年期间会降低到6%左右。③

2. 面临的机遇

林木西认为党的十八届三中全会为中国的经济发展提供了新一轮改革和发展的基调：创新性地提出推进国家治理体系和治理能力现代化；将市场在资源配置中的作用提高到"决定性"的高度；正确处理了"以经济建设为中心，发挥经济体制改革的牵引作用，推动生产关系和生产力、上层建筑同经济基础相适应，推动经济社会持续健康发展"的关系；强调公有制经济和非公有制经济都是社会主义市场经济的重要组成部分；明确阐释了生产者主权、消费者主权、消费者主权、商品市场和生产要素市场之间的相互关系；提出了建设法治政府的目标；将财税改革提高到国家治理的高度等。④ 袁志刚、余宇新认为产业资本是此轮经济全球化的支配力量，仍将继续通过服务贸易和对外投资的方式主导新一轮经济全球化的过程。另外，区域主义的兴起日益成为经济全球化的新趋势，双边协议代替多边协议已成为大多数国家的选择。危机后，

---

① 欧阳志刚：《中国经济增长的趋势与周期波协的国际协同》，载《经济研究》2013年第7期。
② 张永军：《中国经济具备保持较快增长的潜力（上）》，载《经济研究参考》2013年第10期。
③ 张永军：《中国经济具备保持较快增长的潜力（下）》，载《经济研究参考》2013年第10期。
④ 林木西：《十八届三中全会在经济体制改革方面的十大亮点》，载《光明日报》2013年11月15日第011版。

全球经济再平衡也正在以产业资本与金融资本再配置平衡的方式和需求平衡的方式展开，不同的经济体正依据其比较优势参与全球经济再平衡过程。中国应该借助于现有的制造业比较优势和市场规模优势以及服务业的潜在优势，引导对外开放模式转型。[①] 刘志彪认为中国本土企业要抓住世界金融危机的千载难逢的黄金机遇，大力吸收国内外高级要素，逐步成为具有"创新环节全球分工、创新资源全球配置、创新能力全球协调、创新核心以我为主"等特征的全球创新链体系中的重要一员，这一全球化的发展需要以结构性改革为前提来支撑增长和发展。[②]

（二） 中国经济发展的影响因素

袁吉伟认为内部冲击是中国经济波动的主要原因，外部冲击居中于次要地位，外部冲击对于中国经济增速的影响要大于对价格水平的影响。[③] 黄亚生认为私有经济、金融自由化、产权的安全性甚至政治制度的改革实际上在中国经济的起飞中起了核心的作用。[④] 张天舒认为制度是地区经济增长的重要决定因素，因资源富裕而引起的制度弱化降低了地区经济的增长率。[⑤] 王军、邹广平、石先进认为中国为实现持续、平稳、较快发展的宏观经济目标，应坚持稳健化、规则化的制度改革，坚持市场化的改革方向，避免因制度的僵化而阻碍经济增长，并且在制定具体的制度改革措施时要考虑对不同产业可能带来的冲击。[⑥] 程民选认为公民财产权利可以通过社

---

① 袁志刚、余宇新：《经济全球化动力机制的演变趋势与中国应对》，载《学术月刊》2013 年第 5 期。
② 刘志彪：《战略理念与实现机制：中国的第二波经济全球化》，载《学术月刊》2013 年第 1 期。
③ 袁吉伟：《外部冲击对中国经济波动的影响——基于 BSVAR 模型的实证研究》，载《经济与管理研究》2013 年第 1 期。
④ 黄亚生：《中国经济是如何起飞的？》，载《经济社会体制比较》2013 年第 2 期。
⑤ 张天舒：《资源禀赋、制度弱化与经济增长》，载《经济与管理研究》2013 年第 6 期。
⑥ 王军、邹广平、石先进：《制度变迁对中国经济增长的影响——基于 VAR 模型的实证研究》，载《中国工业经济》2013 年第 6 期。

会资本来影响经济增长。[1] 张汉飞认为区域政府间非合作博弈是导致宏观领域产能过剩的重要原因，我国产能过剩长期存在的"体制性"困境。[2]

除制度因素外，影响中国经济发展的因素还包括更为具体的内容。（1）要素配置。曹玉书、楼东玮认为要素流动障碍和资源误置的存在不仅影响经济短期的产出总量及其产出比例，也影响经济的长期产出组合方式，若消除了错配年份的错配因素，则在这些年份中，可使我国GDP增长率平均每年提高0.90个百分点。[3]（2）金融发展。张金清、陈卉认为我国在目前和未来一段时间内，金融中介、股票市场、债券市场、保险市场以及金融综合发展水平都接近或达到相对超前区间，可以为经济发展提供支持，不过有诸多隐患需要进一步调整。[4]（3）交通运输。张光南、宋冉认为中国铁路客运交通能显著降低劳动力成本，使厂商通过劳动密集生产技术减少中间品和资本投入；公路客运交通能产生规模效应促进要素投入。[5]（4）消费需求。王秋石、王一新认为调整之后的我国的居民消费率更加接近其他与中国有相似经济结构国家的水平，我国可能不存在"内需不足""投资过热"的问题。[6] 王博、郭廓、马君潞认为通过间接提高代表性行为人的贴现率，同时辅以货币政策参数微调，可以提升宏观经济稳定性。[7] 纪明认为现实条件下，需求结构促进中国经济增长的重点在于：依赖提高消费需求增强经济增长的持续性及稳定性，依赖适度的投资需求和出口需求扩张、优化投资结构和出

---

① 程民选：《公民财产权利、社会资本与经济增长》，载《学术月刊》2013年第3期。

② 张汉飞：《消弭体制性产能过剩：从非合作博弈到合作共赢》，载《经济研究参考》2013年第18期。

③ 曹玉书、楼东玮：《资源错配、结构变迁与中国经济转型》，载《中国工业经济》2012年第10期。

④ 张金清、陈卉：《我国金融发展与经济增长关系的适度性研究》，载《社会科学》2013年第5期。

⑤ 张光南、宋冉：《中国交通对"中国制造"的要素投入影响研究》，载《经济研究》2013年第7期。

⑥ 王秋石、王一新：《中国居民消费率真的这么低么——中国真实居民消费率研究与估算》，载《经济学家》2013年第8期。

⑦ 王博、郭廓、马君潞：《高储蓄率、货币供给规则与宏观经济的稳定性》，载《经济研究》2013年第5期。

口结构以保持一定的经济增长速度。[①]

（三）中国经济发展方向

黄泰岩认为城市化是现代化的前提，实现城市化是进入发达经济体的前提或条件，进一步推进中国特色城市化发展道路，必须发展以特大城市和巨大城市为中心的大中小城市相互协调的城市群，优化城市组织结构。[②]

蔡昉认为中国经济逐步进入从二元经济发展阶段向新古典增长阶段的转变时期。这一转变中，中国亟须通过政策调整，形成国内版的"雁阵"模型和"创造性毁灭"的政策环境，获得资源重新配置效率，并且从技术进步和体制改善中获得更高效率，以实现中国经济增长向全要素生产率支撑型模式的转变。[③] 刘迎秋认为打造中国经济升级版，必须选准实施打造的切入点，做好实现打造的路径选择。[④] 胡鞍钢、鄢一龙、杨竺松认为中国经济升级版的内涵是协调发展、创新驱动、绿色发展、共同富裕、人民幸福，实现经济升级有推进新型城镇化、推进创新驱动、打造新增长极、发展生产性服务业、推进绿色发展、全面深化经济体制改革、打造对外开放升级版八种途径。[⑤] 陈彦斌、姚一旻、陈小亮认为破解中国经济困境的根本之道应该是通过深化改革完成"三大转变"：加快行政体制改革并深化经济体制改革，将政府职能从"做大蛋糕"转变为"做大蛋糕、分好蛋糕和做绿色蛋糕并重重"；积极推进司法体制改革，将"人治"转变为"法治"；深化社会改革，将"以经济建设为中心"的基本路线转变为"经济建设与社会建设并重"。[⑥] 李月、

---

① 纪明：《需求结构演进逻辑及中国经济持续均衡增长》，载《社会科学》2013 年第 2 期。

② 黄泰岩：《规避城市化厄运的关键与途径》，载《当代经济研究》2013 年第 10 期。

③ 蔡昉：《中国经济增长如何转向全要素生产率驱动型》，载《中国社会科学》2013 年第 1 期。

④ 刘迎秋：《论打造中国经济的升级版》，载《国家行政学院学报》2013 年第 4 期。

⑤ 胡鞍钢、鄢一龙、杨竺松：《打造中国经济升级版：背景、内涵与途径》，载《国家行政学院学报》2013 年第 4 期。

⑥ 陈彦斌、姚一旻、陈小亮：《中国经济增长困境的形成机理与应对策略》，载《中国人民大学学报》2013 年第 4 期。

邸玉娜、周密认为中国能否跨越"中等收入陷阱"，有 73.85% 由产品层次结构转换能力的差异造成，有 26.15% 由国家间战略选择差异造成，战略选择具有调节效应，即宏观战略能够调节产品转换能力对跨越中等收入陷阱的影响力。[①]

（四）中国经济发展方式与动力

1. 战略层面

刘伟认为中国经济发展方式转变的根本动力在于创新，在制度和技术创新的基础上，推动经济结构的升级，实现发展方式的真正转变和经济发展的历史性跨越。[②] 宋马林、王舒鸿认为中国需要采取有效率措施进一步推动东部地区先进环保技术向中西部省区的转移，加大对中西部省区环境问题的环境规制，以及促进中部地区经济和环境的协调发展，推动中国环境效率整体提升的同时实现经济增长。[③]

2. 对策层面

武鹏认为资本投入是中国经济增长持续稳定的最主要来源，中国经济增长的投资拉动特征非常明显；TFP 改进对中国经济增长的贡献率逐渐降低，2002 年以后持续呈现负值，中国经济增长的动力由最初的资本、劳动和 TFP "三驾马车"式的平衡拉动，转换成现阶段的资本投入与 TFP 反向角力态势。中国经济需要实现动力机制由投资拉动向效率驱动转换。[④] 张永军认为中国劳动力从农业向非农的转移将持续较长时间，能够弥补劳动力总量减少的影响。未来我国人口结构的变化决定了

① 李月、邸玉娜、周密：《中等收入陷阱、结构转换能力与政府宏观战略效应》，载《世界经济》2013 年第 1 期。
② 刘伟：《促进经济增长均衡与转变发展方式》，载《学术月刊》2013 年第 2 期。
③ 宋马林、王舒鸿：《环境规制、技术进步与经济增长》，载《经济研究》2013 年第 3 期。
④ 武鹏：《改革以来中国经济增长的动力转换》，载《中国工业经济》2013 年第 2 期。

我国在 2020 年前储蓄率将保持较高水平,回眸人均资本存量较低,资本投入也将保持较快增长,技术进步对经济的贡献也将保持在较高水平面,地区间产业转移有利于技术的传播,制度红利将继续得以释放,这些都会促使中国经济持续发展。[①] 龚刚、黄春媛等认为在新发展阶段,以技术引进的方式来实现技术进步将不可持续,为此中国只有大力发展知识经济,实现从技术引进型向自主研发和创新型的技术进步模式的转变,才能实现经济的可持续增长。[②] 周勇、齐建国、李静认为中国目前相对通货膨胀水平并不高,中国的实际消费福利仍呈上升态势,应着重于发展导向,以发展抑制通货膨胀。[③] 沈坤荣、滕永乐认为应该形成以新型城镇化为契机,以要素效率提升为目标,以技术创新为驱动,以产业结构升级为路径,以体制改革为保障的新增长动力机制。[④] 贾根良提出了扩大内需的四大途径:统一国内市场、提高工资作为增长的发动机、资本品工业高端价值链的进口替代、国民经济平衡发展。[⑤]

三、宏观经济调控

(一) 政府治理

1. 政府与市场关系

胡钧认为应该从科学发展的大局和全局出发,充分发挥社会主义市

---

① 张永军:《中国经济具备保持较快增长的潜力 (下)》,载《经济研究参考》2013 年第 10 期。

② 龚刚、黄春媛等:《从技术引进走向自主研发——论新阶段下的中国经济增长方式》,载《经济学动态》2013 年第 5 期。

③ 周勇、齐建国、李静:《中国经济发展和通货膨胀走势变动的内在逻辑》,载《学术研究》2013 年第 5 期。

④ 沈坤荣、滕永乐:《"结构性"减速下的中国经济增长》,载《经济学家》2013 年第 8 期。

⑤ 贾根良:《国内经济一体化:扩大内需的政治经济学研究》,载《清华政治经济学报》2013 年第 1 期。

场经济体制的优势，政府通过科学规划的制定与实施，把市场自发的为私利生产的积极性，引导到服从全局的经济科学发展的道路上。[1] 改革政府与市场的关系必须正确处理好政府与市场、政府与社会的关联关系，在组织形态上处理好行政组织、企业组织、社会组织三者之间关系，以转变政府职能为抓手联动改革。[2]

2. 健全宏观调控体系

刘元春、陈彦斌认为我国经济依然存在着实现较高速度增长的基础，这决定了我国宏观经济政策必须有中期定位的取向，在稳住增速底线的基础上，实施中期结构改革方案。[3] 许光建认为今后我国宏观调控和改革的基本取向应该通过加快政府职能转变、深化金融改革、鼓励基础设施投资多元化，鼓励小微企业发展等经济领域的改革，通过促进信息消费和文化教育服务，扩大内需。[4] 周勇、齐建国、李静认为中国当前的政策导向既可以通货膨胀换发展，以发展容纳通货膨胀，更可以发展抑制通货膨胀。[5] 江春、王青林、苏志伟认为解决中国货币政策和汇率政策冲突的根本对策是在制度改革上有重大突破，从根本上解决中国的收入分配失衡问题，从而真正扩大中国的内需并形成由市场主体自担汇率风险的市场机制。[6] 王少平、孙晓涛认为应该将现行的粮食收购保护价改革为粮食生产保护价与销售保护价，这将减弱粮食价格等因素对

---

① 胡钧：《政府与市场关系论》，载《当代经济研究》2013 年第 8 期。
② 国家发展和改革委经济体制与管理研究所课题组：《围绕处理好政府与市场关系深化改革》，载《宏观经济管理》2013 年第 8 期。
③ 刘元春、陈彦斌：《我国经济增长趋势和政策选择》，载《中国高校社会科学》2013 年第 2 期。
④ 许光建：《以深化改革和扩大内需为所向抓手努力保持经济稳定增长——当前我国宏观经济形势和政策分析》，载《价格理论与实践》2013 年第 9 期。
⑤ 周勇、齐建国、李静：《中国经济发展和通货膨胀走势变动的内在逻辑》，载《学术研究》2013 年第 5 期。
⑥ 江春、王青林、苏志伟：《中国货币政策与汇率政策的冲突：基于收入分配的新视角》，载《经济学动态》2013 年第 4 期。

农产品价格和通胀的冲击强度。① 席晶、雷钦礼认为 1995～2009 年期间政府有意识的技术研发投入对中国经济增长的贡献率上升了 12 个百分点，但与发达国家相比仍有较大差距，需要政府进一步加大研发投入力度，同进加大科技成果转化为经济效益的强度。②

3. 全面正确履行政府职能

对于全面履行政府职能，谭英俊认为政府战略需要在形塑文化、组织再造、能力构建、完善理论等多方面努力才能推进政府战略管理的发展。③ 李璐认为构建新型社会管理体制需要实现"理念—体制—机制—能力"四位一体的政策保障。④ 谢志岿认为中国完善大部制必须完成如下制度建构，包括核心职能或决策意义上的大部门体制；职能有机统一而非机械整合；决策权、执行权、监督权既相互制约又相互协调，行政层级协调合理，权责划分清晰、一致。⑤ 张群、孙志燕认为各级政府应该重点创造有利于"创新驱动"的体制机制，将投资政策、市场规制、产业政策三方面作为我国近期推进政府职能转变的先行突破口。⑥

对于履行政府职能的不同领域，娄成武、王玉波认为中国土地财政转型应该从转变地方政府角色、完善财政体制、推进土地房产税系与农地产权及征用制度改革、改变以土地财政为动力机制的城市化发展、约束地方政府获得财政收入风险性行为等方面入手。⑦ 潘镇、金中坤、徐

---

① 王少平、孙晓涛：《中国通货膨胀的相依性周期》，载《中国社会科学》2013 年第 5 期。

② 席中晶、雷钦礼：《再论包含两类技术创新的内生经济增长模型》，载《产经评论》2012 年第 6 期。

③ 谭英俊：《战略管理：21 世纪政府治理的挑战及应对》，载《管理现代化》2013 年第 1 期。

④ 李璐：《构建四位一体的社会管理保障体系》，载《宏观经济管理》2013 年第 3 期。

⑤ 谢志岿：《中国大部制改革的谜思与深化改革展望》，载《经济社会体制比较》2013 年第 2 期。

⑥ 张群、孙志燕：《加快经济发展方式转变应着力转变政府职能》，载《经济纵横》2013 年第 6 期。

⑦ 娄成武、王玉波：《中国土地财政中的地方政府行为与负效应研究》，载《中国软科学》2013 年第 6 期。

伟认为应完善对于官员的考核制度、提高科技政策的权威性，加大对地方政府预算监督的力度，并积极推进政府职能的转变。① 段军山、宋贺认为地方政府面临金融危机等外部冲击时，更多依赖财政手段，财政支出明显高于银行信贷增长，东中西部面临金融危机冲击时，地方财政行为和银行信贷行为存在显著差别，西部地区对财政的依赖更强，而中部地区信贷减少更为明显。② 张富田认为在经济发展的不同水平条件下，区域金融发展和区域政府能力的增强对区域经济增长所起作用不同，区域金融发展与地方政府相互影响抑制了区域经济增长。③ 戴锦认为国家企业改革调整的应该是国有企业与政府的关系，而非国有企业与全民的关系，国有企业改革的目标是使国有企业在其适合的领域中更有效地发挥其政策工具职能。④ 叶裕民、焦永利、朱远认为在统筹城乡发展过程中，政府应回归公共产品领域，系统创造条件让市场发挥基础性力量组织城乡要素自由、有序地流动及重组，实现城乡一体化或新型城市化的动力结构调整。⑤ 詹国彬认为在政府购买问题上，需求方缺陷和供给方缺陷是政府的最大挑战，能否成功地超越和克服需求方缺陷和供给方缺陷是决定政府购买公共服务成败的关键。需要切实加强政府能力建设，通过责任机制的构建、决策机制的优化以及学习型政府的创建，全面改善和提升政府的议程设定能力、学习能力和合同监管能力。⑥ 程华、钱芬芬认为创新政策力度对技术绩效有显著促进作用，对经济绩效不显著；政策的不稳定性会抑制政策对技术绩效的激励；政策对绩效作用存

① 潘镇、金中坤、徐伟：《财政分权背景下地方政府科技支出行为研究》，载《经济研究》2013年第1期。
② 段军山、宋贺：《地方政府应对金融危机的外部冲击时更依赖财政政策吗——基于省级面板数据的初实证分析》，载《产业经济研究》2013年第4期。
③ 张富田：《金融发展、政府能力与区域经济增长的实证研究》，载《科技管理研究》2013年第24期。
④ 戴锦：《国有企业政策工具属性研究》，载《经济学家》2013年第8期。
⑤ 叶裕民、焦永利、朱远：《统筹城乡发展框架下的政府职能转变路径研究——以成都为例》，载《城市发展研究》2013年第5期。
⑥ 詹国彬：《需求方缺陷、供给方缺陷与精明买家——政府购买公共服务的困境与破解之道》，载《经济社会体制比较》2013年第5期。

在滞后效应。① 刘俊英认为与我国政府职能转变相适应,公共支出已经由经济建设型转向公共服务型;公共支出总量对经济协调的影响是积极的,改革开放以来,经济建设支出比重不断下降,但经济建设性支出对经济协调发展的影响是正向的,公共服务支出总量的增加并没有带来预期的经济协调发展效应。② 苗宏慧、王柳、张志芳认为民营企业的发展在很大程度上受到政府的影响,政府政策执行不到位、干预力度把握不当等问题影响民营企业发展,需要进一步转变政府职能、改革行政审批制度、强化对政府行为的监督、提高政府效率等方式提高政府干预市场的能力。③ 林亚清、赵曙明认为政治网络显著增强了企业的战略柔性,而制度支持在其中发挥了完全中介的作用,恶性竞争在政治网络战略与制度支持的关系中具有显著的调节作用,但在制度支持和战略柔性的关系中这种调节作用并不显著。④

(二) 宏观调控政策

1. 财政政策与货币政策

高培勇认为积极的财政政策和稳健的货币政策配置,将发挥逆周期调节和推动经济结构调整的双重作用,以实现稳增长、控物价、调结构、防风险多重目标。其中积极财政政策是扩张性操作的"主攻手",增加赤字、减少税收、扩大支出是积极财政政策的三个支点,结构性减税成为当前宏观调控的主战场,"营业税改征增值税"成为新一轮财税

---

① 程华、钱芬芬:《政策力度、政府稳定性、政策工具与创新绩效——基于 2000—2009 年产业面板数据的实证分析》,载《科研管理》2013 年第 10 期。

② 刘俊英:《政府公共支出对区域经济协调的发展的影响——基于中国省级面板数据的经验证据》,载《经济问题探索》2013 年第 3 期。

③ 苗宏慧、王柳、张志芳:《政企关系对民营企业发展的实证研究》,载《经济纵横》2013 年第 3 期。

④ 林亚清、赵曙明:《政治网络战略、制度支持与战略柔性——恶性竞争的调节作用》,载《管理世界》2013 年第 4 期。

改革的重点。[1] 许统生、洪勇认为财政政策协调程度对省区间经济周期同步性具有重要影响。[2]

2. 产业政策

刘伟、张辉认为我国从 1998 年开始进入产业结构演化的加速发展阶段，截至 2010 年已经完成了工业化进程的 2/3，我国经济的增长与产业结构的高度演进虽有一定时滞性，但二者整体上是相互吻合的。[3] 褚敏、靳涛认为地方政府主导的发展模式不利于产业结构升级，纯粹的国有企业垄断并不对产业结构升级产生影响，但它们二者的结合——行政垄断却是阻碍产业结构升级的重要影响因素。[4] 王勋、安德斯·约翰逊（Anders Johansson）认为在有政府干预和偏好工业部门发展的国家，金融抑制是结构失衡的重要因素，金融抑制程度越高，经济中服务业相对于制造业的比例会越低。[5]

关于实现产业结构优化升级的方式，张其仔、李颢认为中国目前产业升级的能力是有限的，当期具有比较优势的产业种类和近期具有潜在比较优势的产业种类虽然高于全球平均水平，但长期看，具有潜在比较优势的产业种类总数却小于全球平均水平，潜在比较优势产业演进的可持续性并不比全球平均水平高，中国应该利用产业多样化优势，发挥组合优势，实现包容性升级。[6] 李钢认为中国到 2020 年经济增长的主要动力产业是第二产业，第三产业难以成为中国经济增长的动力产业，第三产业比例提高对真实经济增长的意义不大，因而中国没有必要把提高第

---

① 高培勇：《当前中国经济形势与财政政策分析》，载《中国流通经济》2013 年第 8 期。

② 许统生、洪勇：《中国省区间经济周期同步性研究》，载《经济科学》2013 年第 3 期。

③ 刘伟、张辉：《我国经济增长中的产业结构问题》，载《中国高校社会科学》2013 年第 1 期。

④ 褚敏、靳涛：《为什么中国产业结构升级步履迟缓——基于地方政府行为与国有企业垄断双重影响的探究》，载《财贸经济》2013 年第 3 期。

⑤ 王勋、安德斯·约翰逊（Anders Johansson）：《金融抑制与经济结构转型》，载《经济研究》2013 年第 1 期。

⑥ 张其仔、李颢：《中国产业升级机会的甄别》，载《中国工业经济》2013 年第 5 期。

三产业的比例作为产业结构升级的着力点，而是必须进一步推动中国第二产业的国际竞争力，利用人口红利，带动中国经济有质量的高速增长。① 黄亮雄、王鹤、宋凌云认为我国的产业结构调整存在"损人利己"效应：改善了自身环境却恶化了其他省区的环境，因此需要建立有效率的区域合作机制，进行合理布局。② 王海杰、李延朋认为产业升级是以企业产权外部强度提升为基础的多元权力主体的动态博弈过程，GVC 弱势企业可通过企业内外关键资源能力的重组和提升，在维持内部权力均衡的同时，借助实施策略性冲击实现价值链升级。③ 韩江波、李超认为中国应把英美产业内源性升级与德国、日本及亚洲"四小龙"产业外源性升级结合起来，在主导、关键及核心技术领域，借鉴英美产业内源性升级经验，实行先发优势、自主创新及超越战略；在一般技术领域，借鉴德国、日本及亚洲"四小龙"产业外源性升级经验，采用后发优势、模仿创新及追赶战略，并遵循演化和非线性演化相结合的协同模式来实现本国的产业升级。④ 余泳泽、刘大勇认为对于传统产业升级，应该采用技术引进以及在此基础上的模仿性创新再到自主创新的"渐进性"技术进步路径；而对于新兴产业发展，应采取自主创新的"一步到位"式技术进步路径。⑤

　关于制造业与服务业的相互关系，林木西、崔纯认为中国应该提高生产性服务业的专业化程度，进而推动装备制造业和生产性服务业的互动发展。⑥ 王茜认为中国的制造能力依然有限，特别是"一体化"产品

---

① 李钢：《服务业能成为中国经济的动力产业吗》，载《中国工业经济》2013 年第 4 期。

② 黄亮雄、王鹤、宋凌云：《我国的产业结构调整是绿色的吗?》，载《南开经济研究》2013 年第 3 期。

③ 王海杰、李延朋：《全球价值链分工中产业升级的微观机理：一个产权经济学的观点》，载《中国工业经济》2013 年第 4 期。

④ 韩江波、李超：《产业演化路径的要素配置效应：国际案例与中国选择》，载《经济学家》2013 年第 5 期。

⑤ 余泳泽、刘大勇：《中国传统产业和新兴产业差异性技术进步路径选择研究》，载《财贸经济》2013 年第 1 期。

⑥ 林木西、崔纯：《生产性服务业与装备制造业互动发展》，载《当代经济研究》2013 年第 12 期。

的装配制造能力还很弱，发展好制造环节仍能够获得较高的市场回报，有必要继续把"世界制造车间"的道路走下去。① 任泽平预测了 2013~2022 年中国各工业行业比重变化趋势：纺织、造纸、食品等劳动密集型产业将延续回落态势；冶金、建材等重工业部门比重在 2015 年前后达到峰值，随后持续回落；机械、电子等资本和技术密集型产业比重将继续上升，大约在 2020 年前后趋于稳定。② 梁运文、芮明杰认为中国 21 个制造细分行业中，能形成"垂直专业化—价值增值能力—产品盈利能力—总资产获利能力"全过程良性循环的行业不多。③ 吕薇认为中国当前转变制造业发展方式的核心是从资源消耗型向要素集约利用型转变，从依靠扩大投资和规模扩张向依靠技术进步、创新和要素升级转变。④ 霍影认为当前阶段，服务业对于电子及通信设备制造业的服务支撑效率，因区域的不同而 DEA 评价结果层面产生差异，但相对于生产性服务业，消费性服务业更具有投资的比较优势；今后阶段，应加大对于以租赁和商务服务业为重点的生产性服务业的投入。⑤

3. 国民收入分配政策

初次分配方面，朱富强认为纯粹的市场机制往往偏重于效率问题而无法解决社会不公的问题，尤其是市场机制的马太效应还会导致收入分配的两极化，需要对市场机制进行修正和完善。⑥

谢琦认为当前我国国民收入分配虽向企业和政府严重倾斜，使政府的转移支付力度明显不足，导致居民可获得的国民收入分配份额下降趋

---

① 王茜：《中国制造业是否应向"微笑曲线"两端攀爬——基于与制造业传统强国的比较分析》，载《财贸经济》2013 年第 8 期。

② 任泽平：《未来十年中国制造业发展前景展望》，载《发展研究》2013 年第 6 期。

③ 梁运文、芮明杰：《垂直专业化、利润创造与中国制造业发展困境战略突破》，载《产业经济研究》2013 年第 4 期。

④ 吕薇：《从要素生产率指标看制造业增长方式转变》，载《经济纵横》2013 年第 2 期。

⑤ 霍影：《服务业对战略性新兴产业的支撑效率研究——以东北三省电子及通信设备制造业为例》，载《科学决策》2013 年第 7 期。

⑥ 朱富强：《完善社会主义市场经济体制的"顶层设计"思维——重温邓小平的南巡精神》，载《经济学家》2013 年第 1 期。

势明显，居民收入增长缓慢。[①] 程侃、罗婧认为国有企业在很大程度上攫取了下游私营企业的创新红利，它们的高额利润来自垄断地位。由于目前第三财政的收入几乎完全由体制内人群享有，故伴随而来的是体制内外人员收入的差距的不断扩大，而工业化进程和足量农村劳动力供给带来的低工资，是我国劳动者报酬占 GDP 比重持续下降的重要原因。在当前体制下，不断膨胀的第三财政本身成为恶化收入分配不公状况的一个原因，是一种逆向的财政机制，应该从支出入手进行调节。[②] 马万里、李齐云、张晓雯认为中国式财政分权是导致收入分配差距的体制根源，政治激励扭曲引致地方政府行为选择异化，使收入分配向企业和政府倾斜而劳动报酬下降，财政激励使收入差距进一步扩大，成为收入差距的强化机制；政治激励与财政激励的叠加，使中国收入差距处于循环累积状态，陷入不断僵化的失衡陷阱。[③] 曾国安、曹文文认为国民收入分配越来越倾向于虚拟经济行业，虚拟经济和实体经济行业收入分配格局的这种变化不仅扩大了居民整体收入差距，而且导致经济资源不断向虚拟经济行业集中，投机性投资需求和社会不满情绪增长，并损害了经济效率。[④] 冷崇总认为导致居民财产性收入差距扩大的原因主要是居民拥有财产的不同、区域经济发展不平衡、市场体系及机制不完善、市场经济制度不完善以及居民个人禀赋差异等。[⑤]

马洪、汪洪波认为社会资本构成不完善制度的有效替代，社会资本水平的提高有利于缩小中国居民收入差距，正规金融和非正规金融的发展不利于收入分配的改善，但社会资本与非正规金融的交互效应降低了非正规金融对收入分配的不利影响，并且制度越不完善，这种效应所起

[①] 谢琦：《国民收入分配对居民消费需求的影响》，载《现代经济探索讨》2013 年第 3 期。

[②] 程侃、罗婧：《逆向第三财政与收入分配不公》，载《经济理论与经济管理》2013 年第 9 期。

[③] 马万里、李齐云、张晓雯：《收入分配差距的财政分权因素：一个分析框架》，载《经济学家》2013 年第 3 期。

[④] 曾国安、曹文文：《中国虚拟经济与实体经济行业收入分配格局研究》，载《学习与探索》2013 年第 7 期。

[⑤] 冷崇总：《关于居民财产性收入差距的思考》，载《价格月刊》2013 年第 3 期。

的作用越强。[1] 吴忠群、王虎峰认为收入差距和平均消费之间不存在显著的因果性，通过收入分配手段提高消费率的政策不具有检验上的可通过性。[2] 张车伟、程杰认为解决收益分配问题需要在优先消除分配不公的基础上，通过完善再分配手段逐渐缩小收入差距。[3] 杨宜勇、王超群认为未来我国收入分配政策调整应实行两步走目标：一方面要提高"两个比重"、实现"两个同步增长"、完成"两个翻番"；另一方面进一步缩小城乡、地区、部门和行业差距。[4] 孙敬水、张岚认为取缔非正常收入、惩治腐败是促进公平分配、缩小收入差距的重要措施。[5]

二次分配及最终分配方面，乔榛认为在政府管制的过程以及社会公共服务领域中存在着较为普遍的收入分配逆向转移现象。这种收入分配的逆向转移是指一些处于社会劣势地位的人向处于社会优势地位的人进行的收入转移，这种转移对收入差距产生一种放大的效应，是我国收入差距扩大的重要原因。[6] 张车伟、程杰认为初次分配后的收入差距，中国和大多数发达国家并无太大不同，但再分配后发达国家收入差距大大降低，而中国的收入差距基本没有变化，这是收入差距难以缩小的原因。另外，中国还存在着收入分配不公的问题，原因是要素资本化过程中的收益没有被合理分享，部分人群过度占有公有资产收益损害了全体国民的收益。[7]

在城乡收入领域，孙敬水、张岚认为中国城镇居民收入差距较大，基尼系数已经超过警戒线，城镇居民收入及收入差距由于个人基本特

---

① 马洪、汪洪波：《社会资本对中国金融发展与收入分配关系的影响——基于中国东中西部地区面板数据的实证研究》，载《经济评论》2013 年第 5 期。

② 吴忠群、王虎峰：《单纯调整收入差距能提高消费率吗?》，载《经济理论与经济管理》2013 年第 1 期。

③⑦ 张车伟、程杰：《收入分配问题与要素资本化——我国收入分配问题的"症结"在哪里?》，载《经济学动态》2013 年第 4 期。

④ 杨宜勇、王超群：《中国收入分配政策调整问题研究》，载《公共管理与政策评论》2013 年第 2 期。

⑤ 孙敬水、张岚：《中国城镇居民收入差距适度性分析》，载《学术月刊》2013 年第 8 期。

⑥ 乔榛：《我国收入分配的逆向转移现象及其控制》，载《经济学家》2013 年第 10 期。

征、人力资本与政治资本、地区与户口所在地差异、制度因素而存在较大差异。[1] 城乡差距存在原因有诸多解释。王颂吉、白永秀认为全国和省际层面的非农部门配置了过多的资本和过少劳动力，农业部门则配置了过多劳动力和过少资本，城乡要素错配显著阻碍了中国城乡二元结构转化。[2] 陈享光、孙科认为转移性收入的城乡差距非常大，构成了居民收入城乡差距的很大一部分。现阶段转移支付不仅没有起到抑制城乡收入差距的作用，反而进一步扩大了收入差距，造成转移收入不均衡的根本原因是再分配机制特别是社会保障制度的城乡分割。[3] 温涛、王小华、宜文认为家庭经营性收入和转移性收入差距的扩大，显著拉大了城乡居民收入差距；收入结构上的差距对城乡居民收入差距的影响在2004 年前后表现出相反的结果；工资性收入差距和财产性收入差距拉大，逐步促成近年来城乡居民收入差距不断地扩大。[4] 张桂文、周健认为城乡二元财政体制导致单位农业产值和每一农业劳动者所获得的财政支持仍然远小于非农业部门；二元金融体制、土地征用制度及对农民工就业歧视性制度又导致了农业资源大量流出。中国二元经济强度远高于发达国家，也高于与中国发展水平差不多的发展中国家。[5] 对于缩小城乡差距的对策，吴锦顺认为城乡通货膨胀动态调整的过程十分缓慢，缩小通货膨胀福利成本差距不能完全依靠市场力量，应该充分发挥宏观经济政策的作用。[6]

---

[1]　孙敬水、张岚：《中国城镇居民收入差距适度性分析》，载《学术月刊》2013 年第 8 期。

[2]　王颂吉、白永秀：《城乡要素错配与中国二元经济结构转化滞后：理论与实证研究》，载《中国工业经济》2013 年第 7 期。

[3]　陈享光、孙科：《转移性收入城乡不平衡问题研究》，载《学习与探索》2013 年第 6 期。

[4]　温涛、王小华、宜文：《城乡居民收入差距的时空演化与区域差异——基于收入结构的视角》，载《当代经济研究》2012 年第 11 期。

[5]　张桂文、周健：《非均衡制度变迁对中国二元经济转型的影响》，载《辽宁大学学报》2013 年第 1 期。

[6]　吴锦顺：《中国通货膨胀福利成本城乡差异及动态调节机制》，载《经济与管理研究》2013 年第 1 期。

4. 对外贸易政策

从对外贸易政策的整体影响来看，占岐林、曾小慧认为中国外贸政策在东部地区的作用效果明显强于中西部地区。[①] 孙晓华、王昀认为从两大贸易产品对三次产业的影响来看，工业制成品的进出口有利于降低第一产业比重，提高第二产业比重，这是我国工业化由初期向中期跨越的特定时期工业化发展战略和对外贸易政策的体现，从结构效应的角度看，进出口结构效应对产业结构升级存在显著的正向影响，但其发挥作用存在一定的时滞。[②]

从对外贸易政策对具体产业的影响来看，张杰、刘元春认为出口确实对中国制造业企业增加值率造成抑制效应，而且出口通过对企业研发和广告投入的抑制强化了这种抑制效应。政府干预对企业出口和增加值率之间关系造成扭曲效应。国有企业和外资企业有着更高增加值率，这可能反映出政府政策偏向和不平等带来的影响效应，与民营企业相比，并没有促使其具有获取更高出口收益的能力。政府补贴和税收并没有使得出口企业获得更高增加值率，相反表现出的是抑制效应。[③] 刘美芳、杨艳红认为我国粮食贸易政策受到国际贸易规则的制约，粮食贸易逐渐与国际市场接轨，粮食贸易结构逐渐显现出比较优势。[④] 张纯威认为中国的汇率政策应该是以国际收支动态平衡为最终目标，以实际有效汇率稳定为中介目标，以多种工具有机配合为操作手段。[⑤]

---

① 占岐林、曾小慧：《中国省级贸易余额自然值与政策值的分解》，载《国际贸易问题》2013 年第 10 期。

② 孙晓华、王昀：《对外贸易结构带动了产业升级吗？——基于半对数模型和结构效应的实证检验》，载《世界经济研究》2013 年第 1 期。

③ 张杰、刘元春：《为什么出口会抑制中国企业增加值率？——基于政府行为的考察》，载《管理世界》2013 年第 6 期。

④ 刘美芳、杨艳红：《我国粮食对外贸易政策变迁与粮食进出口贸易的发展》，载《农业经济问题》2013 年第 7 期。

⑤ 张纯威：《中国的汇率政策：目标与工具的选择》，载《金融经济学研究》2013 年第 1 期。

四、微观规制改革

（一）经济性规制

甘卫斌认为在尊重市场规律的基础上发挥政府作用，通过转变政府职能，构建有限政府，是消除政府规制失灵的关键，也是经济体制改革中处理好政府和市场关系的核心。[①]

张红凤、张肇中认为行业所有权与全要素生产率之间存在显著负相关关系，行业的市场竞争度增强同样有助于促进全要素生产率的提高，因此放松规制为导向的产权结构改革和市场结构改革应该同时进行，相互促进。[②] 吴凡等认为国有基础设施投资对经济增长具有显著的正向效应，而国有资本对经营性产业的投资对经济增长没有明显的促进效应。其原因主要在于国有投资具有半行政半市场的双重属性，对社会资本的引导作用不足，而在竞争性行业对私人投资产生了明显的挤出效应。[③]

马理、黄宪、代军勋认为单一的货币政策的短期效应副作用明显，调整成本高昂，而考虑了资本约束的货币政策实施机制，其政策效果将会明显提高。银行资本约束可以改变货币政策的传导路径、同时具有降低风险限峰修复的功能。[④] 丰雷、卢静认为房地产用地市场运行与房地产市场、宏观经济之间具有显著的相互影响关系，同时，房地产用地供

[①]　甘卫斌：《政府规制失灵问题浅析》，载《开放导报》2013 年第 4 期。

[②]　张红凤、张肇中：《所有权结构改革对工业行业全要素生产率的影响——基于放松进入规制的视角》，载《经济理论与经济管理》2013 年第 2 期。

[③]　吴凡、祝嘉、卢阳春：《国有固定资产投资的经济增长效应研究——暨论地方投融资平台的规范发展》，载《软科学》2013 年第 5 期。

[④]　马理、黄宪、代军勋：《银行资本约束下的货币政策传导机制研究》，载《金融研究》2013 年第 5 期。

应及供地政策对房地产价格具有显著影响，供地政策可作为房地产宏观调控的主要政策工具。① 蔡宏波、任国良认为电信寡头技术创新效率无差异时，价格下限管制会有效提升社会福利，但可能引致恶性竞争，这时互联互通管制对企业技术创新水平和消费者福利提升的影响是不同步的，监管部门需要根据具体的政策目标拿捏好管制力度。②

（二）社会性规制

肖兴志、李少林认为我国总体环境规制对产业升级的方向和路径产生了积极的促进作用，而分区域结果表明中西部地区环境规制强度与产业升级的关系并不显著，东部地区环境规制强度的提高能够显著促进产业升级的加快。魏玮、宋一弘、刘志红认为环境规制有利于沿海城市生态质量的改善，但对内陆城市的影响不明显。③ 李斌、彭星认为财政分权及晋升锦标赛体制下的强势地方政府具有非完全执行中央政府碳减排政策的动机，通过逐渐放宽碳减排规制标准及扩大工业规模的"向底线赛跑"效应引致制度的软约束；制度的软化是导致资本体现式技术进步水平不断降低的格兰杰原因，同时也是省际工业碳排放增加的格兰杰原因，尽管资本体现式技术进步对抑制工业碳排放具有非常重要的作用，但制度的软化会通过引致资本体现式技术进步水平降低进而增加省际工业碳排放量，不利于预期碳减排目标的实现和中国工业的低碳转型。④ 黄东东认为现有国情下，农地征收"市价补偿标准"不仅无法满足"公平补偿原则"的要求，而且会带来一系列新的社会问题。"公平补

① 丰雷、卢静：《2004年以来中国房地产用地市场发展及房地产用地价格决定因素分析》，载《中国土地科学》2013年第4期。

② 蔡宏波、任国良：《技术差异、非对称管理和电信市场演化》，载《财经研究》2013年第4期。

③ 魏玮、宋一弘、刘志红：《能源约束、环境规制对FDI流动的经济效应分析——来自215个城市的经验证据》，载《审计与经济研究》2013年第2期。

④ 李斌、彭星：《制度软约束对中国工业低碳转型的影响研究——基于资本体现式技术进步视角的分析》，载《科学学研究》2013年第6期。

偿"是利益衡量的结果，应由系列组合配套制度来具体落实，不仅需要从实体性上明确，还需要有程序性的保障，不仅需要普遍利益的平衡标准，还需要对个别利益的特别保护措施。[①]

（三）规制体制

曹东、吴晓波、周根贵认为纯粹市场机制难以推动发展中国家制造企业的绿色运营模式演化，政府微观规制改革十分重要。[②] 崔宝玉、刘峰认为微观层面上改进政府规制，要破解政府规制机构组织要素失衡、政府规制缺位、政府规制俘虏、政府行政规制不足等规制难题。[③]

李斌、彭星认为基于市场的激励型环境规制工具比命令—控制式环境规制工具更能促进环境技术进步，激励型环境规制的加强有利于环境技术创新，即"波特假说"在一定程度上成立；基于市场的激励型环境规制工具通过直接效应及技术创新间接效应，能够实现比命令—控制式环境规制更低水平的污染排放；不同的环境规制工具对环境技术创新及最终污染排放具有空间异质效应。实现经济发展方式转变及"十二五"规划节能减排、环境保护目标的关键在于实现政府职能转变及政府管理创新，更为重要的是实现环境规制创新。[④] 孙自愿、胡中原、王诗月以煤炭安全规制改革为例，指出政府和国有企业内部控制人专有性关系越强，内部控制人越倾向于积极扩张国有企业规模，其对政府的"绑架效应"越强，进而降低政府的政治效益和增加代理成本。因此政府微观规制改革要以必要程度为限，减少对内部控制人专有性投资

---

① 黄东东：《公平补偿的立法选择——农地补偿市价标准质疑》，载《中国土地科学》2013 年第 4 期。

② 曹东、吴晓波、周根贵：《制造企业绿色运行模式演化及政府作用分析》，载《科研管理》2013 年第 1 期。

③ 崔宝玉、刘峰：《快速发展战略选择下的合作社政府规制及其改进》，载《农业经济问题》2013 年第 2 期。

④ 李斌、彭星：《环境规制工具的空间异质效应研究——基于政府职能转变视角的空间计量分析》，载《产业经济研究》2013 年第 6 期。

的过度依赖。[1]

邓菁、王晗认为在中国煤矿安全规制体制改革中应该重视培训项目、信息服务、技术支持和保险制度等保障性措施的作用。[2] 肖兴志、姜晓婧认为竞争与规制改革显著促进了电信总量和投资效率的提高，应该加大规制改革力度。[3]

（四）规制体系

原毅军、刘柳认为环境政策的设计应充分体现对"绿色投资"（投资型）的鼓励，而非以增加企业成本（费用型）的形式存在，从而实现经济的"绿色增长"。[4] 我国在环境规制强度的选择上应该考虑经济的差异性，并适度放缓经济增长速度，加强人力资本建设和推进市场化改革，从而为环境规制与产业升级协同双赢提供必要的政策思路和配套措施。[5]

宋光宇、栾福茂认为在保障房质量规制体制中，规制主客体关系不明确，开发模式、建筑材料质量监管和质量问题的处置制度均存在缺陷。[6]

---

① 孙自愿、胡中原、王诗月：《政府规制、内部人控制与煤炭资源整合产权配置契约》，载《经济评论》2013 年第 2 期。

② 邓菁、王晗：《煤矿安全规制的国际借鉴：制度演进与产业发展》，载《财经问题研究》2013 年第 10 期。

③ 肖兴志、姜晓婧：《中国电信产业改革评价与改革次序优化——基于产权、竞争、规制的动态面板模型》，载《经济社会体制比较》2013 年第 2 期。

④ 原毅军、刘柳：《环境规制与经济增长：基于经济型规制分类的研究》，载《经济评论》2013 年第 1 期。

⑤ 肖兴志、李少林：《环境规制对产业升级路径的动态影响研究》，载《经济理论与经济管理》2013 年第 6 期。

⑥ 宋光宇、栾福茂：《保障性住房规制体制改革探索》，载《开放导报》2013 年第 5 期。

第三章

2014 年国民经济学发展

一、学科发展

郭义祥认为在当前全球经济一体化进程不断推进，宏观经济形势不断变化的新时期、新形势之下，我国众多高校开始设置国民经济学专业，大力培养国民经济学专业人才，继而为我国社会经济的发展做出重大贡献。因此，进一步加强对国民经济学学科的合理建设，是极为有必要的。[1] 徐建玲基于历史与发展视角，认为目前中国进行的政府主导下的以构建市场经济体制为目标的渐进性改革是国民经济学在当前中国存在的主要原因，未来国民经济学研究可能从宏观调控与政策、经济发展战略与规划、区域经济协调发展等方面进行重点展开。[2]

---

[1] 郭义祥：《国民经济学学科建设的若干问题探讨》，载《现代营销（下旬刊）》2014年第9期。

[2] 徐建玲：《国民经济学课程建设若干问题探讨——基于历史与发展视角》，载《经济研究导刊》2014年第34期。

二、经 济 发 展

（一）中国经济发展的挑战、机遇和新常态

1. 面临的挑战

黄泰岩认为随着经济增长约束条件的改变，经济增长的动力系统就要随之更换。经济转型最本质、最根本的要求和任务就是更换经济增长的发动机。我国改革开放30多年中先后完成的两次经济增长动力转型的经验检验揭示了经济周期、改革周期和动力转型的内在机制，证明了我国当前经济增长放缓的根本原因不是扩大内需的政策和措施不到位，而是需要更换新引擎，实施第三次动力转型。[①] 林木西认为经济体制改革是全面深化改革的重点；坚持和完善基本经济制度是社会主义市场经济体制的根基；加快完善现代市场体系是发挥市场"决定性"作用的基础；加快转变政府职能是发挥社会主义市场经济体制优势的内在要求；深化财税体制改革是全面深化改革的关键一役；健全城乡发展一体化是全面建成小康社会、加快推进社会主义现代化必须解决的重大问题；构筑开放型经济是"以开放促改革"的必然要求；就业机制、收入分配机制和社会保障制度改革是经济社会体制改革的重要内容。[②] 洪银兴认为我国当前要解决的发展问题是进入中等收入国家阶段的发展问题。由此决定新一轮改革的目标是缩小收入差距，促进社会公平正义；改革对象是以效率优先的收入分配体制，由效率性分配转向公平性分

---

① 黄泰岩：《中国经济的第三次动力转型》，载《经济学动态》2014年第2期。

② 林木西：《以经济体制改革为重点推动全面深化改革——学习领会党的十八届三中全会〈决定〉》，载《辽宁大学学报（哲学社会科学版）》2014年第1期。

配。增强经济发展动力需要转变经济发展方式，不仅要打破垄断，进一步发挥市场作用，更要发挥政府的作用，支持创新。在新起点推进现代化建设的"短板"和关键都在于改变"三农"的落后状况。① 张茉楠认为当前我国经济处于周期回落和结构调整的压力集聚期，体现在经济总量增长放慢和经济结构面临调整两个方面。随着经济进入潜在经济增长率下移的新阶段，如何在"短期经济增长与长期结构调整""转型升级与保持合理增长速度"间找到"黄金平衡点"是当前新的重大挑战。我国需要以"降低结构失衡，提高要素效率"为核心目标，创新宏观调控思路，优化中长期供给能力，在新的增长模式中实现经济持续健康发展。② 张斌认为经济转型对资源配置提出了新方向，但在传统银行主导金融体系、一般服务业过度管制、公共服务供给机制和基础设施建设存在严重激励机制扭曲等因素的遏制下，资源难以有效重新配置，经济结构失衡难以化解，增长动力不足。出现了保增长的一些刺激和不匹配的金融市场化改革加剧了资源配置扭曲和金融市场风险、供求失衡加剧、内生经济增长活力下降与刺激性政策措施进入恶性循环的"经济转型综合征"。③

2. 面临的机遇

张燕生认为在经济全球化背景下，实施超越零和博弈的战略，把握住发展的重要战略机遇期，将全球高标准自由贸易区和规则变局的挑战转化为全面深化新一轮高水平开放、新一轮高标准改革、新一轮高质量发展的强大动力，把我国建设成为高收入大国、开放大国、贸易强国和全球负责任大国。④ 赵伟认为"后危机"时段行将过去，中国经济最大的战略利益在于加快转变增长方式。从中国经济的约束条件看，全球经济失衡视野下、分层的集团化互动视野下和经济全球化视野下中国经济

① 洪银兴：《以新一轮改革推动新时期经济发展》，载《经济纵横》2014 年第 1 期。
② 张茉楠：《供给视角下宏观经济形势与政策取向》，载《宏观经济管理》2014 年第 6 期。
③ 张斌：《中国经济转型综合症》，载《国际经济评论》2014 年第 4 期。
④ 张燕生：《经济全球化前景与中国抉择》，载《宏观经济管理》2014 年第 12 期。

发展都有一些利地的因素可以利用，但利用这些因素推动国内经济转型的概率与程度，则有待于体制改革的突破与深化。[①]

谭明智认为近年来土地、财政、金融"三位一体"的发展模式愈演愈烈，土地成为地方发展过程中首需解决的问题。中央政府实行以耕地保护为核心的土地严控管理，但随着工业化、城镇化的快速推进，既有体系困难重重，土地开源迫在眉睫。城乡建设用地增减挂钩政策在此背景下出台。政策的演变与地方实施凸显了中央—地方和国家—农民关系的新变化，展现出政府行为与基层社会错综复杂的关系面向。在此过程中，可以看到中国下一轮城镇化变革所面临的机遇与挑战。[②]

杨玲、高谊、许传龙认为中国已经开始向工业化后期转变，经济服务化成为经济结构优化升级的重要任务。1978 年以来中国服务业存在发展速度快但增加值占比、就业占比低、服务贸易迅速扩大且结构不合理、竞争力不强等特点与不足。中国服务业发展机遇与挑战共存，当前推动服务业的发展应该在提高劳动力素质、积极稳妥推进城镇化的基础上，努力增加服务经济产出比重；促进生产性服务业和消费性服务业的发展与升级；提升服务业国际服务贸易竞争优势，并为服务经济发展提供良好制度环境。[③]

3. 经济发展的新常态

洪银兴认为转向中高速增长是我国进入中等收入发展阶段后的基本新常态。中高速增长的新常态需要与以下三个方面新常态相互支撑：一是发展战略新常态，涉及结构再平衡战略和创新驱动发展战略；二是宏观调控新常态，涉及市场决定资源配置和明确宏观经济的合理区间；三

① 赵伟：《"后危机"世界经济与中国选择：三个视野的综合与前瞻》，载《南京社会科学》2014 年第 1 期。

② 谭明智：《严控与激励并存：土地增减挂钩的政策脉络及地方实施》，载《中国社会科学》2014 年第 7 期。

③ 杨玲、高谊、许传龙：《经济服务化：中国的现状、机遇与挑战》，载《武汉大学学报（哲学社会科学版）》2014 年第 3 期。

是发展动力新常态，涉及以改善民生为着力点的消费需求拉动并与投资拉动相协调。[①] 盛朝迅认为我国经济增长将由过去两位数的高速增长转向增长速度维持在 7.5% 左右的"新常态"。在这种"新常态"下，我国发展仍处于重要战略机遇期。一方面，资源环境对经济增长的约束将持续强化，社会格局也将进一步调整优化；另一方面，新型城镇化将成为推动经济增长的主要动力。因此，应主动把握机遇，努力把握"新常态"，加快体制改革，建立适应以市场为导向的政府行为机制，使政府和市场各归其位，激发各类社会主体参与经济社会发展的动力与活力。[②] 进一步地，林木西认为在经济新常态下应该用新的方法来应对新的变化，应该把经济发展的动力建立在改善民生、结构调整和市场化改革上来，注重房地产去泡沫化、影子银行和地方债去杠杆化、淘汰落后产能去水分化、控制互联网金融风险以及国企改革、行政体制改革等方面的新方向和新思路。方福前认为中国目前的经济减速并非经济衰退，中国经济减速的原因包括结构性减速和技术性减速。结构性减速认为中国的第三产业较低的劳动生产率拖累了中国经济增长，但是其实证分析发现这种说法并不能成立。技术性减速认为中国过去技术引进消化和再创新的发展模式拥有较快的技术进步速度，而如今在技术进步更多依靠自主创新的情况下，技术进步率出现了明显的下滑，导致了经济增长放缓，他认为这才是中国经济放缓的原因所在。纪玉山等分析了中国模式的绿色转型。他们从基本经济制度、经济调节方式、经济增长驱动力以及对外经济合作方式四个方面解释中国模式的内涵，认为中国的改革开放在取得巨大成功的同时，也带来了环境的破坏和资源的耗竭，中国模式面临着绿色转型的压力。加快产业结构升级、保护环境、发展低碳经济和循环经济、坚持绿色消费、打造绿色政府是推进中国模式转型的关键，而中国模式的绿色转型是保持中国模式本身生命力并推动未来中国

---

① 洪银兴：《论中高速增长常态及其支撑常态》，载《经济学动态》2014 年第 11 期。

② 盛朝迅：《未来几年我国发展的主要趋势与特征》，载《宏观经济管理》2014 年第 10 期。

经济社会可持续发展的关键所在。发展绿色经济、构建绿色政治、打造绿色社会是推动"中国模式"绿色转型的重要途径。杨飞虎认为，中国在长期增长中面临着技术进步缓慢、收入差距、政治体制改革滞后、资源环境恶化、经济结构扭曲等方面的挑战，应实施处理好政府与市场关系、构建包容性及普惠性的经济增长模式、完善制度及运行机制、提升公共投资效率等战略来促进中国经济长期持续均衡增长。[1]

（二）中国经济发展的影响因素

1. 要素配置

赵德起、林木西认为资源的有效流动是经济发展的逻辑起点，其与经济人的期望效用、资源的稀缺性、信息的完备度与对称度、货币、价格等密切相关。[2] 郝颖、辛清泉、刘星研究认为在经济规模比较小的地区，企业固定资产与权证投资降低了经济增长质量；技术投资则提升了经济增长的质量。相对于中央企业和民营企业，地方国企的投资活动对经济增长质量的负面影响较大。在经济发展水平较高的地区，民营企业的投资活动更多地与市场机制相匹配，对经济增长的质量具有提升作用。[3] 王芃、武英涛从行业和企业两个层面、产品市场和要素市场两个维度对我国能源产业面临的市场扭曲进行研究发现：两层面两维度的市场相对扭曲均显著存在，而造成扭曲的原因主要是要素配置扭曲而非要素价格扭曲。[4]

---

① 陈屹立、高昊：《新常态下的中国经济发展——2014 年中国宏观经济管理教育学会年会综述》，载《经济学动态》2014 年第 11 期。
② 赵德起、林木西：《资源有效率流动的理论探与路径选择》，载《江苏社会科学》2014 年第 2 期。
③ 郝颖、辛清泉、刘星：《地区差异、企业投资与经济增长质量》，载《经济研究》2014 年第 3 期。
④ 王芃、武英涛：《能源产业市场扭曲与全要素生产率》，载《经济研究》2014 年第 6 期。

2. 金融发展

王国静、田国强认为金融冲击是驱动中国经济周期波动的最主要力量，它在解释产出增长、投资增长、债务增长、工资增长和就业波动方面体现出非常重要的作用。即使存在其他多个冲击，金融冲击仍然能够解释近 80% 的产出增长波动。[①] 龚强、张一林、林毅夫认为随着经济发展，产业结构不断升级，金融结构也必将随产业结构的变化而变迁。在中国经济由成熟制造业主导的阶段，银行为主的金融体系为经济发展提供了重要支持。随着中国经济转型和产业升级，许多产业不断接近世界技术前沿，金融市场的重要性将逐步显现，但良好的市场投资环境是金融市场有效发挥作用的前提条件。[②] 张林、冉光和、陈丘认为无论是全国范围还是分东中西部地区，区域金融实力对实体经济增长均具有直接促进效应，提升区域金融实力可以显著地促进实体经济增长；FDI 溢出对实体经济增长的影响大小和方向都存在基于区域金融实力的双门槛效应，FDI 的引入必须与区域金融实力和经济发展水平相适应。[③]

3. 人力资本

樊少华、岳锋利认为人力资本和研发水平指标可以吸收外国直接投资溢出的技术，促进经济增长；人力资本指标和代表研发水平的研发经费支出指标，对溢出技术的吸收存在"门槛效应。"[④] 钞小静、沈坤荣认为城乡收入差距过大会导致初始财富水平较低的农村居民无法进行人力资本投资，从而制约劳动力质量的提高。由于现代部门与传统部门具有不同的生产效率，较低质量的劳动力只能在传统部门从事生产，这不

① 王国静、田国强：《金融冲击和中国经济波动》，载《经济研究》2014 年第 3 期。

② 龚强、张一林、林毅夫：《产业结构、风险特性与最优金融结构》，载《经济研究》2014 年第 4 期。

③ 张林、冉光和、陈丘：《区域金融实力、FDI 溢出与实体经济增长——基于面板门槛模型的研究》，载《经济科学》2014 年第 6 期。

④ 樊少华、岳锋利：《外国直接投资技术溢出对中国经济增长的影响》，载《江西社会科学》2014 年第 4 期。

仅不利于传统部门自身生产效率的提升，而且也减少了进入现代部门从事生产的劳动力数量，城乡收入差距通过劳动力质量影响了中国的长期经济增长。[1]

4. 消费需求

李建伟认为 2007 年第二季度以后我国 GDP 增速持续下降，出口和消费实际增速持续下降是主要因素。[2] 潘明清、高文亮认为近年来我国国民收入的快速增长极大地拉动了居民消费总需求增长，国民收入分配、居民收入分配及居民消费倾向在很大程度上抑制了居民消费总需求的增长，因而，我国长期以来以国民收入增长为导向的扩大内需政策对消费需求的调控作用难以达到预期效果。[3] 刘敏、尹向东认为我国当前促进合理消费需求增长的三个改革重点是创新合理消费需求增长的财税政策、完善合理消费需求增长的社会保障制度体系、重构合理消费需求增长的非正式制度体系。未来我国合理消费需求发展的增长点主要在健康产品及其服务消费，信息产品及其服务消费，绿色、低碳产品消费。[4]

（三）中国经济发展方向

王小广认为中国经济发展进入了新阶段，主要特征包括：经济进入增长速度放慢、结构升级加快的新增长；增长放慢，质量提高，创新能力增强；最终需求、城镇化和服务业发展、制造业升级成为经济发展三大主力；投资主导向消费主导转化；增长率在区域间出现倒差，区域间产业大分工格局开始形成，雁形发展模式成为大中部地区发展创造机

---

① 钞小静、沈坤荣：《城乡收入差距、劳动力质量与中国经济增长》，载《经济研究》2014 年第 6 期。

② 李建伟：《我国经济运行的内在规律及其未来发展趋势》，载《理论学刊》2014 年第 1 期。

③ 潘明清、高文亮：《扩大内需：我国居民消费宏观调控的有效性研究》，载《财经科学》2014 年第 4 期。

④ 刘敏、尹向东：《以合理消费需求主导经济发展》，载《消费经济》2014 年第 1 期。

遇；城市发展将走集约化、人口城镇化为中心的科学规划发展路径；制度红利成为新的动力。① 刘伟认为中国经济发展的新目标包括经济规模的倍增和持续增长、人均 GDP 水平的提升及向高收入阶段穿越、经济结构的演变及现代化目标的实现；中国经济条件的新变化包括供给方面要依靠效率提高拉动经济增长，需求方面会由需求膨胀转为需求不足；中国经济推移的新特点包括通货膨胀压力巨大和经济增长需求动力不足双重风险并存；中国经济成长的新途径在于转变发展方式，要通过制度创新推动技术创新，从而促进发展方式转变。② 黄信灶、靳涛认为中国的体制弹性正在不断地弱化，且原有体制变革方式给中国经济带来的增长空间已经日益狭小，体制变革已经进入"深水期"，使得变革的难度越来越大。只有加快体制变革，中国的经济才具有快速增长的可能。③ 张晓晶提出了中国经济发展的路径选择：推进市场化改革，依靠市场机制带动经济转型；推动创新驱动战略，实现内生增长和可持续发展；以新型城镇化为现实抓手，推进经济社会结构调整；在科技前沿与国际规则领域两线作战，重塑国际竞争优势。④

许广月认为我国目前要实现从黑色发展到绿色发展的转变，这一发展范式的转换需要实现"五位一体"的转型：发展主体由"单一理性经济人"向"双重理性经济人"转型；发展目标导向由"只注重经济发展数量，不注重经济发展质量"向"优先注重经济发展质量，同时兼顾经济发展数量"转型，发展模式由"低成本竞争、高资源环境代价"向"高成本竞争、低资源环境代价"转型，发展过程由"线性强物质化过程"向"非线性弱物质化过程"转型，发展路径由"黑色工业化、黑色城市化与黑色现代化"向"绿色工业化、绿色城市化与绿

① 王小广：《中国经济发展的新阶段论》，载《区域经济评论》2014 年第 3 期。
② 刘伟：《转变发展方式的根本在于创新》，载《北京大学学报》2014 年第 1 期。
③ 黄信灶、靳涛：《体制弹性、增长匹配与经济增长——基于中国转型期经济增长的新解读》，载《财贸经济》2014 年第 4 期。
④ 张晓晶：《中国经济的可持续发展：理论框架与路径选择》，载《开放导报》2014 年第 3 期。

色现代化"转型。[1] 王智勇认为在当前阶段，大多数地区的经济增长依赖于工业化和城市化，两者的紧密配合是现阶段中国地区经济稳步发展的关键。[2] 殷醒民认为增加包括住宅在内的各种资本的积累仍然是中国经济发展的主流。[3]

（四）中国经济发展方式与动力

1. 战略层面

魏杰、施戍杰认为内外国情的深刻变化要求中国从政府主导型增长方式转变为市场决定性作用的增长方式，包括市场决定资源配置的新理论、按照"市场决定论"推进改革的新思路与完善现代市场制度的新举措。实现市场决定性作用的动力在于政府职能转变，其路径包括简政放权与正确有为。[4] 曹前满认为四化各自肩负特殊时代使命，交互协调，四化同步发展的逻辑起点是结构转型，四化同步发展的关键在于构建城镇化体系，适应经济发展的内需化发展。[5] 李万峰认为当前我国经济进入了经济转型发展的新阶段，面临产业结构失衡、产能过剩等许多难题，必须走转型升级的新路径。"稳增长"是经济转型升级的基础，是既利当前更惠长远的政策切合点。[6] 宋冬临、范欣、赵新宇认为国内区域市场出现整合趋势，但东部的市场分割明显强于其他区域。同时，市

① 许广月：《从黑色发展到绿色发展的范式转型》，载《西部论坛》2014年第1期。
② 王智勇：《工业化、城市化与中国地区经济增长——兼论中等收入阶段的跨越》，载《劳动经济研究》2014年第2期。
③ 殷醒民：《从国民财富表变动看经济政策"纠误"的方向》，载《科学发展》2014年第2期。
④ 魏杰、施戍杰：《建立市场起决定性作用的经济增长方式——十八届三中全会关于经济体制改革的若干问题》，载《经济学家》2014年第2期。
⑤ 曹前满：《论我国"四化"同步发展的逻辑基点与充要条件》，载《经济与管理》2014年第1期。
⑥ 李万峰：《关于当前我国经济"稳增长"的政策思考》，载《经济研究参考》2014年第27期。

场分割与区域经济增长的关系并没有规律性结论，四大区域在发展战略影响下的政策效果各异。因此，要正确处理好政府与市场的关系，打破市场分割、促进区域协作，深入推进区域发展战略的实施，以此加快国内区域市场一体化的进程。[1] 白永秀、吴航、王泽润认为丝绸之路经济带是实现全球经济一体化的重要战略平台、高度开放型经济合作网络、灵活务实的经济合作安排、和谐世界建设平台、经济高度自由化和便利化的统一制度体系。丝绸之路经济带倡议的推进为了实现中国—中亚—俄罗斯经济一体化、搭建欧亚经济一体化基本框架和形成全球经济一体化战略平台。[2]

2. 对策层面

刘瑞认为新版的中国式市场经济发展中的核心任务是转变政府职能，处理好市场垄断与竞争关系，引入社会理性，发挥社会组织功能。[3] 刘伟认为生产成本上升、技术进步方式变化、投资收益率下降、出口导向型增长不可持续，这几个因素使得中国经济进入了一个"新常态"。这个新常态的表现就是经济增长率下降、"滞胀"隐患出现、就业压力减小、消费占比提高、产业结构从劳动密集型向资金密集型和知识密集型转换，以及对自主研发的需求增加。在"新常态"下，我国应该适度降低经济增长目标，深化改革，加快产业结构调整和自主创新，实行供给和需求双扩张的政策组合，在需求管理方面，实行货币稳健或小量紧缩、财政扩张的政策组合。就目前而言，不建议采取大规模的扩张性政策，而是建议采取以供给管理为主、需求管理为辅的定向"微刺激"政策体系，既保证经济增长和就业，又尽可能促进结构调整。供给管理应以改革为主；需求管理应以财政政策为主，主要体现政府的产业政策、区域经济目标等，货币政策以定向降准为主，在需求管

---

① 宋冬临、范欣、赵新宇：《区域发展战略、市场分割与经济增长——基于相对价格指数法的实证分析》，载《财贸经济》2014 年第 8 期。

② 白永秀、吴航、王泽润：《丝绸之路经济带战略构想：依据、目标及实现步骤》，载《人文杂志》2014 年第 9 期。

③ 刘瑞：《打造中国式市场经济的升级版》，载《企业经济》2014 年第 1 期。

理中起到辅助作用。[1] 蔡昉认为旨在提高潜在增长率的一系列改革，可以带来显著的改革红利；旨在平衡需求结构的相应改革，则有利于稳定宏观经济，也可以带来改革红利。[2] 孙文凯认为国有经济部门在就业和增长间起到了调节作用，并且对经济周期不同阶段影响有对称性。[3] 肖晓勇、曹旸、吴少华认为未来中国工业化与城镇化协同演化的整个系统能否继续向前发展，关键在于能否吸收高端的人力资本以及对人力资本各种表现形态所构成要素集合的合理配置。[4] 洪俊杰、刘志强、黄薇认为运输基础设施、税收和其他区域振兴政策对我国工业空间分布有着显著影响，欠发达地区的实际税率降低10%、人均道路面积增加10%，则当地工业产出占全国的比重分别提高0.8%和0.5%，但这两项政策对不同产业的影响存在差异，税收政策影响的行业范围更为广泛。[5]

三、宏观经济调控

（一）政府治理

1. 政府与市场关系

黄林、卫兴华认为在资源配置中，政府应该放权于市场，通过市场机制充分激发经济社会发展的活力，促进我国经济转型升级。同时要更

---

[1] 刘伟：《"新常态"下的中国宏观调控》，载《经济科学》2014年第4期。
[2] 蔡昉：《挖掘增长潜力与稳定宏观经济》，载《中共中央党校学报》2014年第4期。
[3] 孙文凯：《中国近年来经济增长与就业间数量关系解释》，载《经济理论与经济管理》2014年第1期。
[4] 肖晓勇、曹旸、吴少华：《工业化城市化耦合演化：经济增长动力研究的新视角》，载《学习与实践》2014年第5期。
[5] 洪俊杰、刘志强、黄薇：《区域振兴战略与中国工业空间结构变动——对中国工业企业调查数据的实证分析》，载《经济研究》2014年第8期。

好地发挥政府的作用。政府的作用不仅仅是弥补市场失灵，在整个社会主义建设事业中，还需要有党的领导和政府的主导。[①] 张志元、马雷认为政府和市场的关系的关键在于如何使得两种不完美的制度设计在其具有的比较优势的边界内发挥各自的效力，使二者在经济发展的不同阶段达到一种良性的动态均衡状态。市场是配置资源的基本方式，应该在我国经济金融发展中起到决定性的作用。"市场主导—政府引导"的政府—市场观将引领我国经济政策的风向标。[②] 邓翔、祝梓翔通过研究新兴市场，认为政府消费规模对产出具有非稳定性，一般性政府支出规模和产出波动率的负向关系可能并不存在。[③] 张玉磊认为新型城镇化提出了"市场主导、政府引导"的市场与政府关系新定位，它需要我们一方面充分发挥市场在城镇化资源配置中的决定性作用，另一方面以体制机制创新优化城镇化建设中的政府行为。[④] 周耀东、李倩认为福利损失是"政企不分"特殊治理规则的结果，是使用这一规则的代价，因此，重建政企关系成为减少福利损失的必然选择，提出了国有企业"去身份化"、明确政府多重微观职能、引入社会资本改善企业内部效率等政策建议。[⑤]

2. 健全宏观调控体系

方福前认为我国的宏观调控一直建立在"可控性"的信念基础上，宏观调控的目标是二重的：第一重目标是改革、发展和稳定，第二重目标是促进经济增长、增加就业、稳定物价和保持国际收支平衡。后一重目标要服从于前一重目标。"可控性"的信念与市场在资源配置中起决定性

① 黄林、卫兴华：《重构新时代的市场与政府关系》，载《经济问题》2014 年第 8 期。

② 张志元、马雷：《经济金融发展视野的政府与市场关系再定位》，载《改革》2014 年第 1 期。

③ 邓翔、祝梓翔：《政府规模与宏观经济稳定性——来自新兴市场经济的证据和 RBC 模型的分析》，载《经济理论与经济管理》2014 年第 4 期。

④ 张玉磊：《新型城镇化进程中市场与政府关系调适：一个新的分析框架》，载《社会主义研究》2014 年第 4 期。

⑤ 周耀东、李倩：《国有代表性部门的福利损失："特定规则"的代价》，载《中国工业经济》2014 年第 8 期。

作用的要求不相容。重构我国宏观调控体系包括宏观调控理念、宏观调控目标和宏观调控架构的重构。当前的宏观调控主要解决产能过剩、结构失衡和增加就业，需求管理和供给管理并重。[①] 金雪军、钟意、王义中认为政策不确定性作用于宏观经济的主要机制为预期渠道，政府应当保持宏观经济政策的稳定性和持续性，并加强团结引导公众合理预期。[②]

3. 全面正确履行政府职能

洪银兴认为市场配置资源的功能不只是选择机制，还有激励机制。市场由基础性作用改为决定性作用基本含义是市场不再是在政府调节下发挥调节作用，而是自主地对资源配置起决定性作用。确认市场对资源配置起决定性作用只是明确改革的新方向，绝不意味着一放开市场作用就能实现资源配置的高效率。秩序混乱的市场配置资源达不到帕累托最优。完善市场机制主要涉及两个方面：一是规范市场秩序，二是培育市场主体。明确市场对资源配置的决定性作用不能放大到不要政府作用，也不能放大到市场决定公共资源的配置。更好地发挥政府作用除了通过自身的改革退出市场作用的领域外，还要承担起完善市场机制建设的职能。政府行为本身也要遵守市场秩序。[③] 王国平认为中国经济升级过程中，破除机制性障碍应视为重中之重，转变政府职能则是真正的突破口。将负面清单管理方式与转变政府职能改革有机结合起来，通过减少政府审批取得实质性进展而推动政府职能真正转变。[④] 文雁兵认为适度政府规模有利于经济增长和社会福利增进，政府规模有三种效应，当政府规模较小时，增长效应占主导，当政府规模较大，挤出效应占主导，

---

① 方福前：《大改革视野下中国宏观调控体系的重构》，载《经济理论与经济管理》2014 年第 5 期。

② 金雪军、钟意、王义中：《政策不确定性的宏观经济后果》，载《经济理论与经济管理》2014 年第 2 期。

③ 洪银兴：《关于市场决定资源配置和更好发挥政府作用的理论说明》，载《经济理论与经济管理》2014 年第 10 期。

④ 王国平：《中国经济升级的障碍：系统性·结构性·突破性》，载《学术月刊》2014 年第 1 期。

当政府规模适度时，福利效应占主导。中国适度政府规模应该控制在0.2 左右。[1] 陈彦斌、陈小亮认为政府的"微刺激"政策有其必要性，但"微刺激"的使用不能常态化、长期化。原因包括："微刺激"要依靠拉动投资稳增长；"微刺激"叠加之后的政策力度并不小；"微刺激"既稳增长又调结构的战略意图难以实现，并且可能导致经济结构进一步恶化；"微刺激"已经出现了"效应递减"现象。[2]

马万里认为中国式财政分权下地方政府经济增长型激励导致政府职能的经济增长导向，而不完善的财政体制安排、官员产生的公共选择机制和人员自由流动的 Tiebout 机制的双重缺失进一步强化了政府职能的增长导向，社会管理职能却被大大忽略了，经济高速增长的背后是政府社会性公共品供给不足，社会事业发展严重滞后，导致经济社会非均衡发展，产生公共事务中的"集体行动困境"。进一步改革不能将焦点全部集中于地方政府，换言之，中央政府事权"下移"、经济增长型激励异化、过度的政府支出地方化和监督制约的缺位共同造成了地方政府行为的经济增长导向和经济社会非均衡发展。必须辩证看待转轨过程中的地方政府及其所处的制度环境，通过政治突破、体制突破和外部保障机制等更加综合的政策措施，激发地方政府的积极性，实现激励相容，最终实现经济社会协调持续发展。[3]

（二）宏观调控政策

1. 财政政策与货币政策

刘伟认为积极的财政政策与稳健的货币政策是新阶段采取的"松紧

---

[1] 文雁兵：《政府规模的扩张偏向与福利效应——理论新假说与实证再检验》，载《中国工业经济》2014 年第 5 期。

[2] 陈彦斌、陈小亮：《中国经济"微刺激"效果及其趋势评估》，载《改革》2014 年第 7 期。

[3] 马万里：《经济社会非均衡发展：中国式财政分权下的"集体行动困境"及其破解》，载《经济学家》2014 年第 11 期。

搭配"反方向的组合，如何根据经济新常态下的失衡特点提高宏观政策松紧搭配组合方式的有效性、如何提高其可行性和针对性、如何控制其政策作用力度等新时期财政与货币政策的基本取向。[①] 国务院发展研究中心"新时期我国财政、货币政策面临的挑战与对策"课题组研究认为新时期财政与货币政策面临的挑战包括：财政政策的调控空间被大大压缩；地方政府债务风险加速集聚，为财政政策增添新变数；资金脱媒和金融创新加速发展，降低了传统货币政策的有效性；利率市场化、汇率市场化对货币政策操作带来新要求；外部冲击和内部矛盾相叠加，加大了财政、货币政策相配合的难度。未来应该加强财政与货币政策间的协调配合：政策目标区间化，宏观调控最小化；根据周期、趋势、外部冲击搭配政策；推动政策操作从"自由裁量型"向"基于规则型"转变；完善财政性存款、外汇储备和国债市场管理，提高政策协调水平。[②] 卞志村、高洁超认为灵活通货膨胀目标制和混合名义收入目标制均可成为我国最优货币政策的有效实现形式，可促进经济平稳、协调发展。[③] 刘金全、印重、庞春阳认为中国应该在充分考虑政策成本的前提下，发挥积极财政支出政策对产业转型的引导作用，加强财政政策与货币政策的有效组合，这将有助于中国经济在"十二五"期间实现平稳发展和防止经济出现持续下滑。[④] 张勇、李政军、龚六堂认为利率双轨制的效率不仅与金融市场的扭曲程度直接相关，更取决于产品市场的扭曲程度。政府应该不断降低产品市场和金融市场的扭曲，直到利率双轨制不再有效率时，再一举取消双轨制才是福利损失最小的。在短期，利率双轨制决定了货币政策主要通过管制利率渠道来传导。溢价比稳态提

---

① 刘伟：《财政、货币政策反方向组合与宏观调控力度》，载《经济学家》2014年第11期。

② 国务院发展研究中心"新时期我国财政、货币政策面临的挑战与对策"课题组：载《管理世界》2014年第6期。

③ 卞志村、高洁超：《适应性学习、宏观经济预期与中国最优货币政策》，载《经济研究》2014年第4期。

④ 刘金全、印重、庞春阳：《中国积极财政政策有效性及政策期限结构研究》，载《中国工业经济》2014年第6期。

高时管制利率对溢价偏离做正向反应和溢价比稳态降低时管制利率对溢价偏离做轻微负向反应的相机反应规则，优于单一反应规则。①

周波认为我国财政自动稳定器的确发挥产出稳定性作用，但由于周期性和外生相机抉择财政政策发挥破坏稳定性作用以及财政货币政策协调失效，自动稳定器产出稳定效应收益递减且随时期推移非线性变化。因而发挥财政政策的产出稳定效应应着力改革和完善我国财政制度，实施规则式财政政策，压缩自由量裁式财政政策空间，增进财政货币政策协调。②

2. 产业政策

胡秋阳认为能源效率政策在考虑产业侧重时不能只关注产业自身，还须从系统及结构的视角出发审视局部产业的能效提高对总体能耗的影响。其研究发现：提高能效可降价成本从而促进能效提高产业的产出增长，因此尽管其能耗量有所下降但其中有产出增长带动下的能耗回弹，并在高能耗产业上更为明显，经济总体的能耗及能耗强度都更大幅度地下降，超出了能效提高产业自身能耗变动的总体贡献。③ 于泽、章潇萌、刘凤良研究认为我国需求方面的收入增长和供给方面的资本深化两个因素对我国结构转型的影响较大，而技术进步率差异的影响程度较小，因而保持一定的投资速度，从而稳定增长，提高居民收入，深化资本劳动比是调整产业结构的重要力量。④

马鹏、李文秀认为提高人口质量和居民文化知识水平对于提高产业控制力具有至关重要的作用，进一步地，通过发展高端服务业转变我国

① 张勇、李政军、龚六堂：《利率双轨制、金融改革与最优货币政策》，载《经济研究》2014 年第 10 期。

② 周波：《基于我国省域面板的财政政策产出稳定效应研究》，载《管理世界》2014 年第 7 期。

③ 胡秋阳：《回弹效应与能源效率政策的重点产业选择》，载《经济研究》2014 年第 2 期。

④ 于泽、章潇萌、刘凤良：《中国产业结构升级内生动力：需求还是供给》，载《经济理论与经济管理》2014 年第 3 期。

经济增长方式，进而提升我国在国际竞争中的产业控制力。[1] 应该通过城市功能优化、技术嵌入和对外开放促进高端服务业发展，并通过高端服务业集聚提升我国全球价值链上的分工地位，获得更多的利益分配，获取产业控制力。[2] 沈于、朱少菲认为中国已经出现刘易斯拐点，劳动力成本与产业升级之间存在着动态关系，劳动力成本上升可能伴随着产业结构升级。[3] 杜德瑞、王喆、杨李娟认为工业化中期制造业发展与生产性服务业发展负相关，这种负相关直到工业化后期才能被消除。处于不同工业化进程的地区影响生产性服务业发展的因素区别较大，四大经济区应实行不同的生产性服务业发展战略。[4]

李坤、于渤、李清均认为国家制造由"躯干国家"制造和"头脑国家"制造构成，前者向后者的高级演化需要国家制造创新能力支撑，高端装备制造产业成长的路径演化存在一个"大道定理"。[5] 楚明钦、刘志彪认为中国装备制造业规模的扩大促进了分工和专业化，促进了中国生产性服务与装备制造业的垂直分离，但是交易成本的下降并没有促进生产性服务与装备制造业的垂直分离。相反，财政政策的支持促进了中国生产性服务与装备制造业的垂直分离。[6] 陈晓华、刘慧认为中国制造业要素价格扭曲有加剧的倾向，但速度明显放缓，要素价格扭曲已经成为中国制造业技术复杂度升级和赶超的"助推型资源"；人力资本和物质资本是我国制造业技术复杂度升级和赶超的核心动力，生产性补贴

① 马鹏、李文秀：《高端服务业视角的中国产业控制力提升理论与实证研究》，载《产经评论》2014 年第 2 期。

② 马鹏、李文秀：《高端服务业集聚效应研究——基于产业控制力视角的分析》，载《中国软科学》2014 年第 4 期。

③ 沈于、朱少菲：《刘易斯拐点、劳动力供求与产业结构升级》，载《财经问题研究》2014 年第 1 期。

④ 杜德瑞、王喆、杨李娟：《工业化进程视角下的生产性服务业影响因素研究——基于全国 2002—2011 年 31 个省市面板数据分析》，载《上海经济研究》2014 年第 1 期。

⑤ 李坤、于渤、李清均：《"躯干国家"制造向"头脑国家"制造转型的路径选择——基于高端装备制造产业成长路径选择的视角》，载《管理世界》2014 年第 7 期。

⑥ 楚明钦、刘志彪：《装备制造业规模、交易成本与生产性服务外化》，载《财经研究》2014 年第 7 期。

未起到提升中国制造业技术复杂度的作用。[1]

3. 国民收入分配政策

陈享光、李克歌认为经济增长带来的帕累托改进如果能够抵消收入不公平带来的不利影响，就能够实现社会福利的增进，即社会福利最大化依赖于一定的经济增长与一定的收入分配公平度相结合。[2] 陆万军、张彬斌认为发展阶段的变化、涓滴效应和政府政策转变是改善一国收入分配的内在动力，通过相应政策强化三大机制对收入分配的调节功能，可在维持经济增长的同时改善收入分配。结合中国目前所处的发展阶段及其特征，激进式的再分配政策不仅无助于解决收入分配问题，反而可能对长期经济增长产生负面影响。逐步剔除影响收入分配的制度性因素，为中低收入人群提供倾斜性的公共服务，可以在改善分配格局的同时促进经济长期发展。[3] 易定红、张维闵、葛二标认为进行收入分配制度改革，缩小收入分配差距，必须规范政府、企业、市场分配行为，从收入分配格局、收入形成、收入结构、收入增长和收支透明化五个方面入手推动形成公开透明、公正合理的收入分配秩序。[4] 付文林、赵永辉研究发现提高我国的劳动收入不仅要对劳动力市场工资形成制度进行干预，更重要的是要促进产业的价值链攀升，提高国民经济的价值创造能力。[5] 袁辉认为生产的物质条件和人身条件的分离、生产过程中劳资对抗、各种形式的市场和制度障碍是导致功能性分配累积性失衡的主要原因，因此需要进一步深化收入分配制度改革，推动形成合理的功能性分

---

[1]　陈晓华、刘慧：《要素价格扭曲、外需疲软与中国制造业技术复杂度动态演进》，载《财经研究》2014 年第 7 期。

[2]　陈享光、李克歌：《经济增长与收入的公平分配——引入社会福利因素的动态分析》，载《学习与探索》2014 年第 9 期。

[3]　陆万军、张彬斌：《改善收入分配的内在机制及政策需求》，载《经济体制改革》2014 年第 6 期。

[4]　易定红、张维闵、葛二标：《中国收入分配秩序：问题、原因与对策》，载《中国人民大学学报》2014 年第 3 期。

[5]　付文林、赵永辉：《价值链分工、劳动力市场分割与国民收入分配结构》，载《财经研究》2014 年第 1 期。

配格局。[①] 刘柏惠、寇恩惠认为政府净转移收支改善了城镇居民逐渐增加的市场收入不平等，改善程度随时间逐渐增大。其中转移支付和税收都起到正向的调节作用，前者贡献相对更大，主要体现为对水平公平的改进；后者的作用则主要体现在垂直公平上。财政净转移收支在各地区内部的作用微弱，东部起主要作用的是税收政策，西部则是转移支付政策。[②]

4. 对外贸易政策

李云娥认为贸易对经济增长的影响取决于一定的二元经济结构条件，当一国城市化水平高于某临界值时，其对外贸易开放将促进经济增长，相反，会抑制经济增长；同时，当城市化水平高于某临界值时，贸易开放将促进二元经济结构的转换，反之，将抑制二元经济结构的转换。[③] 张二震认为中国外贸转型发展不能"急于求成"，需注意以下几点：一是从贸易方式来看，绝不是"薄"加工贸易而"厚"一般贸易；二是从价值链升级角度来看，也不是简单放弃"低端"而向所谓"微笑曲线"两侧高端全面升级；三是从产业角度来看，更不是放弃低端产业转向高端产业的"转产"。中国外贸转型发展，需要耐心和毅力，必须从实际出发，一步一个脚印地扎实推进。[④]

韩会朝、徐康宁认为"质量门槛"效应存在行业间差异，其中对高技术行业作用最明显，对初级行业、自然资源行业的作用最低。中国在人均收入水平相对较低、国内需求条件不利于产品质量提升的背景下，发展对外贸易尤其是对高收入国家的贸易是提升中国产品质量水平

---

① 袁辉：《我国功能性分配失衡的原因及对策》，载《经济理论与经济管理》2014 年第 4 期。

② 刘柏惠、寇恩惠：《政府各项转移收支对城镇居民收入再分配的影响》，载《财贸经济》2014 年第 9 期。

③ 李云娥：《对外开放必然带来经济增长吗？——基于二元经济转换的视角》，载《南开经济研究》2014 年第 1 期。

④ 张二震：《中国外贸转型：加工贸易、"微笑曲线"及产业选择》，载《当代经济研究》2014 年第 7 期。

的重要路径，而从基于经济效应的贸易政策角度讲，出口市场多元化战略并不一定是中国对外贸易政策的最优选择。①

张杰、郑文平、翟福昕认为中国出口产品质量总体上表现出轻微下降趋势，但呈"U"型变化态势；私营性质样本的出口产品质量表现出显著的"U"型变化态势和轻微下降特征，而其他所有制性质样本的出口产品质量则表现出上升态势；大量低产品质量私营性质样本的短暂进入和退出出口市场，是导致中国出口产品质量"U"型变化的核心因素；私营和外资性质样本对中国出口产品质量增长产生重要正向贡献。这为中国对外贸易政策的调整提供了有现实意义的参考依据。②

汪颖博等认为目前中国的进口主要依靠集约边际增长，中国对外关税下降和中国—东盟自由贸易区（CAFTA）的建设均能提高中国进口贸易流量。更进一步，CAFTA 政策对中国进口集约边际的促进作用主要通过协定关税的下降实现，而对扩展边际的促进作用则更多的是通过非关税政策的实施实现的。这为调整中国进口结构提供了有力的政策依据。③

四、微观规制改革

（一）经济性规制

李世杰、蔡祖国认为在上游制造商合谋的情形下，转售价格控制（RPM）会导致较高的零售价，在排他性策略下，RPM 则会降低零售

---

① 韩会朝、徐康宁：《中国产品出口"质量门槛"假说及其检验》，载《中国工业经济》2014 年第 4 期。

② 张杰、郑文平、翟福昕：《中国出口产品质量得到提升了吗?》，载《经济研究》2014 年第 10 期。

③ 汪颖博、朱小明、袁德胜、曹亮：《CAFTA 框架下贸易成本、自由贸易政策与中国进口增长的二元边际》，载《宏观经济研究》2014 年第 10 期。

价；因而合谋策略下的制造商 RPM 行为需要被规制；不过，部分合谋情形下的规制对象是参与合谋的制造商和零售商，主动全面合谋的规制对象是价格领导型制造商，制度约束下的被动全面合谋的规制对象则是制度本身。[1]

陈林、刘小玄研究认为航空航天制造业是典型的自然垄断产业，独占经营时社会生产成本最低，政府实施一定程度的市场准入规制是可行的。而石化、农药、钢铁、汽车、铁道车辆、船舶等当前受政府严格规制的重化工业并非自然垄断，过度规制不可取。因此，政府规制与行业监管措施必须因行业制宜。[2]

白让让认为研究发现减少市场机制和政府干预之间的冲突是实现电力产业"结构性"减排目标的主要前提。火电行业的结构优化和能源效率提高，不仅要发挥投入品价格的引导功效，而且更要提升环境监管和规制的作用。[3] 郑加梅、夏大慰认为当期和滞后一期混合价格规制对电信业生产率的影响都不大；价格上限规制对行业生产率增长具有一定的推动作用，但总体影响较小；固定利润分享规制对电信业生产率增长的同期促进作用显著，但滞后效应的消极影响较大。[4] 冯永晟认为政府缺乏实行有效规制定价的能力，在电价政策上面临多个复杂权衡，要警惕以电价改革延缓电力市场化改革的风险，非线性定价政策的效果最终取决于市场的形成和竞争的引入，而非定价方式本身。[5]

---

① 李世杰、蔡祖国：《双因驱动下转售价格控制的规制机理研究》，载《中国工业经济》2014 年第 7 期。

② 陈林、刘小玄：《自然垄断的测度模型及其应用——以中国重化工业为例》，载《中国工业经济》2014 年第 8 期。

③ 白让让：《电煤价格、产业政策与火力发电产业的技术结构升级》，载《财经研究》2014 年第 12 期。

④ 郑加梅、夏大慰：《激励性规制对中国电信业全要素生产率的影响——基于省际动态面板数据的实证研究》，载《财经研究》2014 年第 2 期。

⑤ 冯永晟：《非线性定价组合与电力需求——基于中国居民微观数据的实证研究》，载《中国工业经济》2014 年第 2 期。

（二） 社会性规制

景维民、张璐认为技术进步具有路径依赖性，合理的环境管制能够转变技术进步方向，有助于中国工业走上绿色技术进步的轨道。在目前较弱的环境管制和偏向污染性的技术结构下，对外开放对中国绿色技术进步的影响可以分解为正向的技术溢出效应和负向的产品结构效应。二者在对外开放的三个方面有着不同程度的体现：进口在国内研发努力配合下对绿色技术进步具有推进作用；出口则造成了负面影响；FDI 中两种效应均有显著体现。其正向效果的发挥有赖于环境管制的加强和政策上的合理引导。[1]

张友国、郑玉歆认为一方面可以通过开征碳税等政策保证碳强度约束目标得以实现，另一方面采取一些有效措施，如加快发展清洁能源、积极推广节能技术以及鼓励各部门特别是火力发电发热及其供应业发送能效，以强化碳强度约束的节能减碳效应。[2] 邓晓兰、鄢哲明、武永义认为中国低碳经济政策应充分考虑经济发展的阶段性、区域发展的差异性以及碳排放驱动因素的层次性，制定统筹不同区域差异化的碳减排策略。[3]

孙学敏、王杰认为环境规制提高了企业规模分布的帕累托指数，使企业规模分布变得更加均匀。环境规制对重度污染行业的企业规模分布趋向均匀有显著的促进作用，但对中度污染行业和轻度污染行业企业规模分布的影响并不明显；相比于东部发达地区，环境规制更有助于提高中西部地区企业规模分布的帕累托指数。[4] 原毅军、谢荣辉认为正式环

[1] 景维民、张璐：《环境管制、对外开放与中国工业的绿色技术进步》，载《经济研究》2014 年第 9 期。

[2] 张友国、郑玉歆：《碳强度约束的宏观效应和结构效应》，载《中国工业经济》2014 年第 6 期。

[3] 邓晓兰、鄢哲明、武永义：《碳排放与经济发展服从倒 U 型曲线关系吗——对环境库兹涅茨曲线假说的重新解读》，载《财贸经济》2014 年第 2 期。

[4] 孙学敏、王杰：《环境规制对中国企业规模分布的影响》，载《中国工业经济》2014 年第 12 期。

境规制能有效驱动产业结构调整，因此可将环境规制作为产业结构调整的新动力；当以工业污染排放强度作为门槛变量时，随着正式环境规制强度的由弱变强，它会对产业结构调整产生先抑制、后促进、再抑制的影响，从而验证了两者关系中显著的门槛特征和空间异质性。非正式规制强度指标总体上与产业结构调整正相关，表明非正式规制的经济效应在中国已初步显现；而外商直接投资和产业规模均不利于产业结构调整。①

杜运苏认为环境规制对我国制造业竞争力的影响呈"U"型，现在我国仍处在拐点的左侧，即环境规制强度的提高将降低竞争力，"波特效应"还不显著；随着分位点的提高，环境规制对我国制造业竞争力的负面影响逐步降低，这主要是由我国产业结构和竞争力特点决定的。随着我国制造业的转型升级，如果能够制定合理科学的环境政策，实现环境规制与竞争力良性循环是完全有可能的。②

李梦洁、杜威剑认为现阶段中国平均环境规制强度仍处于"U"型曲线的下降阶段，东、中、西地区则分别处于拐点的右侧、附近、左侧。同时，产业结构调整会使"U"型曲线向左上方移动，即可以在较低的环境规制强度下越过拐点并在同等环境规制强度下达到更高的就业水平。因此，推进产业结构调整，制定合理的环境规制水平，并且分地区实施差异性环境政策对于实现环境规制与就业的双重红利具有重要意义。③

（三）规制体制

王敏、徐晋涛、黄卓认为中国能源领域的改革如果能够破除各种形式的行政性垄断，形成充分部分的市场环境，再由市场形成价格，适时

---

① 原毅军、谢荣辉：《环境规制的产业结构调整效应研究——基于中国省际面板数据的实证检验》，载《中国工业经济》2014年第8期。

② 杜运苏：《环境规制影响我国制造业竞争力的实证研究》，载《世界经济研究》2014年第12期。

③ 李梦洁、杜威剑：《环境规制与就业的双重红利适用于中国现阶段吗？——基于省际面板数据的经验分析》，载《经济科学》2014年第4期。

取消竞争性领域的价格管制，政府的外部性管制及时跟进，就能为中国能源发展的长治久安奠定基础，也将为中国未来经济的持续发展提供有力保障。①

付强、于良春认为由监督成本异质性导致的不完全规制使得垄断者——电网总是有激励提高小工商业用户的电价水平，为了弥补由此带来的产出损失，规制者将监督成本较低的大工业用户电价降到均衡水平以下。这种规制机制虽然降低了小工商业的产出和利润，但是却增加了大工业的产出和垄断供给者的利润，正是依靠该机制，垄断的电力产业才能在促进中国经济快速增长的同时获得高收入，并使中国经济陷入过度重工业化的增长模式当中。为了解决规制失效引发的问题，他们认为电力产业输配管理体制应该选择"输配一体、售电竞争"的改革路径。②

张肇中、张红凤认为食品安全问题已成为公众普通关注的社会问题。食品安全问题产生的根源在于食品本身的特殊质量属性所导致的信息不对称，这是在食品安全领域引入政府规制的内在原因。中国食品安全规制体制改革的合理路径应是在现有改革成果之上，缓步推进，适当保留原有规制机构的职能，由国家食品安全监督管理总局综合统筹协调。③

（四）规制体系

肖兴志、郭启光认为规制系统存在结构性变化，在样本期内由"高规制波动状态"向"低规制波动状态"转换，且呈现出明显的"棘轮

---

① 王敏、徐晋涛、黄卓：《能源体制改革：有效的市场，有为的政府》，载《国际经济评论》2014 年第 4 期。

② 付强、于良春：《论中国电力产业输配管理体制改革路径选择》，载《东南学术》2014 年第 2 期。

③ 张肇中、张红凤：《中国食品安全规制体制的大部制改革探索——基于多任务委托代理模型的理论分析》，载《学习与探索》2014 年第 3 期。

效应"；"低规制波动状态"下的规制效果优于"高规制波动状态"下的规制效果。① 程恩富认为要充分发挥市场在资源配置中的决定性作用，完善要素市场体系，建立公平开放透明的市场规则，完善主要由市场决定价格的机制；要更好地发挥政府作用，健全宏观调控和微观规制改革体系，全面正确履行政府职能，优化政府组织结构，努力完善市场作用与政府作用这种双重调节体系。② 韩超认为社会性规制失效主要在于制度因素，核心可以归结为强势政府主导下地方政府竞争，从这一思路出发推进下一步改革，才是提升规制效果的关键。③

杜莉、王利、张云认为我国政府与金融机构应该双管齐下，由政府在宏观层面从制度供给与环境培育的角度，对碳金融发展及风险防控进行规制和监管；金融机构通过设计全面有效的碳金融交易风险预警指标体系、构建健全的碳金融交易风险管理组织框架、设计和实施先进完善的碳金融风险管理技术、建立严格的碳金融交易风险管理责任追究机制，提升碳金融交易行为主体及监管部门的风险识别与防控能力。④

① 肖兴志、郭启光：《体制改革、结构变化与煤矿安全规制效果——兼析规制周期的影响》，载《财经问题研究》2014年第9期。
② 程恩富：《完善双重调节体系：市场决定性作用与政府作用》，载《中国高校社会科学》2014年第6期。
③ 韩超：《制度影响、规制竞争与中国启示——兼析规制失效的形成动因》，载《经济学动态》2014年第4期。
④ 杜莉、王利、张云：《碳金融交易风险：度量与防控》，载《经济管理》2014年第4期。

第四章

2015 年国民经济学发展

一、学 科 发 展

胡乃武认为加强国民经济学学科建设应该做好六个方面工作：应紧紧围绕市场在资源配置中的决定性作用和发挥政府的重要作用来进行；应加强教师队伍建设；必须坚持与时俱进的原则；按照学科专业培养目标所要求的坚实的基础理论和宽广的专业知识来进行课程设计；要编写出高水平的系列教材和教学大纲；加强保障制度的建设。[1] 陈璋认为国民经济学的发展要找准突破口，不能在一些基本概念、对象、范围等过于抽象的理论问题上争论不休，必须针对中国现实经济问题和发展的需要，形成国民经济学发展的具体方向。国民经济学要在未来不断的探索中发展自己、完善自己，其振兴是一个长期的过程。[2] 黄泰岩认为应该在中国经济学的话语体系中确定国民经济管理学的学科对象、学科边界。国民经济学面临着政治经济学、西方经济学、应用经济学、西方智

---

① 胡乃武：《关于国民经济管理学的学科建设和教书育人的思考》，载《政治经济学评论》2015 年第 9 期。

② 陈璋：《关于国民经济学学科发展问题的思考》，载《政治经济学评论》2015 年第 9 期。

库和中国实践五个方面的挑战。国民经济学应该提供经济的路线、方针和政策。① 刘瑞认为政治经济学是国民经济学的理论基础，国民经济学的政治经济学的原理应用；国民经济学研究宏观、中观和微观问题，研究总量、结构、运行、制度以及政策和战略规划，其研究范围、研究对象及研究所需知识比宏观经济学要广；中国国民经济学源于苏联，西方国民经济学主要是与企业经济学相对应。国民经济学应该研究国民经济运行规律及其管理。② 宁吉喆认为培养人才要从应用型、综合型和交叉学科型三个方面考虑。学科建设背景已经有了四个变化：中国已经从一个低收入水平国家逐渐成为中下等收入、中等收入，现在是朝着中上等收入发展的国家；中国已经从计划经济体制转变到社会主义市场经济体制；中国已经从封闭型经济转变为开放型经济；中国正从粗放型增长向集约型增长转变。学科建设需要用中国特色社会主义理论、党的基本路线、发展的经济理论来做指导。教材建设要研究中国国情和中国发展阶段，要研究重大比例关系，要研究供求，要研究产业、城乡和区域问题，要研究方法论问题。③ 吴晓求认为国民经济学学科发展要与时俱进，要有战略思维，要有开放包容的心态，要针对中国重大问题和重大现象。④ 李稻葵认为国民经济学面临着新的发展机遇，应该紧紧抓住中国经济的实际问题研究，人才培养要宽口径、要交叉学科、要强调基本技能。⑤ 李凯认为国民经济学应该不断壮大，要强调理论定位、理论指导，强调管理职能。⑥ 赵丽芬认为国民经济学学科建设要找准定位、形成特色方向、与时俱进。⑦ 张晓晶认为国民经济学最重要的是解决中国

① 黄泰岩：《国民经济学面临的新时代和新挑战》，载《政治经济学评论》2015年第9期。
② 刘瑞：《国民经济学科的发展》，载《政治经济学评论》2015年第9期。
③ 宁吉喆：《关于国民经济管理学人才培养和教材建设的思考》，载《政治经济学评论》2015年第9期。
④ 吴晓求：《对如何发展国民经济学的几点建议》，载《政治经济学评论》2015年第9期。
⑤ 李稻葵：《国民经济学面临新一轮发展的重大机遇》，载《政治经济学评论》2015年第9期。
⑥ 李凯：《国民经济管理学科的必要性》，载《政治经济学评论》2015年第9期。
⑦ 赵丽芬：《国民经济学的定位与发展》，载《政治经济学评论》2015年第9期。

问题，总结中国经验。①

二、经济发展

（一）中国经济发展的挑战、机遇和新常态

1. 面临的挑战

李静、楠玉、江永红认为成功跨入高收入阶段的国家在跨越临界点前至少 10 年间均保持相对稳定增长，其连续增长减缓过程多集中于跨入高收入"门槛"之后。当前中国刚跨过中等高收入"门槛"，2008 年出现增长减缓态势，2015 年可能再次出现增长减缓拐点，这将使中国向高收入阶段跨越变得相对困难。中国需要适时转换经济增长动力机制，迎接下一个稳定增长的关键时期。② 张亚雄、张晓兰认为中国面临的挑战主要包括：全球科技产业变革加大传统经济发展模式转型压力；全球气候变化加剧生态环境约束；新一轮全球化高标准规则对我国国内规制形成挑战；经济实力提升使我国承担国际责任的压力加大。③ 杨先明、秦开强认为 30 多年来技术收敛对收入收敛的决定作用越来越显著，技术收敛对低收入国家收入提高的约束比高收入国家小。长期来看，技术收敛对收入收敛的作用明确且积极，并且后期的技术进步努力更为重要。在这一期间中国与前沿国家的收入差距持续缩小，但技术差距依然

---

① 张晓晶：《中国宏观调控的经验与创新》，载《政治经济学评论》2015 年第 9 期。
② 李静、楠玉、江永红：《中国经济增长减缓与稳定增长动力》，载《中国人口科学》2015 年第 3 期。
③ 张亚雄、张晓兰：《从"十三五"时期国际经济环境看我国经济发展面临的机遇与挑战》，载《经济纵横》2015 年第 11 期。

很大，并且表现出总体缩小但不稳定的趋势。[①] 张军认为庞大债务以及非正常渠道融资的高成本导致的利滚利，既吞噬了经济增长的成果，也侵占和抑制了有效投资需求，解决这一问题的核心应该指向债务负担的舒缓以及投融资方式的改善，应该实施更积极地有利于债务核销的财务政策，去中介化的融资方式以大力发展产业基金。[②]

2. 面临的机遇

吴润生、杨长湧认为中国拥有的战略机遇发生了新的变化，包括由合作的传统机遇转变为主动管控摩擦、国际和区域和平环境的新机遇；由对发达经济体开放的传统机遇转向面向发达经济体与面向新兴市场和发展中国家开放并重、不断拓展对外开放空间的新机遇；由利用 IT 革命成果推动国内信息化的传统机遇转向积极参与新一轮科技革命和新兴产业发展、稳步推进新型工业化和城镇化的新机遇；由招商引资和扩大出口的传统机遇转为走出去和扩大进口提升国际分工地位、更好利用国际资源和市场的新机遇等。[③] 张亚雄、张晓兰认为"十三五"期间，中国的主要机遇包括对外经济合作领域扩大，企业"走出去"加快；加强全球资源整合，加速仰面经济发展；新技术革命方兴未艾，新兴产业蓄势待发；国际金融制度改革达成共识，人民币国际化进程加快；全球治理面临改革调整，国际话语权有望增强。[④] 吕铁、韩娜认为我国发展智能制造要把基础系统软件的开发和标准的制定纳入顶层设计中，加强关键核心技术攻关和自主品牌建设，大力培养技能工人和高端技术人才，完善落实相关配套政策，大力鼓励技术创新，重塑我国制造业

[①] 杨先明、秦开强：《技术变迁、收入收敛的长期趋势与中国经济增长》，载《经济学动态》2015 年第 6 期。

[②] 张军：《中国经济的非常态：短期与中长期的出路》，载《中共杭州市委党校学报》2015 年第 4 期。

[③] 吴润生、杨长湧：《我国重要战略机遇期内涵和条件变化研究》，载《中国发展观察》2015 年第 2 期。

[④] 张亚雄、张晓兰：《从"十三五"时期国际经济环境看我国经济发展面临的机遇与挑战》，载《经济纵横》2015 年第 11 期。

竞争优势。[①]

3. 经济发展的新常态

贾康认为"中高速""结构调整优化""创新驱动"是"新常态"的三个关键词，在走向和适应"新常态"时还要引领"新常态"，调动一切潜力和积极因素，按照现代化国家治理的取向，对接"新常态"，打开新局面，打造升级版，真正提高增长质量。[②] 刘伟认为中国经济进入新常态，宏观经济新特征表现为既有通货膨胀巨大的潜在压力，又有经济下行的严峻危险的"双重风险"。适应新阶段正经流失失衡的新特点，宏观经济需要做出新调整，采取新政策、新方式、新制度，即采取积极的财政政策和稳健的货币政策；在宏观调控方式上关注需求的同时注重供给管理，关注包括产业结构、区域结构、技术结构、分配结构一系结构政策目标的内在长期问题均衡；协调推进"四个全面"是实现我国制度创新的根本。[③] 金碚认为中国经济的基本面发生了历史性的实质变化，已经进入了一个经济发展的新阶段。在这个新阶段中，将发生一系列全局性、长期性的新现象、新变化。"稳增长"着眼近期，"调结构"着眼中期，"促改革"着眼长期。在经济新常态下，最重要的改革方向和政策取向就是要形成"公平—效率"的新常态关系，这是能否实现经济新常态的特征之一——"从要素驱动、投资驱动转向创新驱动"的关键。经济常态不仅是一种客观形势，而且是一种战略思维和战略心态，即以何种主观意识来判定经济态势的正常和合意与否。[④] 齐建国认为在市场经济语境下，中国经济"新常态"是从"非常态"向"常态"转变，即"计划经济常态"经过"市场化转型的市场经济非常

① 吕铁、韩娜：《智能制造：全球趋势与中国战略》，载《学术前沿》2015 年第 6 期。

② 贾康：《把握经济发展"新常态"，打造中国经济升级版》，载《国家行政学院学报》2015 年第 1 期。

③ 刘伟：《经济新常态与经济发展新策略》，载《中国特色社会主义研究》2015 年第 2 期。

④ 金碚：《中国经济发展新常态研究》，载《中国工业经济》2015 年第 1 期。

态"进入"社会主义市场经济常态"，是"旧常态—非常态—新常态"的转换，其核心在于形成新的市场经济规则、运行机制以及新的市场结构与模式，并持续演进。① 易森、赵晓磊认为利益格局与经济发展彼此之间存在着辩证关联，都遵循着常态演变规律。正是利益格局的"反常态"，激化了生产与消费之间的矛盾，使得中国经济发展"旧常态"无法持续。对利益格局进行必要调整，使其从利益分化、利益固化、利益错位的反常态转向利益整合、利益交融、利益归位的新常态，这不仅是破解消费需求不足问题的关键，更是当前中国经济发展新常态的内在要求。② 齐建国、王红、彭绪庶、刘生龙认为中国经济新常态并非经济转型成功进入理想发展阶段的标志；相反，新常态表明中国经济进入诸多有利于经济增长的红利加速消失、经济增长的硬约束更强、结构转变压力加大的时期。这是经济发展的客观规律导致经济发展阶段转变和改革进入新阶段使经济增长的内在动力发生转换的必然结果。③

（二）中国经济发展的影响因素

1. 结构调整

胡鞍钢、周绍杰认为"十三五"期间，经济结构调整应该从农业与农村发展、产业结构、创新驱动发展、区域协调发展、新型城镇化建设、对外开放和参与全球治理等方面入手。④ 邹薇、楠玉认为中国的产业结构变迁对经济增长的影响具有阶段性特征。当前应该有效推进产业结构升级变迁，充分发挥产业结构转型升级对经济增长的持续推动

---

① 齐建国：《中国经济"新常态"的语境解析》，载《西部论坛》2015 年第 1 期。
② 易森、赵晓磊：《利益视域下的中国经济发展新常态》，载《财经科学》2015 年第 4 期。
③ 齐建国、王红、彭绪庶、刘生龙：《中国经济新常态的内涵和形成机制》，载《经济纵横》2015 年第 3 期。
④ 胡鞍钢、周绍杰：《"十三五"：经济结构调整升级与远景目标》，载《国家行政学院学报》2015 年第 2 期。

作用。① 戴觅、茅锐认为产业结构在解释我国地区经济收敛问题中起到了重要作用，优化落后地区的产业结构，推进落后地区工业化进程有助于缩小我国地区之间经济发展的差距。② 温涛、王汉杰认为产业结构变化导致的城乡收入差距、农民收入结构变化均对城镇化进程产生了正向效应。③ 杨天宇、曹志楠认为 2008～2013 年劳动力的产业间流动在总体上仍然是促进经济增长的因素，三次产业全要素生产率对经济增长的贡献率同时下降是经济增长速度放缓的真正原因，这意味着，将中国经济增长速度放缓的原因归结为结构性减速是缺乏证据的。④ 匡远配、唐文婷认为中国产业结构合理化水平是不断向好的，但是离标准模型还有差距；同时，产业高度值一直是递增的。中国产业结构优化值呈现"总体上分异、区域内聚类发展的"的特点。⑤ 程虹、李艳红认为质量是经济新常态下重要的新动力，主要表现在五个方面：产品服务质量评价的波动与我国 GDP 的年度变动趋势高度一致；质量评价的结构性差异反映了我国产业结构的变动；质量信息的不对称性抑制了我国有效需求的增长；城乡质量二元性的降低缓解了我国城乡经济的二元性；产品质量评价影响了我国区域经济增长的差异性。⑥ 姜奇平认为"互联网＋"将通过结构优化、业态优化和市场优化，向产业服务化方向调整，推动中国经济的转型升级。⑦

① 邹薇、楠玉：《阻碍中国经济加速增长之源：1960～2012 年》，载《经济理论与经济管理》2015 年第 4 期。
② 戴觅、茅锐：《产业异质性、产业结构与中国省际经济收敛》，载《管理世界》2015 年第 6 期。
③ 温涛、王汉杰：《产业结构、收入分配与中国的城镇化》，载《吉林大学社会科学学报》2015 年第 4 期。
④ 杨天宇、曹志楠：《中国经济增长速度放缓的原因是"结构性减速"吗?》，载《中国人民大学学报》2015 年第 4 期。
⑤ 匡远配、唐文婷：《中国产业结构优化度的时序演变和区域差异分析》，载《经济学家》2015 年第 9 期。
⑥ 程虹、李艳红：《质量：新常态下的新动力——基于 2014 年宏观质量观测数据的实证分析》，载《宏观质量》2015 年第 1 期。
⑦ 姜奇平：《"互联网＋"与中国经济的未来形态》，载《学术前沿》2015 年第 5 期（下）。

2. 要素配置

于凤玲认为1995年以来，中国的经济与能源之间的协调发展大体经历了三个阶段，逐渐趋向协调。尤其是进入21世纪后，经济与能源之间的协调度每年都要在不断提升。尽管如此，经济与经济系统间的协调性还可进一步提高。[①] 杨光、孙浦阳、龚刚认为随着生产率波动的增加，企业间资本边际报酬的差异也逐渐加大，其原因主要是调整成本所致，这意味着经济波动的增加会严重影响行业内的资源配置。[②] 孙元元、张建清认为二元边际下省际间资源配置效率来源于产业集聚与生产率异质的互动作用，中国制造业在省际间的资源配置整体有效但却有恶化的趋势。[③]

3. 金融发展

何其春、邹恒甫认为银行系统通过信用膨胀能带来收益，此收益会吸引更多的劳动力资源进入银行业这一虚拟经济部门，从而拉低企业家创新的回报。但是该收益是通过企业家来实现的，那么一部分收益会流向企业家，从而促进创新和经济增长。如果该收益主要流向企业家，那么后一个作用起主导，从而信用膨胀促进经济增长。如果该收益主要流向银行等虚拟经济部门，那么前一个作用起主导，从而信用膨胀阻碍经济增长。[④] 刘锡良、齐子漫、刘帅认为金融资本深化率和国外资本与开放经济条件下社会总资本比率的提高，以及金融结构与融资结构的改善对经济增长有正向促进作用，而真实资本深化率和金融资本比率的提高对经济增长却呈现出负相关关系。[⑤] 刘志彪认为要以虚拟经济领域的改

---

① 于凤玲：《中国经济和能源之间协调发展关系研究》，载《工业技术经济》2015年第1期。

② 杨光、孙浦阳、龚刚：《经济波动、成本约束与资源配置》，载《经济研究》2015年第2期。

③ 孙元元、张建清：《中国制造业省际间资源配置效率演化：二元边际的视角》，载《经济研究》2015年第10期。

④ 何其春、邹恒甫：《信用膨胀、虚拟经济、资源配置与经济增长》，载《经济研究》2015年第4期。

⑤ 刘锡良、齐子漫、刘帅：《产融结合视角下的资本形成与经济增长》，载《经济与管理研究》2015年第7期。

革给实体经济发展注入新动力，改革以商业银行为主导的间接融资结构，大力发展直接融资尤其是债券融资，要以资本市场的适度泡沫，刺激和引导实体经济中的创新活动国。[①]

4. 投资需求

杨万平、杜行认为物质资本投入是现阶段中国经济保持高速增长的主要动力，但中国经济增长波动与全要素生产率的波动呈现较为一致的态势。[②] 张杰、杨连星认为金融抑制体系导致我国实体经济维持发展所需要资本的长期化和实际获得资金的短期化之间的错配和扭曲，对我国经济的可持续发展造成了三方面的负面效应：一是推高了我国实体经济杠杆率的持续上升，加大了实体经济的债务成本，挤压和侵占了实体经济的利润，掏了实体经济发展的内在动力；二是对实体经济的转型升级以自主创新能力提升形成突出的抑制效应；三是对货币政策传导机制形成了突出的扭曲效应与阻滞效应。[③] 田萍、张屹山、张鹤认为如果只考虑资本积累和劳动力转移的影响因素，中国二元经济的结束时间为2020 年。在中国经济增长新常态下，中国的劳动力总量以及科技进步、结构优化、教育提升等影响全要素生产率的因素作用，会对经济的持续增长有正面的贡献。[④] 杨子荣、代军勋认为投资拉动经济增长确实存在着有效边界，当投资率较低时，增加投资能够有效拉动经济增长，当投资率已经较高时，增加投资对经济增长的拉动作用不再显著。[⑤]

---

① 刘志彪：《实体经济与虚拟经济互动关系的再思考》，载《学习与探索》2015 年第9 期。

② 杨万平、杜行：《中国经济增长源泉：要素投入、效率提升还是生态损耗?》，载《西安交通大学学报》2015 年第 4 期。

③ 张杰、杨连星：《资本错配、关联效应与实体经济发展取向》，载《改革》2015 年第10 期。

④ 田萍、张屹山、张鹤：《中国二元经济的数理印证与节点预测》，载《学术月刊》2015 年第 6 期。

⑤ 杨子荣、代军勋：《新常态下内需拉动经济增长是否存在有效边界》，载《经济理论与经济管理》2015 年第 12 期。

5. 消费需求

杨子荣、代军勋认为当投资效率较低时，增加消费会抑制经济增长，当投资效率足够高时，增加消费才能够有效拉动经济增长。[①] 龙斧、王今朝认为中国内需市场结构由于家庭核心消费范畴的形成而出现四种扭曲。核心消费范畴的形成对 GDP 增长的合理性、对日常/边际消费的价格、对家庭收入—支出的关系具有决定性影响。这四种扭曲和三大决定关系表明，正是核心导致中国消费内需不足。[②] 俞剑、方福前认为居民消费结构升级在产品结构升级这一途径下会促进我国制造业的增长，但会降低农业增长率。居民消费结构升级无法通过产业结构升级这一途径来影响农业的增长，这一结果表明"当前我国产业结构调整和优化是导致农业经济增速放缓"的观点是片面的。[③]

6. 制度建设

田国强、陈旭东认为中国经济超预期大幅下滑的深层次原因更多是制度层面上的问题，是市场化改革不够深入、政府与市场及社会治理边界不够合理、市场经济制度不够完善造成的。中国需要尽快从要素驱动转向效率驱动、创新驱动，其关键是进一步地解放思想，推进改革开放，让中国沿着经济自由化、市场化、民营化道路前进，让市场在资源配置中真正发挥决定性作用和让民营经济发挥主要作用。市场化改革千头万绪，民营经济主体化、金融市场自由化、土地要素市场化是三大重要切入口。与此同时，为了增强改革的执行力和发展的驱动力，还需要从法治、执行力和民主监督三个维度加强综合治理，推动政府善治，建

[①] 杨子荣、代军勋：《新常态下内需拉动经济增长是否存在有效边界》，载《经济理论与经济管理》2015 年第 12 期。

[②] 龙斧、王今朝：《核心消费决定论——从市场与消费的结构性扭曲看中国内需不足的根本影响因素》，载《河北经贸大学学报》2015 年第 6 期。

[③] 俞剑、方福前：《中国城乡居民消费结构升级对经济增长的影响》，载《中国人民大学学报》2015 年第 5 期。

设有限、有为政府。① 任崇强、翟国方、吴云清认为一些制度性障碍是导致经济增长系统脆弱性的主因。经济制度下有效发挥市场在资源配置中的基础作用，才可以更好地进行制度设计和制度创新，选择出适应的制度路径以促进经济增长。② 张劲松、杨书房认为基于成本与收益的考量，地方政府往往仅从形式上保持与中央政府一致等方式象征性执行，或通过数据造假等形式规避可能带来的风险。这一执行偏差在于中央政府与地方政府在利益上的分歧。③

（三）中国经济发展转型

1. 国家发展战略转型

欧阳峣认为党的十八大以来，习近平提出了适合中国国情的大国经济发展战略：从独立自主到内生动力的大国自主思维、从科技创新到体制创新的大国创新思维、从统筹谋划到协同推进的大国系统思维、从区域合作到新增长极的大整合思维、从稳中求进到贵有恒的大国稳健思维、从多元开放到丝绸之路的大国全球思维、从增长联动到利益融合的大国共赢思维、从平衡经济到重建秩序的大国责任思维。④ 顾海兵、张敏认为中国经济定位应当由大国经济调整为巨国经济。巨国经济的总体规模性与内部多元差异相伴而生，规模性决定了强劲的经济发展内生动力，多元差异形成了地区间互补发展的吸引力，综合形成了独特的"巨国经济优势"。⑤ 张

---

① 田国强、陈旭东：《中国经济新阶段的发展驱动转型与制度治理建设》，载《中共中央党校学报》2015 年第 5 期。

② 任崇强、翟国方、吴云清：《基于制度变迁的中国经济增长系统脆弱性演变过程及其影响因子研究》，载《经济问题探索》2015 年第 10 期。

③ 张劲松、杨书房：《碳强度考核背景下地方政府的行为偏差与角色规范》，载《中国特色社会主义研究》2015 年第 6 期。

④ 欧阳峣：《习近平大国经济战略思维简论》，载《学术前沿》2015 年第 8 期（上）。

⑤ 顾海兵、张敏：《中国经济的定位：由大国经济到巨国经济》，载《南京社会科学》2015 年第 10 期。

占斌、周跃辉认为中国以"两个百年"奋斗目标为逻辑线索，中国应该从经济大国不断向经济强国迈进。[①] 戴翔、张二震认为随着中国经济增长进入新常态，开放型经济也进入转型发展新阶段。转型发展的新目标是从开放型大国向强国升级，发展效益从粗放向精致升级、开放领域从窄向宽升级、分工地位从被整合向整合升级以及话语权从被动到主动升级。[②] 谢安世、于永达认为在开放经济环境下，制定和实施优势集聚导向的经济发展战略，形成优势集聚导向的经济发展模式，鼓励优势集聚导向的经济行为，落后国家将出现跨越式增长，加速缩小与先发国家的差距，并基于较高的长期增长率，实现经济问题和人均收入的赶超。[③]

2. 发展方式转型

徐玲、权衡认为新常态下的中国赶超型经济增长进入了新阶段，传统速度型赶超增长模式亟待转型和创新。因此，新常态下的中国经济赶超型经济增长的基本趋势和方向并未改变，改变的是赶超型经济增长的方式和条件，其核心是摒弃单纯的速度型赶超方式，追求可持续的、有质量、有竞争力的赶超型增长。[④] 肖翔、武力认为中国未来需要克服人均资源不足、环境脆弱的不利因素，又应当发挥大国经济的优势，尽快完成经济发展方式转变和产业结构优化升级。[⑤] 毛中根、杨丽姣、孙豪认为中国需要切实提高居民收入、提高生产效率、降低消费品价格、稳定居民预期以及完善金融服务，积极促进中国从生产大国向消费大国转变。[⑥] 曾国安、雷泽珩认为经济政策系统只有具有明确的坚定的支持集

① 张占斌、周跃辉：《从经济大国迈向经济强国》，载《经济研究参考》2015 年第 4 期。

② 戴翔、张二震：《我国增长新阶段开放型经济的转型发展：目标、路径及战略》，载《中共中央党校报》2015 年第 5 期。

③ 谢安世、于永达：《优势集聚导向的经济发展模式》，载《当代财经》2015 年第 9 期。

④ 徐玲、权衡：《经济新常态：大国经济赶超型增长的新经验与新理论》，载《学术月刊》2015 年第 9 期。

⑤ 肖翔、武力：《大国视角下中国产业结构与经济发展方式演变研究》，载《教学与研究》2014 年第 1 期。

⑥ 毛中根、杨丽姣、孙豪：《从生产大国到消费大国的传导机制——兼论美国经验》，载《哈尔滨工业大学学报》2015 年第 1 期。

约型经济增长方式、限制和最终摒弃粗放型经济增长方式的性质，经济增长方式的转变最终才能实现。[1]

3. 政府治理转型

田国强、陈旭东认为"中等收入陷阱"从本质上讲还是制度转型困境，没有正确处理好发展与治国这两大内在逻辑关系，使政府失效、市场扭曲或失灵、社会失范同时存在和相互牵绊，以致滞留在转型途中。中国避免及跨越"陷阱"的治理之道在于国家治理模式重构，即通过合理界定和厘清政府与市场、政府与社会的治理边界，来实现从发展型的全能政府向公共服务型的有限政府的转型，从要素驱动向效率驱动乃至创新驱动的转型，从传统社会向现代公民社会的转型，建立政府、市场与社会"三位一体"的国家公共治理模式，实现国家治理体系和治理能力的现代化。[2]

4. 制造业转型

徐广林、林贡钦认为在全球制造业逐步进入 4.0 时代的大背景下，作为制造业大国的中国，力主在 2025 年实现由制造业大国向制造业强国的转变。全球制造业的竞争已经转变成了技术和创新的竞争。随着自主创新能力不断增强，"中国制造"向"中国智造"转型正在成为一个新的风口。[3] 黄群慧、贺俊认为中国制造核心能力提升的可能性一是通过架构创新和标准新加强将一体化架构产品转化为模块化架构的能力，缩短或者破坏产品生命周期演进的一路径，二是针对国外技术与中国本土市场需求不匹配的机会，充分利用中国的市场制造优势，不断提升复

---

[1]　曾国安、雷泽珩：《论经济增长方式转变的政策条件——以经济政策的根本性系统性调整促进经济增长方式的转变》，载《福建论坛》2015 年第 11 期。

[2]　田国强、陈旭东：《中国如何跨越"中等收入陷阱"——基于制度转型和国家治理的视角》，载《学术月刊》2015 年第 5 期。

[3]　徐广林、林贡钦：《工业 4.0 背景下传统制造业转型升级的新思维研究》，载《上海经济研究》2015 年第 10 期。

杂装备的架构创新和集成能力。① 罗仲伟、李先军认为"十三五"及未来更长时期，中国制造业转型升级的指导思想应该是从聚焦于数量比例关系的"结构优化"向体现为产业技术和组织复杂性的"能力提升"转变，从重视低成本大规模的"平面扩张"向强调差异性多元化的"立体递进"转变。为此，需要在要素基础、制造模式、产品生产和市场拓展等方面予以创新，实现要素从引进到全球整合的转型，制造模式从产品制造到产品创造和知识创造的转型，产品类型从标准化、模块化产品向一体化产品转型，从"红海市场"向"蓝海市场"转型。②

（四）中国经济发展动力

1. 全面深化改革

黄泰岩认为新时期中国"两个一百年"发展目标指引下将于2027年左右超越美国成为世界第一大经济体，以及人均 GDP 进入高收入国家行列。实现这一目标，必须坚持以经济建设为中心，加快转变经济发展方式为主线，以经济结构战略性调整为主攻方向，工业化信息化城镇化农业现代化同步发展，坚持全体人民共同富裕，坚持中国特色社会主义基本经济制度，以改革为强大动力，把握好改革与发展的平衡点。③潘盛洲认为中国应该以深化改革转换经济发展动力，包括进一步深化行政审批制度改革、进一步深化以证券市场为代表的资本市场制度改革、进一步深化户籍制度改革、进一步深化房地产政策改革、进一步深化国资国企改革、进一步深化事业单位改革。中国应该以创新推动产业结构

---

① 黄群慧、贺俊：《中国制造业的核心能力、功能定位与发展战略——兼评〈中国制造2025〉》，载《中国工业经济》2015年第6期。

② 罗仲伟、李先军：《"十三五"时期制造业转型升级的路径与政策转向》，载《价格理论与实践》2015年第11期。

③ 黄泰岩：《新时期我国经济发展的目标、道路与动力》，载《经济学家》2015年第5期。

优化升级，包括优化创新环境、确保创新成果转化、积极推动新兴业态发展、大力推进农村第一、第二、第三产业融合发展。[①]

2. 自主创新

韩保江认为中国经济中高速增长的基本动力有赖于科技创新驱动发展、扩大内需拉动发展、结构优化提升发展、城乡区域协调促进发展、生态文明推动发展、全面改革保障发展。[②] 王健认为中国应该以自主创新建立完整独立的国民经济体系，重点领域主要有三个：一是社会需求巨大的领域，特别是消费需求日益增长速度及产业联动性强的产业；二是国防安全的领域，建立独立自主的国防产业体系，自主创新研究制造的传统武器和新型武器；三是机器人领域，工业机器人有服务型机器人，特别是与银发经济相关的家政机器人产业。[③]

3. 投资与需求

崔俊富、苗建军、陈金伟认为近期中国经济增长仍然具有较强的重投资、轻消费特征。在投资效益逐渐下降、出口竞争力逐渐减弱的背景下，迫切需要调整"三驾马车"的着力点。将扩大内需中的消费作为主攻方向，并进一步优化投资结构和出口结构。[④] 于江波、王晓芳认为全国范围内，资本和技术要素对经济增长的作用力呈现螺旋交替状态，劳动力要素作用力有限；对于区域经济而言，越靠近沿海区域，技术要素的驱动力越强，资本次之，沿海地区劳动力对经济增长的作用力明显高于内陆地区。[⑤] 袁志

---

① 潘盛洲：《以改革创新推动经济平衡健康发展》，载《学习与研究》2015 年第 2 期。

② 韩保江：《中国经济中高速增长的"多元动力"——兼论习近平经济发展思想的基本内核与逻辑框架》，载《中共中央党校学报》2015 年第 6 期。

③ 王健：《新常态新动力：以自主创新建立完整独立的国民经济体系》，载《经济研究参考》2015 年第 8 期。

④ 崔俊富、苗建军、陈金伟：《基于随机森林方法的中国经济增长动力研究》，载《经济与管理研究》2015 年第 3 期。

⑤ 于江波、王晓芳：《经济增长驱动要素在空间与时间两维度的动态演变轨迹》，载《经济与管理研究》2015 年第 5 期。

刚、饶璨认为投资仍旧是中国未来经济增长的重要动力之一，中国经济并没有出现投资问题过度，但投资结构性过度主要源于非市场化的投融资体制。投融资体制改革是未来中国经济增长动转换的关键，通过做实现金流促进传统增长动力模式转型升级，同时依靠的投融资体系改革提高投资效率，形成中国经济的新动能。[①]

（五）中国经济发展空间

林毅夫认为中国新常态从 2014 年开始，表现为经济中高速增长、经济结构转型。中国经济新常态下，由于人均 GDP 相比发达国家仍然较低、产业升级潜力巨大，仍有 10～15 年保持 8% 增长的潜力。要使潜在增长变成现实，政府应该要用好政策，适时进行基础设施投资，完善各种配套设施，为民营经济发展、产业升级、劳动生产率的提高提供支持。[②] 张桂文、孙亚南认为"十三五"期间中国潜在经济增长率应该在 7%～9% 之间。要把潜在经济增长率转变为现实经济增长率，从二元转型角度看，还需在推进农业转移人口市民化，促进产业与区域结构协调发展，调整收入分配结构，促进政府治理模式转变，以及深化二元经济体制改革等方面做出不懈努力。[③] 刘世锦、刘培林、何建武认为改革开放以来中国全要素生产率快速提升，对高速经济增长起到了十分重要的作用；如果考虑到进口中间投入品技术含量的提升，生产率提升的贡献将更加显著；近年来中国全要素生产率增长呈现放缓趋势，这与成功追赶的经济体类似阶段的经验规律是相吻合的，但与拉美国家陷入"中等收入陷阱"时的情形有着根本区别：今后中国生产率的提升，应由过去

① 袁志刚、饶璨：《资产负债扩张与中国经济增长转型》，载《学术月刊》2015 年第 8 期。

② 林毅夫：《新常态下中国经济的转型和升级：新结构经济学的视角》，载《新金融》2015 年第 6 期。

③ 张桂文、孙亚南：《二元经济转型视角下中国潜在经济增长率分析》，载《当代经济研究》2015 年第 12 期。

依靠技术追赶和要素跨部门流动，向更加注重原始创新和部门内部竞争转变。[1] 徐维祥、舒季君、唐根年认为我国的"四化"发展水平总体上扬，但地区差异明显，"四化"协调发展水平存在较强的空间自相关性，发展水平相似区集聚明显；"东高西低"态势依然显著，但南北发展逐渐趋于平衡，在此过程中低级别重心逐渐向西南方向移动，高级别重心较为明显地由南向北移动。[2] 文礼朋、胡胜威、秦敬云、郭熙保认为中国未来中长期增长趋势为在达到 12000 国际元的结构性减速之后，其经济增长速度要比较早时期的国家同一阶段的经验增速更快。[3] 窦菲菲认为内外部环境的变化使得中国外向型经济发展面临新的挑战和机遇，双向直接投资将是中国外向型经济发展的重要趋势。[4] 樊明认为依据当下中国和发达地区国家人均收入的巨大差距，中国还存在着巨大的经济增长潜力，在近期房地产是重要的经济增长点。[5]

三、宏观经济调控

（一）政府职能与作用

王志平认为新常态下政府作用的"有退有进"需要更多勇气和智慧。就地方政府而言，要做到三"退"三"进"：从大量不必要的行政

---

[1]　刘世锦、刘培林、何建武：《我国未来生产率提升潜力与经济增长前景》，载《管理世界》2015 年第 3 期。

[2]　徐维祥、舒季君、唐根年：《中国工业化、信息化、城镇化和农业现代化协调发展的时空格局与动态演进》，载《经济学动态》2015 年第 1 期。

[3]　文礼朋、胡胜威、秦敬云、郭熙保：《基于后发优势的中国经济中长期增长演变趋势研究》，载《贵州社会科学》2015 年第 4 期。

[4]　窦菲菲：《经济新常态下我国双向直接投资发展》，载《财经科学》2015 年第 2 期。

[5]　樊明：《经济增长：数据及政治经济学分析》，载《河北经贸大学学报》2015 年第 5 期。

审批中退出来，从大量政府部门直接抓的产业项目中退出来，从怕经济增长速度下滑的"保速度"的习惯思维中退出来；在制度创新方面有所进，在社会保障建设方面有所进，在经营和消费环境建设方面有所进。[①] 王佳、杨俊认为地区腐败行为增加了污染物的排放量，对环境污染的总体效应显著为正，并且显著存在直接效应和间接效应，因此政府可考虑加大环境方面职务犯罪的打击力度和适时推进政治体制改革。[②] 景普秋认为政府作为资源所有人和宏观经济管理者，获取权利租金和税收，并在中央与地方、当代与后代居民之间进行再分配，以推动财富的形态转化，最终提升居民的生活水平与质量，实现资源财富共享。[③] 陈霞认为中国以经济绩效为中心的发展已经陷入一个悖论困境，社会不公成为困扰中国社会发展和社会稳定的关键点。中国经济呈现出发展与断裂并存的景象，中国国家自主性呈现出过度与不足的失衡局面。未来中国国家自主性的均衡目标是有效性与有限性的结合，镶嵌性的有效国家能力和隔离性的有限国家权力是中国政府的改革方向。[④] 白俊、孟庆玺认为当货币政策由宽松转为紧缩时，企业投资随之下降，但受到地方政府干扰较强的企业下降幅度较小，这一现象在政绩诉求较高的地区表现得更加明显。[⑤] 张林山、蒋同明、李晓琳、刘现伟认为近年来，我国以管资本为主加强国有资产监管，进一步完善国资监管体制，到 2020 年，基本建成以管资本为主的国有资产监管体系，进一步推进政企分开、政资分开、所有权与经营权分离，并取得决定性成果。[⑥]

---

① 王志平：《"全面深化改革"的最大障碍如何突破——新常态下政府的"退"与"进"》，载《探索与争鸣》2015 年第 12 期。

② 王佳、杨俊：《地区腐败、经济发展与环境质量：理论和证据》，载《云南财经大学学报》2015 年第 4 期。

③ 景普秋：《资源收益分配机制及其对我国的启示》，载《经济学动态》2015 年第 1 期。

④ 陈霞：《转变、困境与出路：中国经济发展与国家自主性》，载《内蒙古社会科学》2015 年第 3 期。

⑤ 白俊、孟庆玺：《地方政府干扰了货币政策的有效率性吗?》，载《经济学家》2015 年第 9 期。

⑥ 张林山、蒋同明、李晓琳、刘现伟：《以管资本为主，加强国资监管》，载《宏观经济管理》2015 年第 9 期。

（二）宏观调控目标与机制

郭克莎、汪红驹认为新常态下宏观调控的新特点将表现为调控思路的重大转变，即转变为主要稳定经济增速、主要防控通货紧缩、主要防范资产泡沫破裂、主要促进转型升级、主要激发市场活力。[①] 张勇认为宏观调控作为政府对市场经济的干预措施，必然要反映中国生产力发展水平的宏观要求。中国国民经济具有显著的结构化特征，即二元经济结构特征、制度化的结构特征和区域结构差异，这决定了结构优化成为宏观调控目标设定上的合理化选择。从历史经验和实践反思来看，推动国民经济协调发展，宏观结构优化应当成为国家战略、经济政策和宏观调控的总体取向。在中国经济进入新常态背景下，结构问题的表现更为复杂，宏观调控应该继续笃定结构优化不放松。[②] 陆杰、王立勇认为宏观调控是我国社会主义市场经济体系和运行机制的重要组成部分，其主要调控目标在于熨平经济周期波动，并将通货膨胀率稳定在目标范围之内。改革开放以来，我国通货膨胀与产出缺口呈同向变动关系，符合"产出—物价"菲利普斯曲线的一般规律；1981～2010 年的宏观调控损失指数表明宏观调控有效性在 1996 年前较差，在 1996 年后得到了显著的改善，并在 2002 年后得到了进一步优化，损失指数逐渐向零收敛，基本实现了"高增长""低通胀"的宏观调控目标。[③] 张晓晶认为中国宏观调控新常态具有九大特征：突出供给思维，应对潜在增速下滑；明确"上限""下限""底线"，完善区间调控；理解经济异质性与增长非均衡，重视结构性调整；"牵手"战略规划与财政货币政策，拓宽宏观

---

① 郭克莎、汪红驹：《经济新常态下宏观调控的若干重大转变》，载《中国工业经济》2015 年第 11 期。

② 张勇：《我国宏观调控的结构优化目标分析》，载《中国特色社会主义研究》2015 年第 3 期。

③ 陆杰、王立勇：《改革开放以来我国宏观调控的有效性研究》，载《宏观经济研究》2015 年第 3 期。

调控视野；确立调控新指挥棒，重启地方竞争；考量利益博弈，把握宏观调控政治经济学；关注大国溢出效应，践行负责任宏观政策；尊重"市场决定论"，宏观调控不能包打天下；推进"机制化"建设，构筑宏观调控基本遵循。[①] 项安波、石宁认为将强调顶层设计指引作用的"拉动式"改革和重视地方探索、容许试错的"推动式"改革相结合，在不触犯红线的前提下，鼓励地方因地制宜探索国资管理新模式，尽早释放改革红利，为丰富、完善中央顶层设计具体方案提供实践案例和探索经验。[②]

（三）宏观调控政策

1. 财政政策

黄赜琳、朱保华认为政府支出冲击加剧中国实体经济波动，而税收冲击对经济波动的影响不显著；降低劳动收入和资本收入的税率都能促进经济增长和带动资本及劳动的供给增加，降低劳动收入税率有利于促进居民消费增长速度，降低资本收入税率则起到抵制作用，调整劳动收入税率的政策效果更强；资本收入税率与社会福利呈正相关和非对称性，劳动收入税率与社会福利呈负相关和非对称性，技术冲击和财政冲击的共同作用使得结构性税收调整政策的福利效应具有非对称性，两种税率的同向变动对社会福利具有放大作用，两者的反向变动对社会福利具有削弱作用。[③] 郭熙保、桂立、陈志刚认为四万亿投资既是一个有力的增长推动器，也是一个宏大的扶贫、减贫工程，从投资结构安排的角度看，直接面向贫困人口投资项目的减贫、扶贫

① 张晓晶：《试论中国宏观调控新常态》，载《经济学动态》2015年第4期。
② 项安波、石宁：《鼓励地方因地制宜探索国资管理新模式》，载《发展研究》2015年第7期。
③ 黄赜琳、朱保华：《中国的实际经济周期与税收效应政策效应》，载《经济研究》2015年第3期。

效果明显。① 吴秀玲、魏博文认为财政赤字对经济增长的作用是有限
的，持续地增加财政赤字会增加政府的债务负担。经济的持续增长不仅
有利于降低财政赤字，同时也可以有效缓解政府的债务压力。② 张万
强、潘敏认为财政固定资产投资对装备制造业发展有显著的正效应，税
收的增加有明显的抑制作用，财政科技投资的短期效应不明显，紧缩性
税收的政策效应相对高于其他扩张性财政政策。建议进一步实施对装备
制造业的财政扶持政策，特别是增加财政科技投资规模，实施定向减税
政策，增强产业的内生增长动力，提升市场竞争力。③

2. 货币政策

陈昆亭、周炎、黄晶认为持续的利率扭曲是形成阶层之间收入差距
扩大的重要原因，长期持续的利率扭曲通过收入分配的长期扭曲，导致
财富积累差距悬殊，从而影响长期经济增长的潜在动力，利率扭曲对长
期经济的影响来源于直接的对投资的挤出和间接的收入分配两种途
径。④ 张平认为应对通缩机制对中国经济的挑战，应该实施"逆周期"
的稳定化政策调节，特别是财政部与人民银行共同协调推进中国地方
"资产购买（置换）"计划，进行地方政府的负债表修复，同时进行金
融和财政体制转型，积极推动"软预算"部门改革，配合区域发展三
大战略，促进经济增长进入健康状态。⑤ 欧阳志刚、潜力认为影响中国
通货膨胀的国际因素可以结合为六个国际共同因子，其中国际成本因
子、国际能源因子、国际货币因子和对外贸易因子对当前通货膨胀形成

---

① 郭熙保、桂立、陈志刚：《四万亿投资的增长与减贫效应估算》，载《武汉大学学报》
2015 年第 4 期。

② 吴秀玲、魏博文：《政府债务、财政赤字与经济增长的动态研究——基于中国数据的
分析》，载《经济问题》2015 年第 7 期。

③ 张万强、潘敏：《财政政策影响装备制造业发展的经验分析》，载《财经问题研究》
2015 年第 7 期。

④ 陈昆亭、周炎、黄晶：《利率冲击的周期与增长效应分析》，载《经济研究》2015 年
第 6 期。

⑤ 张平：《通缩机制对中国经济的挑战与稳定化政策》，载《经济学动态》2015 年第
4 期。

负向非线性共同传导效应，并且国际成本因子和国际能源因子的负向共同传导效应较大。综合来看，近期因素对中国通货膨胀具有抑制效应。[1] 钱雪松、杜立、马文涛认为整体上看，货币政策对企业借款利率施加了显著影响，存在以 Shibor 为中介变量的显著中介效应。在融资歧视背景下，我国货币政策利率表现出显著的体制内外差异。[2] 祝宝良、闫敏认为从 2015 年的经济工作来看，要继续坚持积极的财政政策和稳健的货币政策，全面深化改革，着力解决产能过剩、地方政府性债务负担加重、房地产下行、通货紧缩风险呈现等问题，稳定经济增长，防范经济领域风险。[3]

3. 产业政策

刘志彪认为产业政策的转型升级，可以助推经济发展平衡地渡过从旧常态进入新常态的过渡期，降低中国经济陷入"中等收入陷阱"的可能性。作为经济发展新常态的微观基础，建设统一的市场必须调整旧常态中产业政策的发展方式，消除公平竞争的制度障碍，确立横向的产业政策和竞争政策在整个经济政策中的优先地位。[4] 黄群慧、霍景东认为产业融合为特征的制造业服务化应该消除政策歧视、打破部门分割，建立一体化的产业政策；改革服务业发展模式，培育新兴业态，鼓励重点行业突破；提升人力资本水平，打造融合发展载体等。[5] 周亚虹、蒲余路、陈诗一、方芳认为产业起步阶段，政府补助能带来新型产业盈利优势，产业扩张后，政府扶持难以有效鼓励企业进行更多的研发投入，

---

① 欧阳志刚、潜力：《国际因素对中国通货膨胀的非线性传导效应》，载《经济研究》2015 年第 6 期。

② 钱雪松、杜立、马文涛：《中国货币政策利率传导有效性研究：中介效应和体制内外差异》，载《管理世界》2015 年第 11 期。

③ 祝宝良、闫敏：《新常态下的宏观经济发展和政策取向》，载《桂海论丛》2015 年第 3 期。

④ 刘志彪：《经济发展新常态下产业政策功能的转型》，载《南京社会科学》2015 年第 3 期。

⑤ 黄群慧、霍景东：《产业融合与制造业服务化：基于一体化解决方案的多案例研究》，载《财贸经济》2015 年第 2 期。

后果是同质化产能过剩，因此，激励原始创新和转向需求培育可能是未来新型产业政策调整的方向。[①] 钱爱民、张晨宇、步丹璐认为经济刺激计划的出台对政府补助资源的分配具有显著的影响，与未被支持的行业公司相比，被支持的行业公司获得了更多的政府补助；在国有企业及市场化进程低的地区，被支持的行业公司获得的政府补助更多，进一步地，政府补助促进了微观企业投资和宏观经济增长。[②]

4. 国民收入分配政策

范从来、张中锦认为中国城乡居民的工资性收入不平等系数较大且呈较小幅度的递减趋势，转移性收入不平等系数最大并有起伏波动的特征且在整体上有微弱的递减趋势，财产性收入不平等程度本身还比较小但却具有微弱的加剧态势，经营性收入不平等系数具有最为明显的递增趋势并实现了从缩小收入不平等到扩大收入不平等的根本性转变。因此，中国应该以优化收入结构为中心并辅以区域协调发展和偏向公平等措施来推进公平发展的实现。[③] 杨继军认为在刘易斯拐点到来之前，无限供给的劳动力压制了工资的增长，造成国收入分配偏向于企业和政府部门，而"刘易斯拐点"到来之后，劳动报酬占国民收入比重提高，居民部门消费潜力扩张，国民储蓄率随二元经济不同阶段呈先上升后下降的趋势。在社会再分配环节，居民部门社会保险净福利为负，表明财政转移支付"逆向"调节，遏制了当下居民部门的消费能力。[④] 潘建伟、赵桂芝认为居民福利的切实改善离不开收入水平的提高，居民收入水平的整体提高是居民福利水平提升的根本前提，只有在居民收入水平整体提高的基础上寻求控制差距的办法和路径，才是辩证客观的思路和

① 周亚虹、蒲余路、陈诗一、方芳：《政府扶持与新型产业发展——以新能源为例》，载《经济研究》2015 年第 6 期。

② 钱爱民、张晨宇、步丹璐：《宏观经济冲击、产业政策与地方政府补助》，载《产业经济研究》2015 年第 5 期。

③ 范从来、张中锦：《收入分配与公平发展的实现》，载《学术月刊》2015 年第 10 期。

④ 杨继军：《刘易斯拐点、国民收入分配结构与中国经济内外再平衡》，载《财贸经济》2015 年第 10 期。

做法。为更好地将福利理念纳入居民收入分配的制度与政策框架，一要增强福利意识，提升收入分配改革的目标；二要认识差异性发展的现实，提高政策优化水平；三要关注城镇化进程，深层次探寻收入分配政策的关键路径与多赢点；四要推出财税新政，回归财政税收应有的调节功能。①

四、微观规制改革

（一）经济性规制

范林凯、李晓萍、应珊珊认为产能管制政策需要在产能过剩与国有企业"较强影响力"之间权衡，但单就产能过剩来说，近十年中用于治理产能过剩的产能管制政策很可能取得了适得其反的效果，要从根本上化解产能过剩需要加快产能行业的市场化改革进程。② 王国立、鞠蕾认为行业性产能过剩问题是制约我国经济发展的痼疾，也是政府经济性规制强调的重点问题。然而，以市场失灵的传统思路提出的相关规制政策效果有限。正是政府规制失灵引发了市场失灵，从而导致了产能过剩，政府不当干预是我国行业性产能过剩的重要原因。政府在经济性规制上"错位"、在社会性规制上"失位"，导致行业发展不稳定、分配不公、信息不对称、外部性等问题，引发行业性产能过剩。建立产能过剩治理的长效机制，政府需要在社会性规制上"补位"、在经济性规制上适度"退位"，将供求关系交由市场自我调节，减少政府干预。③

---

① 潘建伟、赵桂芝：《我国城镇居民收入分配福利比较与动态演变》，载《中国流通经济》2015年第2期。
② 范林凯、李晓萍、应珊珊：《渐进式改革背景下产能过剩的现实基础与形成机理》，载《中国工业经济》2015年第1期。
③ 王国立、鞠蕾：《光伏产业产能过剩根源与对策找寻》，载《改革》2015年第5期。

（二）　环境规制

林伯强、李江龙认为以环境治理为目标引致的能源结构转变，可以对煤炭消费和二氧化碳排放起到显著的抑制作用，煤炭和二氧化碳峰值提早出现将成为自然过程，而不会明显抑制经济发展。[①] 范丹认为在以提升制造业集约化水平为宗旨的"工业 4.0"时代，环境规制政策能否引导中国制造业顺利转型、改善环境污染困扰成为亟待解决的核心问题。在目前环境规制强度基础上通过分层次分析中国制造业的环境困局和环境政策关键问题，针对各行业不同污染水平，在稳增长促创新的前提下提出差异化环境规制策略，为促进制造业创新转型、完善和优化环境规制政策提供策略参考。[②] 周肖肖、丰超、胡莹、魏晓平认为环境规制与人均能源消费呈现倒"U"型关系，即只有超越一定门槛，环境规制的节能效用才能凸显。然而，由于环保投资增速低于工业化速度，中国大部分省份都未能跨过这一道"门槛"，仍处在环境规制的节能悖论时期，一定程度上反映出中国环境规制政策存在水平较低、执行力不足等问题。[③] 杨振兵、马霞、蒲红霞认为中国工业行业整体的贸易比较优势较好，环境规制强度对贸易比较优势的影响呈现先升后降的倒"U"型趋势，市场竞争、人力资本、物质资本、创新投入对贸易比较优势具有显著的积极影响，而劳动成本的升高与 2008 年金融危机则显著降低了贸易比较优势。重视人才战略、鼓励研发、规范行业竞争秩序对提升贸易比较优势具有重要意义。[④]

[①] 林伯强、李江龙：《环境治理约束下的中国能源结构转变——基于煤炭和二氧化碳峰值的分析》，载《中国社会科学》2015 年第 9 期。

[②] 范丹：《中国制造业差异化环境规制策略研究——基于创新力与经济增速均衡视角》，载《宏观经济研究》2015 年第 5 期。

[③] 周肖肖、丰超、胡莹、魏晓平：《环境规制与化石能源消耗——技术进步和结构变迁视角》，载《中国人口·资源与环境》2015 年第 12 期。

[④] 杨振兵、马霞、蒲红霞：《环境规制、市场竞争与贸易比较优势——基于中国工业行业面板数据的经验研究》，载《国际贸易问题》2015 年第 3 期。

（三）规制体制改革

李桂华、郭爱萍认为在市场化推进的过程中，政府主导的资源配置格局并未发生根本改变，政府对经济活动的深度干预成为市场发挥决定性作用的最大障碍。因此，政府退出是从资源配置主导地位的退出，是为市场发挥作用释放空间的退出。政府退出的核心是放权，政府退出的依据是政府与市场明确的职责边界，政府退出的过程是渐进的平滑过渡，政府退出的制度目标是规制利益主体行为，政府退出的内在逻辑是打造有为政府。[①] 张蕴萍认为我国垄断行业改革也进入了攻坚克难的关键时期。尽管在对垄断行业进行的政府规制改革取得了阶段性的成就，但是规制无力、无效状态依然相当严重。激励机制的扭曲是造成我国垄断行业规制效率低下的症结所在。破解的有效途径在于提升政府规制能力，建立起科学的激励性规制合同体制，在不完善的市场和不完善的政府之间寻求最优规制。[②] 徐士英认为我国普遍存在的行政性垄断直接影响资源配置的效率，而传统规制行政权力的路径依赖与制度显然不足以有效规制行政权力排除限制竞争的行为，探索新的规制路径十分必要。行政性垄断是"政府失灵"在市场层面上的反映，不能仅仅依靠行政控权的制度加以克服。应当将规制行政性垄断置于全面规制政府经济权力运行的整体目标之下，在国家"竞争政策"的框架内建立规制行政性垄断的制度体系。[③]

（四）规制体系改革

杨萍、岳国强认为我国的经济增长更多地依赖于内需和消费的增

---

① 李桂华、郭爱萍：《市场决定性作用的发挥：政府退出的视角》，载《求实》2015 年第 1 期。

② 张蕴萍：《规制能力提升是深化中国垄断行业政府规制体制改革的有效途径》，载《理论学刊》2015 年第 8 期。

③ 徐士英：《竞争政策视野下行政性垄断行为规制路径新探》，载《华东政法大学学报》2015 年第 4 期。

长，在供给方面，我国将更多地依赖技术进步和资本增长。我国可能采取供求结合的政策选择：放宽行业进入限制，不断完善市场环境，促进服务业中技术进步较快部门，加快教育、医疗、养老等社会领域的改革步伐。[①] 叶陈云、杨克智认为我国国有资本投资运营公司内部审计规制体系基本内容应包括规范建设、目标导向、责权范围、执业程序、评价改进与配套支持五个有机融合的子系统，并提出了发挥内部审计规制体系全面规范与持续制衡功能的相关政策建议，希望研究内容能有益于我国国有资本投资运营公司内部审计监管制度的逐步完善。[②] 陈富良、黄金钢认为我国水务规制改革的范式应从公私合作演进到新公共服务：以公共利益作为水务规制改革的最高利益标准，将中介组织和公众纳入规制主体；对规制机构进行再规制，建立有效的规制法律体系，在规制方式上引入对话与协商。[③]

---

① 杨萍、岳国强：《我国供需格局变化和政策选择》，载《全球化》2015 年第 7 期。

② 叶陈云、杨克智：《国有资本投资运营公司内部审计规制体系构建研究》，载《审计研究》2015 年第 6 期。

③ 陈富良、黄金钢：《政府规制改革：从公私合作到新公共服务——以城市水务为例》，载《江西社会科学》2015 年第 4 期。

第五章

2016 年国民经济学发展

一、学科发展

林木西认为与国内其他学科相比，国民经济学是颇具中国特色的应用经济学学科，它虽曾受到"苏联模式"的一定影响，但更多是中国本土化的产物。因此，不能简单套用"模板"或进行"再版""翻版"，必须坚持"问题导向"，明确中国国民经济学的研究对象，找准学科定位。国民经济学的研究对象是"国民经济系统运动及其规律性"，主要内容包括国民经济系统、国民经济运行、国民经济发展战略与规划、国民经济管理四个方面。国民经济系统的内涵包括：国民经济系统是一个巨系统；国民经济系统是国家、国民和市场共同构成的复合系统，国民经济学研究的国家、国民和市场三者的逻辑起点和终点都是国家如何在尊重市场规律的前提下促进国民经济的发展，同时运用市场和政府的多重手段，促进"国"与"民"的共同发展、协调发展和可持续发展，这是国民经济学研究的核心问题；国民经济系统是多部门、多地区、多环节相互联系而组成的网络系统；国民经济系统是由四种再生产构成的综合系统；国民经济系统是一个开放的和动态的系统。国民经济学研究方法包括国民经济学理论分析、数量分析、结构分析、静态与动态分析、比较分析、案例分析以及预期管理和监测预警分析。^① 杨青龙、李杏认为国民经济学学科建设应该以宏观经济学的应用、战略和政策研究为基础，提炼理论内核；以基础理论运用于国民经济现实得出的具体假说为内容，明确外围保护带；以国民经济学与其他经济学分支学科之间的有效分工为原则，明晰与其他学科的边界。^②

二、经济发展

（一）中国经济发展的挑战与新常态

1. 面临的挑战

袁富华等认为中国转型时期面临三方面的不确定性和风险：（1）工业比重下降的同时伴随工业萧条，城市化成本病阻碍内生增长动力形成；（2）服务业作为工业化分工结果的从属态势不能得到根本扭转，以知识生产配置为核心的服务业要素化趋势不能得到强化，最终导致服务业转型升级无法达成；（3）作为门槛跨越基石的消费效率补偿环节缺失，知识生产配置和人力资本结构升级路径受阻。^③ 干春晖认为在国内外因素的影响下，新常态下中国面临着在国际竞争中产业竞争力不足、价值链低端锁定、受发达国家和新兴经济体两头挤压、国内要素成本不断上升、经济增长缺乏新动力、原有经济发展模式难以为继等困难。^④ 赖平

① 林木西：《国民经济学的历史沿革与研究对象》，载《政治经济学评论》2016 年第 6 期。
② 杨青龙、李杏：《国民经济学学科建设的困境与出路》，载《中国大学教育》2016 年第 4 期。
③ 袁富华、张平、刘霞辉、楠玉：《增长跨越：经济结构服务化、知识过程和效率模式重塑》，载《经济研究》2016 年第 10 期。
④ 干春晖：《新常态下中国经济转型与产业升级》，载《南京财经大学学报》2016 年第 2 期。

耀认为中国自 2008 年以来实际 GDP 增长的下降几乎完全来自全要素生产率增长的下降；市场化改革的滞后导致全要素生产率增长的下滑，扩大投资则进一步加速了全要素生产率增长的下滑进程；当前中国经济已经滑入索罗下行通道。这种情形下，中国经济可能需要经历一个有管理的硬着陆，即一次伴随着大规模"去投资"和大规模就业调整的实质性再平衡与市场化改革，从而推动经济重新进入一个可持续的有效的增长轨道。[①] 张杰、金岳认为当前"高债务—高税负—通缩"三重叠加效应造成的中国的实体经济发展困局，已经成为中国经济下行的主导因素。其不仅造成中国实体经济成为诱发各种宏观经济风险爆发的来源，也导致中国传统宏观调控政策工具的失效。而且，其造成中国宏观经济供给侧面的恶化，进一步导致需求侧面动力机制的弱化乃至恶化，对中国新常态下维持中国高速经济增长造成显著的负面效应。[②] 谭海鸣等认为由于人口老龄化的影响，中国的经济增速在 2021～2025 年可能会出现台阶式下行，并触发房价下跌和"逆城镇化"。[③] 何玉长认为生产性劳动是国民经济的永恒基础，尽管如今服务业迅速扩张，但生产性劳动和实体经济对国民经济的基础和支撑作用无可替代。近年来中国经济结构弃"实"从"虚"和生产性劳动弱化的趋势动摇了国民经济的根基。[④]

2. 中国经济发展新常态

黄泰岩认为我国经济发展进入新常态后，经济下行压力加大，有人开始担忧我国能否如期实现现代化目标。出现这种不必要的担忧，是因为没有认识到经济发展新常态的实质，也没有搞清楚新常态和现代化的

---

① 赖平耀：《中国经济增长的生产率困境：扩大投资下的增长下滑》，载《世界经济》2016 年第 1 期。

② 张杰、金岳：《"高负债—高税负—通缩"背景下中国实体经济的发展困局及破解思路》，载《江苏社会科学》2016 年第 1 期。

③ 谭海鸣、姚余栋、郭树强、宁辰：《老龄化、人口迁移、金融杠杆与经济长周期》，载《经济研究》2016 年第 2 期。

④ 何玉长：《善待生产性劳动和优先实体经济》，载《学术月刊》2016 年第 9 期。

关系。我国经济发展新常态，是跨越"中等收入陷阱"进而实现现代化所必经的发展阶段。它是一场深刻的经济转型，是新发展理念贯彻落实、经济发展方式根本转变的过程，就其本质而言是经济发展质的跃升。处于新常态的经济发展，是更有效率、更有质量、更加公平、更可持续的发展。因此，经济发展进入新常态，不仅不会与实现现代化目标相冲突、相矛盾，反而恰恰是实现现代化的必经阶段、必然要求。甚至可以说，不经历经济发展新常态的淬火和洗礼，就不可能实现现代化。经济发展进入新常态，随着增长速度从高速转向中高速，发展方式从规模速度型转向质量效率型，经济结构从增量扩能为主转向调整存量、做优增量并举，发展动力从主要依靠资源和低成本劳动力等要素投入转向创新驱动，我国经济发展将迈上新台阶，为实现现代化打下坚实基础。中高速的经济增长保障如期实现现代化；产业迈向中高端奠定实现现代化的强大产业基础；创新为实现现代化提供核心动力支撑。[1] 刘伟认为新常态下中国经济的新变化表现为新起点、新机遇、新条件、新挑战四个方面，但同时新常态下中国经济出现"滞涨"的可能性增大，较长时间内可能会出现通货膨胀和经济"下行"双重风险并存的局面。我国必须全面深化改革，进一步明确全面深化改革的总目标，全方位部署改革任务，坚持社会主义市场经济方向。[2] 田秋生认为中国经济新常态意味着中国经济整体进入中高收入阶段，并开始向高收入阶段转型过渡；基本消费大致饱和，开始向发展享受性消费为主阶段转换；短缺经济转为过剩经济，产能和供给过剩成为常态化现象；传统产业规模扩张阶段基本结束，新产业、新业态孕育成长；产品数量和价格竞争能力阶段基本结束，差异化竞争成为重点；传统领域固定投资高峰期大致结束，新领域、新方向投资成为未来投资重点；"引进来"单向开放为主阶段结束，"引进来"与"走出去"双向并重阶段全面开启。[3] 孙早、

---

① 黄泰岩：《新常态：经济发展质的跃升》，载《人民日报》2016 年 8 月 25 日。

② 刘伟：《新常态下中国宏观经济形势分析》，载《北京工商大学学报》2016 年第 5 期。

③ 田秋生：《中国经济发展新常态的深刻理解》，载《广东社会科学》2016 年第 1 期。

屈文波认为发展新常态经济，应该以继续深化体制改革为保障，以自主创新为重点，以结构转型升级为支撑，以提升要素效率为载体，以开展多边贸易合作为契机，努力发展新常态经济。[①] 刘尧成、徐晓萍认为中国经济向新常态转换主要源于需求侧的不利冲击，但 2015 年以来供求冲击都呈现了不利的影响。[②]

（二） 中国经济发展的影响因素

1. 结构调整

黄亮雄、安苑、刘淑琳认为中国的产业相比于生产率提高效应，结构变动效应更为突出，行业间的结构变动更为剧烈；附加值较高的资本与技术密集型行业日益在生产率与结构两方面引领产业结构调整。企业进入率大于退出率，市场规模在扩大，壁垒在消除；市场竞争机制作用显著，经过近十年的洗礼，1999 年在位的企业中超过 65% 被淘汰出市场。"中国制造"在全球价值链中的位置正不断攀升，形成二元结构，部分劳动密集型行业的比较优势得以维持与加强，部分行业则消退，而部分高附加值的资本与技术密集型行业表现活跃，该二元结构在东部地区尤为明显。[③] 薛继亮认为中国并非所有的地区都进入"刘易斯拐点"，其中东部地区"刘易斯拐点"出现，资本深化加剧，产业转型和产业转移同步；中西部地区承接产业产业转移加速，"刘易斯拐点"也已出现；东北地区"刘易斯拐点"尚未出现，劳动力净流出。[④]

---

① 孙早、屈文波：《"新常态"下中国经济增长问题研究》，载《华东经济管理》2016 年第 7 期。

② 刘尧成、徐晓萍：《中国经济向新常态转换的冲击影响机制研究》，载《统计研究》2016 年第 6 期。

③ 黄雄亮、安苑、刘淑琳：《中国的产业结构调整：基于企业兴衰演变的考察》，载《产业经济研究》2016 年第 1 期。

④ 薛继亮：《从供给侧判断"刘易斯拐点"：到来还是延迟》，载《中央财经大学学报》2016 年第 9 期。

2. 要素配置

江永红等认为我国产业结构升级导致了劳动力"极化"现象的产生，其作用机理体现在产业结构升级所引致的偏向性技术进步会显著增加对高技能劳动力的需求，使整个社会劳动力质量向两端偏移。此外，中国劳动力极化还存在区域差异，其中，东部地区呈现高技能偏向型，而西部地区则是非技能型的特点。[①] 郑义、秦炳涛认为产业结构优化和制度改革是提高能源效率的主要动因，政府预算、国有企业所占比重越大，能源效率越低；经济密度、区位便利及对外开放程度均与能源效率正相关；资源禀赋与能源效率负相关，资本禀赋、技术禀赋虽然促进了能源效率的提高，但是影响系数较低。[②]

3. 金融发展

胡海峰、王爱萍认为金融发展和经济增长实证模型的选择没有一定之规，要根据具体的研究目的去确定究竟用单调变化模型还是非单调变化模型，而不是仅仅依靠统计上的拟合优度指标去判断。对于金融发展与经济增长关系的研究结论要谨慎解读。测量金融发展的指标要根据研究目的去合理设计。金融发展和经济增长之间关系需要跳出窠臼，尝试探索新的方向和思路。[③] 齐昕、林木西认为，区位、经济、政府、网络技术要素均对金融集聚产生正向影响。[④] 李媛媛、金浩认为金融工具创新、金融市场创新对产业结构优化的直接效应显著为正，金融机构创新对产业结构优化的直接效应不显著；金融工具创新、金融机构创新与资

---

① 江永红、张彬、郝楠：《产业结构升级是否引致劳动力"极化"现象》，载《经济学家》2016年第3期。

② 郑义、秦炳涛：《能源效率的推手：是结构优化还是技术变化?》，载《会计与经济研究》2016年第3期。

③ 胡海峰、王爱萍：《金融发展与经济增长关系研究新进展》，载《经济学动态》2016年第5期。

④ 齐昕、林木西：《中国金融集聚影响因素的实证研究——基于古代演进视角》，载《武汉金融》2016年第4期。

本供应不匹配，金融市场创新与资金供应匹配程度较弱，对产业结构优化的间接效应较弱；金融市场创新、金融机构创新对技术进步作用较为显著，对产业结构优化的间接效应最为明显；金融工具创新、金融市场创新、金融机构创新均尚未有刺激与改善居民消费需求，一定程度上阻碍了产业结构的优化。①

4. 投资需求

程承坪、李小梅认为目前我国人均投资规模较低，仍然存在着通过投资拉动经济增长的潜力。公共消费性基础建设投资、节能环保投资、"一带一路"投资、城镇化建设投资等是契合去产能过剩和稳增长思路的投资领域。② 吕炜等认为政府投资建设性支出扩张时，产业链上游的国有企业的杠杆率水平快速大幅上升，而产业链下游的民营企业的杠杆率水平则先大幅下降、后微量上升；政府保障性支出扩张时，产业链下游的民营企业的杠杆率水平快速大幅上升，而产业链上游的国有企业的杠杆率水平则表现为温和上涨。中国国有企业的杠杆率水平整体较高，而民营企业的杠杆率水平整体较低，且民营企业投资需求不振，提高下游民营企业的杠杆率可有效促进民营企业投资需求。③ 沈潇认为政府应该适当调整其投资支出结构，更多地把财政资金分配到基础设施领域，同时减少对国有企业的直接投资。④

5. 消费需求

赵根宏、林木西认为预期冲击可以解释 50% 以上的中国中长期经济波动；消费者的情绪波动与预期冲击的效应呈现正相关关系；通过稳

---

① 李媛媛、金浩：《金融创新对产业结构优化的效应研究》，载《财经问题研究》2016年第9期。

② 程承坪、李小梅：《去产能过剩背景下的中国不再需要投资吗?》，载《当代经济管理》2016年第6期。

③ 吕炜、高帅雄、周潮：《投资建设性支出还是保障性支出——去杠杆背景下的财政政策实施研究》，载《中国工业经济》2016年第8期。

④ 沈潇：《政府投资的需求结构效应》，载《经济问题探索》2016年第1期。

定预期提升宏观经济管理效率的路径机制是有效的。[①] 宋明月、臧旭恒认为收入不确定性对于居民的储蓄行为具有很大影响，且农村要更大一些。居民预防性储蓄比例在 51% ~ 55% 之间。[②] 陈惠雄认为消费者支出均衡是消费者均衡决策中的必要环节，消费者生命成本—收益均衡决定消费者支出均衡与不同消费者的支出行为结构，微观市场中的单个消费者支出均衡影响储蓄水平与市场需求曲线合成，从而为宏观经济总量与微观经济变量的逻辑关系分析建立一个新的理论基础。[③]

6. 制度建设

刘长庚等认为"包容性增长"理念已逐渐成为各国经济增长模式的新共识，包容性增长指数的测算使得评估制度变迁的整体效应成为可能。中国经济增长的包容性水平不断提升。基本经济制度、市场化改革和对外开放均能显著提升中国的包容性增长水平，表明中国模式具有明显的制度优越性；三种经济制度变迁均能促进经济增长，对外开放影响最大，贡献率达 35.9%；中国特色市场化改革并非扩大而是能缩小收入差距，这主要利益于"市场之手"与"政府之手"的双重调控。在当前经济增速放缓的新常态背景下，尤其要注意发挥对外开放的经济提振效应和基本经济制度的收入再分配作用。[④]

（三）中国经济发展转型

1. 国家发展战略转型

张可云等认为中国的战略演化方向可以从不同历史时期不同国家的

---

① 赵根宏、林木西：《预期冲击、情绪与中国宏观经济波动》，载《经济体制改革》2016 年第 3 期。

② 宋明月、臧旭恒：《我国居民预防性储蓄重要性的测度——来自微观数据的证据》，载《经济学家》2016 年第 1 期。

③ 陈惠雄：《既定收入条件下消费者支出均衡的决定》，载《中国工业经济》2016 年第 4 期。

④ 刘长庚、田龙鹏、陈彬：《经济制度变迁、包容性增长与收入分配》，载《财经科学》2016 年第 1 期。

崛起模式中找寻出共同因素和一般规律。中国国家发展战略应该选择复合崛起模式，坚持中华文化会聚和自信，坚持国家民族政治独立，不断推进制度改革与技术创新，保持经济合理增长是实现和平崛起和民族复兴的重要保证。宏观战略的细化需要全面地从经济、产业、市场、政策和环境的角度统筹和协调好以下关系：改革市场体系与转变增长模式的关系、经济增长与环境保护的关系、创新驱动和传统产业的关系、缩小地区差距与控制大城市增长的关系、国有企业与民营经济的关系、科研管理体制与创造动力的关系等。① 易娅莉认为在对马克思主义深入理解的基础上，中国坚持实事求是的理论指导，探索出了市场经济体制和社会主义制度相结合、中央集权下的财政分权、沿海先行发展、改革引领经济"新常态"等经验。未来中国经济发展模式仍然是坚持社会主义市场经济的主攻方向，注重用市场的力量来更好地解决中国经济、政治、社会层面的诸多问题或矛盾。而中国政府需要做的就是加快改革和创新开放，一是要重点推动政府转型；二是要突破传统利益局限，增强各种层次经济主体的协同发展效能；三是积极参与到国际经济的新体系中。②

2. 发展方式转型

王新、王必锋认为我国经济转型比预期的难度大，且需要一个艰难的转型过渡期：第一，长期高投资已经造成了投资自身的产业链条，因而降低投资率会直接导致产业链相关企业的收入和就业下降；第二，经济转型过程中可能会出现需求结构与供给结构不匹配的情形，因此，降低投资率需要相关企业产品结构的转型。在长期则需要通过要素分配、财税政策、产业政策和知识产权保护政策的综合改革，实现由政府主导投资推动增长的角色向普惠型创新激励政策转换，以建立源于内生增长

---

① 张可云、邓仲良、蔡之兵：《国家崛起模式与当代中国国家战略》，载《郑州大学学报》2016年第5期。
② 易娅莉：《中国经济模式的经验分析》，载《人文杂志》2016年第7期。

的长期发展机制。① 袁富华、张平认为中国开始步入以城市化为背景的二次经济转型，面对这种趋势，保持可持续增长的关键在于效率模式的重塑，以内生性替代外生性、以内部性替代外向性、以外溢性替代外部性是二次转型的主要环节。② 国家发改委能源研究所"重塑能源"课题组认为重塑能源能够以经济可行、技术有效、社会可接受的方式，彻底破解资源环境约束瓶颈、大幅削减二氧化碳排放、支撑实现全面现代化目标。③

3. 政府治理转型

刘霞辉认为中国经济转型中首先要合理确定政府的定位，使其从经济增长的带领者转化为发动者，从前台走向幕后；其次进行财税制度改革，适应中国经济增长新阶段，使税制由工业化阶段的间接税制逐步过渡到城市化阶段所要求的直接税制；最后进一步完善市场竞争环境，通过价格制度改革、事业单位改革等形成新的经济增长点，真正使创新和人力资本在经济增长中发挥更大作用。④ 吕朝凤、朱丹丹认为市场潜力扩大会提高长期增长率，市场化改革则通过扩大市场潜力对增长率的正影响，而促进长期增长。⑤ 桑瑞聪、彭飞、康丽丽认为地方政府应该以市场运作为基础，既要重视改善硬环境，又要加强营造软环境，进而实现产业有序转移。⑥

① 王新、王必锋：《新常态下我国投资的角色转换：一个分析》，载《经济问题探索》2016 年第 1 期。

② 袁富华、张平：《中国经济二次转型的理论分析》，载《中国特色社会主义研究》2016 年第 2 期。

③ 国家发改委能源研究所"重塑能源"课题组：《重塑能源：面向 2050 年的中国能源消费和生产革命路线图》，载《经济研究参考》2016 年第 21 期。

④ 刘霞辉：《中国经济转型的路径分析》，载《北京工商大学学报》2016 年第 1 期。

⑤ 吕朝凤、朱丹丹：《市场化改革如何影响长期经济增长——基于市场潜力的分析》，载《管理世界》2016 年第 2 期。

⑥ 桑瑞聪、彭飞、康丽丽：《地方政府行为与产业转移——基于企业微观数据的实证研究》，载《产业经济研究》2016 年第 4 期。

4. 制造业转型

唐晓华、张欣钰认为应该积极调整和优化生产性服务业与制造业结构，提高两行业关联度，促进生产性服务业和制造业的积极互动发展，为制造业转型升级提供有力的支撑。[①] 李金华认为中国建设制造业强国有六大行动路径：一是扩张制造业占比，优化制造业结构，提高制造业效率；二是自主创新，实现前沿技术、复杂产品系统中关键技术的重大突破；三是质量顶级，精专制造，技术先进，创建系列著名国际品牌；四是推行精准主义和标准主义，构建具有国际前沿水平的中国制造标准体系；五是学校企业双轨教育和培养，建成高素质制造业职工队伍和先进制造业文化；六是进行生产模式的革命性变革，建设先进制造产业集聚区。[②] 汤吉军认为制造业可持续发展的关键在于有效地避免边际成本定价，采取非线性定价机制，加大企业重组等非市场制度结构以追求沉淀成本最小化。同时，加强因信息不对称和机会主义而出现的垄断行为方面的政府管制。[③] 张明志、余东华认为在供给侧改革中，制造业应该向低碳化转型，促进创新产业发展，控制落后产业发展。[④] 李景海、林仲豪认为增加知识要素投入、跨行业政策干预、增强国际竞争力、创新制造业价值链、营造社会环境条件是中国制造业升级的策略。[⑤] 傅元海、叶祥松、王展祥认为制造业结构高度化抑制经济增长效率提高，与中国制造业不断升级却一直处于全球价值链低端的事实吻合，制造业结

---

① 唐晓华、张欣钰：《制造业与生产性服务业联动发展行业差异性分析》，载《经济与管理研究》2016 年第 7 期。

② 李金华：《德国"工业 4.0"背景下中国制造强国的六大行动路径》，载《南京社会科学》2016 年第 1 期。

③ 汤吉军：《制造业可持续发展的微观经济分析——基于价格机制与制度结构的视角》，载《财经问题研究》2016 年第 2 期。

④ 张明志、余东华：《制造业低碳化导向的供给侧改革研究》，载《财经科学》2016 年第 4 期。

⑤ 李景海、林仲豪：《世界政治经济演变、新产业政策与中国制造业的升级策略》，载《世界经济与政治论坛》2016 年第 3 期。

构高度化却没有伴随高附加值化是重要原因。[①]

（四）中国经济发展动力

1. 全面深化改革

陈乐一、杨云认为经济体制改革既是过去我国经济持续平稳发展的动力之所在，也是当前乃至未来我国经济持续健康发展的制度保障。经济体制改革通过市场资源配置功能、政府的宏观调控功能、社会保障的稳定器功能、政府市场监管功能来调节和缓解经济周期波动。经济体制改革与经济周期波动存在反向关系，经济体制改革程度越高，经济周期波动程度越低；经济体制改革的向前推进能够显著减缓经济周期波动。经济体制改革的倒退将在更大程度上加剧经济波动。[②] 高波认为新常态下激发和培育中国经济增长动力关键依靠需求侧宏观管理、供给侧结构性改革和科技创新的综合发力，而市场化改革、"四化同步"发展、区域协调发展、开放发展和绿色发展是推动我国经济增长的基本路径及策略。在全面建成小康社会社会的过程中，减贫是一项十分重要而艰巨的任务。[③]

2. 供给侧结构性改革

陈璋、唐兆涵认为供给侧结构性改革是我国未来长期中宏观经济管理模式发展的必然趋势。[④] 龚刚认为中国已经是一个供给决定型经济，这是中国供给侧改革的逻辑起点。中国供给侧改革的目标是发展知识密

---

① 傅元海、叶祥松、王展祥：《制造业结构变迁与经济增长效率提高》，载《经济研究》2016 年第 8 期。

② 陈乐一、杨云：《经济体制改革对经济周期波动的调节和缓解作用研究》，载《经济社会体制比较》2016 年第 3 期。

③ 高波：《新常态下中国经济增长的动力和逻辑》，载《南京大学学报》2016 年第 3 期。

④ 陈璋、唐兆涵：《试论改革开放以来我国经济增长与宏观经济管理模式特征——兼论供给侧结构性改革的意义》，载《经济学家》2016 年第 10 期。

集型经济，重中之重是为自主研发和创新提供足够的激励，从而必将体现为一系列的体制改革。[①] 蔡昉认为中国经济寻求长期可持续发展的关键不在于运用宏观经济学司空见惯的需求侧刺激手段，而应该从供给侧推进结构性改革，释放体制潜力，达到提高潜在增长率的目标。因此，凡是从供给侧增加生产要素供给数量和质量以降低生产成本、通过转变政府职能以降低交易费用以及依靠提高全要素生产率保持产业和企业比较优势的政策调整和体制改革，都属于结构性改革的范畴，应该按照有利于提高潜在增长率的预期效果，安排其出台的优先顺序和推进力度。[②] 朱玉、郑亚平认为我国供给侧改革的有效路径是制度创新和科技创新；围绕"释放新需求，创造新供给"的供给侧改革目标，在制度供给创新、制度实施创新和科技创新方面采取措施。[③] 孙亮、石建勋认为"十三五"期间中国"供给侧"改革的政策取向是优化劳动力资源配置、转变政府职能、加大科技创新力度、提升全要素生产率、去库存、淘汰落后产能、优化土地和资本资源配置。[④] 李义平认为供给管理必须要有适合的制度安排，这个制度的安排实质上是一个制度的变革问题。它包括加大真正的企业的供给、与市场经济相适应的政府职能转变、创新的制度安排等。[⑤] 陈小亮、陈彦斌认为供给侧结构性改革既能够治理产能过剩等难题，又能增加有效供给从而催生新的增长点，因此中国必要推进供给侧结构性改革。由于供给侧结构性改革过程中淘汰落后产能等举措会加大经济下行压力，因此需要总需求管理相配合。但是供给侧改革不具备宏观调控手段所需要的逆周期调节能力，也不满足宏观调控手段所要求的可测量性、可控性、对目标有着不可预计影响这三

---

① 龚刚：《论新常态下的供给侧改革》，载《南开学报》2016年第1期。

② 蔡昉：《认识中国经济减速的供给侧视角》，载《经济学动态》2016年第4期。

③ 朱玉、郑亚平：《我国宏观经济结构性问题与供给侧改革研究》，载《海派经济学》2016年第3期。

④ 孙亮、石建勋：《中国供给侧改革的相关理论探析》，载《新疆师范大学学报》2016年第3期。

⑤ 李义平：《需求管理、供给管理及当前宏观政策选择》，载《南方经济》2016年第4期。

条标准，故而不应该成为宏观调控的常规手段。[1] 赵鹏认为供给侧结构性改革应该从企业和政府两个市场主体入手，具体来说，就是把"供给侧＋结构性＋改革"分解为"企业＋供给侧＋存量"改革和"企业＋供给侧＋增量"改革，以及"政府－机制"改革和"市场＋配置"改革两部分。[2] 张同斌认为 2002～2013 年随着市场化进程的加速和经济发展阶段的变迁，劳动力的供求关系变化导致其数量优势、低成本优势逐渐消失，而不断累积的人力资本提升了劳动生产率与整体经济效率并实现了对经济增长的效应，"人力资本红利"取代"人口红利"，成为经济增长的新动力来源。[3]

3. 自主创新

刘爱梅认为创新和城镇化是国家经济发展的两大政策，也是中国经济转型升级的两大动力。创新是通过促进产品结构向全球化价值链高端攀升以及消费结构不断升级换代来促进经济水平的高级化；城镇化通过继续改善资源配置效率为经济结构的失衡进行矫正和修复，促使中国经济发展规模化和合理化，使经济结构从失衡状态向均衡方向发展。[4] 余明桂等认为中国的产业政策能够通过信贷、税收、政府补贴和市场竞争机制促进企业尤其是民营企业的技术创新。[5] 杜斌、张治河认为健全的技术创新市场导向机制是实施创新驱动发展战略和建设创新型国家的重要环节。[6] 吴超鹏、唐莙认为政府加强知识产权保护执法力度，可以提

---

① 陈小亮、陈彦斌：《供给侧结构性改革与总需求管理的关系探析》，载《中国高校社会科学》2016 年第 3 期。

② 赵鹏：《新常态下供给侧结构性改革》，载《中国流通经济》2016 年第 7 期。

③ 张同斌：《从数量型"人口红利"到质量型"人力资本红利"——兼论中国经济增长的动力转换机制》，载《经济科学》2016 年第 5 期。

④ 刘爱梅：《创新和城镇化对中国经济转型升级的作用研究》，载《东岳论丛》2016 年第 1 期。

⑤ 余明桂、范蕊、钟慧洁：《中国产业政策与企业技术创新》，载《中国工业经济》2016 年第 12 期。

⑥ 杜斌、张治河：《技术创新市场导向机制——基于三位一体的系统模型研究》，载《财经科学》2016 年第 5 期。

升企业创新能力，表现为企业专利产出和研发投资的增加。加强知识产权保护可以通过减少研发溢出损失和缓解外部融资约束两条路径来促进企业创新。① 李兵等认为出口促进了企业的自主技术创新，尤其对技术含量相对较高的发专利和实用型专利有显著促进作用，而对外观设计专利的作用不显著。出口主要促进了中高和高技术行业企业的自主技术创新。② 刘卫柏、李中认为企业突破性技术创新项目投资决策过程中，项目价值跟踪与其实现的频率变化是企业突破性技术创新投资决策的两个核心影响因素。通过突破性技术创新可以使企业获得可持续发展能力，破解发展过程中存在的瓶颈与障碍，进而步入良性发展轨道。③

4. 投资与需求

邵传林、王丽萍认为在当前中国经济步入新常态的现实背景下，应及时调整投资结构，降低固定资产投资在总投资中的占比，引导地方政府利用财政资源激励企业的创新活动，弱化地方政府直接进行固定资产投资激励，以免对民间创新投资支出产生挤出效应。④ 龙小宁、黄小勇认为政府管理制度化程度较差的地区，官员清廉度越高则固定资产投资增长越快；而在政府管理制度化水平较高的地区，官员清廉度则对该市的固定资产投资增长没有显著的影响。官员清廉度不高的地方政府管理制度化的缺失是阻碍我国地级市固定资产投资增长的重要因素，而提高清廉并同时提高政府管理制度化水平有利于投资的稳定增长。⑤

---

① 吴超鹏、唐菂：《知识产权保护执法力度、技术创新与企业绩效——来自中国上市公司的证据》，载《经济研究》2016年第11期。

② 李兵、岳云嵩、陈婷：《出口与企业自主技术创新：来自企业专利数据的经验研究》，载《世界经济》2016年第12期。

③ 刘卫柏、李中：《企业突破性技术创新投资决策的期权博弈模型》，载《管理评论》2016年第4期。

④ 邵传林、王丽萍：《高投资率、制度环境质量与创新驱动发展》，载《广东财经大学学报》2016年第3期。

⑤ 龙小宁、黄小勇：《公平竞争与投资增长》，载《经济研究》2016年第7期。

（五）中国经济发展空间

胡迺武认为中国未来依然会保持中高速增长，理由有八：我们仍旧处在重要的战略机遇期，和平与发展、合作与共赢仍然是时代的主题；我国依旧处在工业化的中后期；我国处在城镇化加速发展期；我国区域不平衡向着平衡发展；新的三大战略带动经济发展；消费拉动经济增长作用日益增强；改革的深化使政府与市场的功能得到更好的发挥；我国还存在着潜在增长率。[①] 郭春丽、曾铮、王蕴认为对"十三五"时期的预测表明，相对于没有落实党的十八届三中全会关于重点领域改革部署、经济增长只能保持 6.36% 的基准情景而言，全面和部分落实重点领域改革部署，经济有望分别保持 7.39% 和 6.88% 的年均增速。分领域看，推进财税体制改革红利最大，土地、户籍和国企改革红利次之，对外开放、金融和行政体制改革红利相对较小。[②]梁俊、李菁认为尽管目前中国经济发展面临结构性减速，但是如果采取有针对性的结构性改革措施，在未来一段时间，中国的经济增长速度仍然有可能维持中高速的水平。[③] 魏杰、汪浩认为在"新常态"下，我国的经济增长目标是"中高速"增长，具体表现为"十三五"期间6.5% ~7% 的增长目标。实现中高速增长需要政府部门引导经济结构调整、推动经济体制改革、促进经济增长方式转变以及制定双向型的对外开放战略。[④]

---

① 胡迺武：《我国"十三五"期间经济发展的几个问题》，载《中国人民大学国民经济学发展报告（2016）》。

② 郭春丽、曾铮、王蕴：《改革影响经济增长的机理、经验事实和情景预测》，载《经济学家》2016 年第 5 期。

③ 梁俊、李菁：《中国经济的结构性减速与对策》，载《上海经济研究》2016 年第 5 期。

④ 魏杰、汪浩：《新常态下保持中高速增长的原因分析——兼论"十三五"时期中国经济增长的目标》，载《社会科学战线》2016 年第 10 期。

三、宏观经济调控

（一）政府职能与作用

张建波、马万里、迟诚认为地方政府偏向型财政政策是造成城乡收入差距的重要原因，未来的治理之策在于实现四个转变：由发展型政府向服务型政府转变，矫正过分追求经济增长造成的政府职能异化；由"以官治官"向以民治官转变，确保地方官员在"对上负责"的同时更多地"对下负责"；由事权下放向事权上移转变；由监督问责有限的分权向监督问责有效的分权转变。① 姜琪认为政府质量作为转轨时期正式制度的主要内容，政府效率能提高经济增长数量，却抑制经济增长质量的提升，市场程度能显著提高经济增长的数量和质量，公平公正和腐败程度在短期内能促进经济增长数量提高。② 张玉鹏、王茜认为政府在实施宏观经济调控中需明确考虑政策工具选择和政策实施过程中对政策不确定性的影响，并依据经济所处状态适时转换公众预期思路和银行信贷规模控制策略。③

（二）宏观调控目标与机制

王志刚认为中国"十三五"期间或更长时间内的宏观调控目标主

---

① 张建波、马万里、迟诚：《城乡收入差距的地方政府因素分析》，载《山东大学学报》2016 年第 1 期。

② 姜琪：《政府质量、文化资本与地区经济发展——基于数量和质量双重视角的考察》，载《经济评论》2016 年第 2 期。

③ 张玉鹏、王茜：《政策不确定性的非线性宏观经济效应及其影响机制研究》，载《财贸经济》2016 年第 4 期。

要是三个方面：稳增长、调结构和控风险。其中调结构是重中之重，调结构的频率、力度、成效直接影响到增长和风险。同时，稳增长也是为调结构赢得时间并降低各类风险发生。稳增长、控风险需要有底线思维和区间思维，必要的增长必不可少，对一些不确定性带来的波动要充分认识；控风险实际上和稳增长联系在一起，及时进行调控可以减少风险累积与爆发。[①] 中国人民大学宏观经济分析与预测课题组认为我国宏观经济政策"微刺激"效果下降，而"强刺激"带来了严重的后遗症，导致这种状况的关键原因是政策框架在整体上出了问题。重构我国宏观政策框架的战略定位应该包括以下内容：短期应对不断加剧的宏观经济和金融风险；中期应对结构调整的负面冲击；长期构建高效的、可持续的和动态一致的宏观调控模式。重构政策框架的原则性要求包括：宏观经济及金融的稳定性与国际收支平衡应该成为显性目标；财政政策主要指向结构调整期的短期阵痛，货币政策指向宏观经济及金融稳定性；宏观政策应该遵循市场化、可预期的操作模式。[②] 陈彦斌、刘哲希认为宏观经济框架存在着三个明显的缺陷：一是由于宏观宏观调控与微观干预的关系始终未得到厘清，以宏观调控之名行微观干预之实的现象时有发生；二是宏观调控目标过于宽泛，使公众难以形成稳定预期；三是货币政策处于从属地位，弱化了宏观经济政策的逆周期调节能力。因此，未来宏观调控政策的转型应该以确立宏观调控的清晰定位为基础，大幅简化宏观调控目标，并构建以货币政策为核心的新政策框架。[③] 林建浩、王美今认为新常态下减速治理必须改革和调控双提速，加快结构调整、技术创新以及制度变革以平滑和扭转潜在增长率的下降趋势，同时迅速调整财政货币政策以对冲负向需求冲击常态化的影响。[④] 周宙、魏杰认

---

① 王志刚：《中国宏观调控的内涵、难点与创新》，载《价格理论与实践》2016 年第 4 期。
② 中国人民大学宏观经济分析与预测课题组：《新常态下我国宏观经济政策框架的重构》，载《经济理论与经济管理》2016 年第 4 期。
③ 陈彦斌、刘哲希：《中国宏观经济政策体系面临的困境与改革方向》，载《中国人民大学学报》2016 年第 5 期。
④ 林建浩、王美今：《新常态下经济波动的强度与驱动因素识别研究》，载《经济研究》2016 年第 5 期。

为政府宏观政策对经济增长的影响取决于各地区的经济结构和发展水平，按规则的长期政策对经济增长有正影响，相机抉择的短期政策对经济增长有负影响。[①]

（三）宏观调控政策

1. 财政政策

周波、张兆强认为财富效应是存在的，但税收规则和平衡预算规则下的作用机制存在差异；基于债务的税收规则下，正产出效应虽然也相对较短，但能比平衡预算规则维持更长时期，而就产出缺口和通货膨胀缺口稳定效应而言，平衡预算规则具有更大的稳定性。因此，我国政府要调整支出模式和财政货币政策的操作方法。[②]卜林等认为宏观审慎政策无法配合货币政策实现通胀、产出和信贷的稳定，只能采用财政政策应对经济衰退；在财政扩张背景下，货币政策与宏观审慎政策非合作模式会带来更好的政策效果，两个政策并不应该局限于简单的统筹协作关系，而是应该在制定政策时考虑对方的政策行为。[③]

2. 货币政策

贺京同等认为当市场化程度较高时，货币政策虽然能够有力地调控通货膨胀，但也失去了稳定产出的能力；当市场化程度较低时，以调控产出为目标的货币政策不仅能够稳定产出波动，而且还能稳定通货膨胀波动。当前我国市场化水平还不够高，货币政策应该采取供给侧管理思

① 周宙、魏杰：《政府宏观政策和经济波动对经济增长的影响》，载《技术经济》2016年第6期。
② 周波、张兆强：《我国财政货币政策交互作用渠道机制研究》，载《财经问题研究》2016年第7期。
③ 卜林、郝毅、李政：《财政扩张背景下我国货币政策与宏观审慎政策协同研究》，载《南开经济研究》2016年第5期。

路，在保持 M2 低位增长的同时，采用降低存贷款利率、定向增加信贷供给的方式达到降低企业生产成本与释放有效供给能力的目的。[1] 刘轶等认为中国的货币政策在短期内应该谨慎对待信贷扩张与宽松货币政策，而在长期则应该持续利率市场化改革，进一步向价格调控规则过渡。[2]

3. 产业政策

夏杰长、倪红福认为未来较长一段时间内，中国经济增长应该是服务业和工业的"双轮驱动"，不是谁主导谁。应该避免从过去片面强调工业主导地位转向现在单纯强调服务业主导地位，要树立从传统产业或行业的市场干预（产品补贴、投资补贴、关税和税收优惠等）转向水平型（平台、网络、制度）措施的新产业政策思路。[3] 季书涵等认为产业集聚对集聚程度较高的东部地区改善效果更好，集聚程度较低的中西部地区改善范围更大，这为优化中国产业布局、提高资源利用效率和平衡地区发展提供了政策依据。[4] 李炳认为我国应当顺应产业发展的库兹涅茨定律，加快推动第三产业发展并提升发展质量，同时要优化第二产业结构，发挥其稳定经济的作用；不宜再过度使用针对单一特定产业、调节效果不佳的调控政策，提高定向产业调控政策的精准度，提升三次产业内部稳定性，减轻随机性因素对我国的冲击。[5] 黄泰岩认为改造传统产业，主要是传统制造业是东北产业升级的首要任务和关键任务，一是需要提高生产效率，重塑产业竞争力，二是提升产品品质，适应消费者的品质追

① 贺京同、刘倩、贺坤：《市场化程度、供给侧管理与货币政策效果》，载《南开学报》2016 年第 2 期。

② 刘轶、王刚、李旭彪：《贷款冲击、货币供给冲击与宏观经济波动》，载《湖南大学学报》2016 年第 4 期。

③ 夏杰长、倪红福：《中国经济增长的主导产业：服务业还是工业？》，载《南京大学学报》2016 年第 3 期。

④ 季书涵、朱英明、张鑫：《产业集聚对资源错配的改善效果研究》，载《中国工业经济》2016 年第 6 期。

⑤ 李炳：《中国经济增长趋势与经济波动的分解及产业来源》，载《南方金融》2016 年第 7 期。

求，三是增加产品品种，适应消费者多样化的需求，四是创立品牌，五是降低产品成本；发展服务业为东北振兴提供了难得的机遇，重点在文化产业、健康产业和旅游产业；发展战略性新兴产业是东北振兴的根本。[①]

4. 国民收入分配政策

刘伟、蔡志洲认为影响我国收入分配差异的主要原因包括：一是发展性原因，即经济发展的不均衡所导致的收入分配的失衡加剧；二是增长性原因，即在经济增长的过程中不同的要素对于经济增长的贡献作用、提升速度和程度不同，导致收入分配中不同要素所有者的收入增长的速度及程度不同；三是体制变迁性原因，即在体制转型过程中，在不同方面和不同领域，市场化的进展程度及完善程度不同，因而市场竞争的充分性、公平性不同，事先机会均等程度不同，相应地，特权对法权的排斥，垄断对竞争的否定，权钱交易以及腐败的产生，必然扩大转轨过程中的收入差距；四是收入结构性原因，即伴随着改革开放，人们的收入来源越来越多元化，除劳动外，人们的资产性收入日益提高，除一般体力劳动外，人们的人力资本投入的差异日益成为收入差别的重要原因，此外，风险性收入、经营性收入等都开始成为不同社会阶层收入差距的重要根源。从具体的统计数据看，基尼系数反映出来的收入差距高的原因有三：一是城乡二元结构引起的城乡收入分配差异；二是城市里市场化改革以及分配方式的变化使城镇居民家庭之间的收入分配差距拉大；三是地区发展不平衡，有可能带来地区间收入差异。[②] 孙敬水、林晓炜认为城镇居民对分配公平满意度相对较高；起点公平、过程公平、结果公平、人力资本、物质资本、社会保障、制度因素、家庭在职工作的人数对分配公平满意度有显著的正向影响，其中起点公平、社会保障、人力资本、制度因素对分配公平满意度正向影响程度较大，过程公平、结果公平、家庭在

---

① 黄泰岩：《东北经济振兴的产业选择》，载《辽宁大学学报》2016 年第 6 期。

② 刘伟、蔡志洲：《新世纪以来我国居民收入分配的变化》，载《北京大学学报》2016 年第 5 期。

职工作的人数对分配公平满意度正向影响程度次之，而物质资本对分配公平满意度正向影响程度较小。这些结论具有重要的政策启示。[1]

四、微观规制改革

（一）经济性规制

肖文海、叶剑认为促进可再生能源替代化石能源的关键在于价格机制。可再生能源价格作用机制可以采取可再生能源补贴、化石能源税收、能源税与可再生能源补贴组合三种方式。平衡税收与补贴，将目前"以补为主"的支持政策向"税补并重"转型，并在 2020 年左右转移到"以税为主"，构建可再生能源长效发展体制机制。[2] 徐延明认为以合理的制度设计界定政府的行为边界，设定具有正激励的资本收益规制模式，营造竞争环境激励被规制企业主动提高效率，应该成为城市公共事业公司合作机制构建的核心问题。[3]

（二）环境规制

李强、魏巍认为提高经济增长质量并没有限制经济增长，反而有利于促进经济增长，提高经济增长质量与实现经济增长并不矛盾。[4] 黄清

---

① 孙敬水、林晓炜：《城镇居民分配公平满意度影响因素实证研究》，载《浙江社会科学》2016 年第 9 期。

② 肖文海、叶剑：《可再生能源价格作用机制比较与政策选择》，载《江西财经大学学报》2016 年第 1 期。

③ 徐延明：《城市公共事业公私合作机制的衍生逻辑及内涵解析——基于有限竞争与有效竞争"两难选择"视角》，载《理论学刊》2016 年第 2 期。

④ 李强、魏巍：《提高经济增长质量会抑制中国经济增长吗》，载《财贸经济》2016 年第 1 期。

煌、高明认为环境规制存在经济增长数量抑制效应和经济增长质量促进效应的双重作用，而环境分权则进一步加强两极分化，即在提升环境规制对经济增长质量效应的同时，恶化环境规制对经济增长数量的抑制效应。[1] 雷平等认为非政府组织的发育确实推动了区域环境规制的进步。[2] 徐志伟认为中国2005～2015年"先污染，后治理"的发展模式并未发生本质变化，环境规制投资不足，规制效率相对偏低，治理的整体效果仍不尽如人意。[3] 郑金铃认为在不考虑环境规制竞争时，我国环境规制强度的增加有利于产业结构的升级；以模仿策略为主的环境规制竞争会对邻近地区的产业结构水平产生正向溢出，对邻近地区的累积溢出效应是对本地区效应的4倍；分区域来看，环境规制对本地产业结构升级的推动作用在中西部地区更为突出，东部地区负的空间溢出效应表明东部沿海城市的环境规制竞争并不利于区域整体产业转型升级，政府间更倾向于采取差异化策略，而不是中西部地区的模仿策略。[4] 郝寿义、张永恒认为环境规制和经济集聚之间的关系会因产业类别和经济规模而存在差异；另外，环境规制的影响程度也会由于其实施阶段的不同而存在差异；随着环境问题成为社会各界的共识，率先增强环境规制将成为经济集聚的一个有利因素，但其效应可能会随着其他地区的"跟随战略"而趋于弱化。[5] 黄寿峰认为环境规制变化对雾霾的直接影响不显著，而其间接作用、影子经济、腐败以及影子经济与腐败的交互作用均会加剧雾霾。[6]

---

[1] 黄清煌、高明：《环境规制对经济增长的数量和质量效应——基于联立方程的检验》，载《经济学家》2016年第4期。

[2] 雷平、高青山、施祖麟：《非政府组织对区域环境规制水平影响研究》，载《中国人口·资源与环境》2016年第10期。

[3] 徐志伟：《工业经济发展、环境规制强度与污染减排效果——基于"先污染，后治理"发展模式的理论分析与实证检验》，载《财经研究》2016年第3期。

[4] 郑金铃：《分权视角下的环境规制竞争与产业结构调整》，载《当代经济科学》2016年第1期。

[5] 郝寿义、张永恒：《环境规制对经济集聚的影响研究——基于新经济地理学视角》，载《软科学》2016年第4期。

[6] 黄寿峰：《环境规制、影子经济与雾霾——动态半参数分析》，载《经济学动态》2016年第11期。

（三）规制体制改革

张蕴萍认为现阶段，正值供给侧管理释放改革新动力的历史机遇期，在新的历史时期，我国垄断行业政府规制体制改革在供给侧改革的推动下，需要进一步修正放松规制就是"一放就灵""一拆就灵"的简单观念，树立"有效规制"的改革总体思路，力求实现政府这只"看得见的手"和市场这只"看不见的手"的协同运作，立足于调整政府与垄断行业利益关系的改革方向，创建完善规制和放松规制相结合的规制体制新格局。[1] 韩超等认为规制官员与其他行政官员的行为方式并无显著差异，这与规制独立性的要求相差甚远，在未来环境规制过程中亟待解决。[2] 龙小宁等认为《关于进一步规范党政领导干部在企业兼职（任职）问题的意见》这一官员兼职规制文件正逐渐切断政府官员、高校领导与企业之间的利益输送机制，对于理顺政企关系、抑制政府官员和高校领导的寻租行为将发挥重要促进作用。[3] 雷德雨认为当前必须完善垄断行业国有企业规制改革的法治环境，在法治基础上以政府职能转变为突破口，探索简政放权、放管结合的均衡点，根据不同行业、不同环节国有企业的垄断性质，确定不同的规制目标和措施，强化规制能力、创新规制模式、建立完善的规制效果评价体系，推动垄断性国有企业更好地保障民生、服务社会、提供公共产品和服务。[4]

---

[1] 张蕴萍：《供给侧改革：中国垄断行业政府规制体制改革的新动力》，载《理论学刊》2016 年第 5 期。

[2] 韩超、刘鑫颖、王海：《规制官员激励与行为偏好——独立性缺失下环境规制失效新解》，载《管理世界》2016 年第 2 期。

[3] 龙小宁、张训常、杨进：《转轨背景下官员兼职规制的经济效应》，载《中国工业经济》2016 年第 7 期。

[4] 雷德雨：《"十三五"时期垄断行业国有企业规制改革研究》，载《经济研究参考》2016 年第 7 期。

（四）规制体系改革

李雪灵、黄翔基于环境不确定性理论，梳理出评价规制环境的六个二级子维度，将政府规制归类为有现实操作性的 6 个子类型，形成有 36 个衡量指标的规制环境评价体系，可对中小企业所面临的规制环境进行定量评价。[①] 蔺捷认为构建我国金融规制体系在战略上应该由全球金融秩序"跟随者和参与者"向"引领者和推动者"转变，调整我国金融规制主体、金融规制权限和金融规制方式，处理好金融市场改革开放创新和金融规制实施的关系。[②] 吴杉等认为我国外资金融规制的具体内容主要包括在市场准入环节，既要注意外资金融机构的来源与数量，又要注意其地域分布与准入形式；在市场运营环节，要逐步放开对外资金融的保护与限制，不断完善市场运营规制指标体系；在市场退出环节，要建立针对外资金融机构的危机预防和处理机制，积极推进完善存款保险制度。[③]

---

① 李雪灵、黄翔：《中小企业规制环境评价体系构建——基于环境不确定性理论》，载《现代管理评论》2016 年第 5 期。

② 蔺捷：《自贸区战略下我国金融规制体系建构和路径初探》，载《学术研究》2016 年第 3 期。

③ 吴杉、利龑：《优化我国外资金融规制体系》，载《中国党政干部论坛》2016 年第 3 期。

第六章

2017 年国民经济学发展

一、学科发展

　　林木西、黄泰岩在第三版的《国民经济学》中对国民经济学的相关研究做了新的拓展，主要表现：一是在研究对象上，对"国民经济系统"运动及其规律性做了进一步的阐述。关于国民经济学的学科性质的讨论焦点在于研究对象的分析，本书对此进行了分析，得到越来越多人的认同。在此基础上，《国民经济学》第三版第一章明确提出，从世界来看我国的国民经济学是最具中国特色的经济学科，虽然这一学科从名字上看有些国外色彩，但实际上却具有鲜明的中国特色，其学科渊源与其从国外去寻找莫不如从自身挖掘，其学科边界、研究对象与其同其他学科去比较、界定，莫不如靠自己的努力和创新。如果国民经济学的研究和发展能够充分体现"中国特色"，用规范的经济学语言讲好"中国故事"，国民经济学学科理所当然地会成为"世界一流"学科。二是在体系结构上，在前两版的"三篇"的基础上调整为"四篇"，将"国民经济发展战略与规划"单独作为一篇设置，将原来的第九章扩大为"国民经济发展战略"和"国民经济规划"两章，并新增"十三五"规划的有关战略和规划指标，以更加凸显"国民经济学"的特点，也更符合当今时代已进入战略管理时代的要求。三是在内容上，增加了"四个全面"、供给侧结构性改革等一些新内容。如在"国民经济系统环境"分析中，增加了"五大发展理念"与"四种生产的协调"，将"国民经济运行的需求动力"改为"国民经济运行的需求动力与需求管理"，将"国民经济运行的供给推力"改为"国民经济运行的供给推力及供给侧结构性改革"，并相应增加了新的内容；同时新增加了"国民经济预期管理"和"国民经济资产管理"两章。四是在指标体系上，根据《中国国民经济核算体系（2002）》和国家统计局《关于改革研发支出核算方法修改国内生产总值核算数据的公告》，在"社会经济总量的衡量"指标中，删去"社会总产值""国民收入"，按新的国民经济核算体系进行改写，并按最新进展补充相关内容。五是在文献综述、资料数据分析上，力求体现学术界的最新研究进展，尽量使用最新的资料数据，以增强实证性和时效性。[1]

中国人民大学举办的国民经济管理论坛，深入研讨了国民经济和社会发展的重大理论和现实问题，引领和规范了国民经济学科的发展方向，提升了国民经济学学科的学术话语权和社会影响力。[2] 吴晓球认为，在新的历史时期，我们需要努力提升国民经济学科的影响力。[3]

胡乃武认为国民经济学学科的基础理论是党的十八届三中全会所说的"使市场在资源配置中起到决定性作用和更好地发挥政府作用"。[4]赵丝雨认为需要结合我国社会经济发展的实践情况，采取实例证伪的方法，对学科内容进行调整和优化，用战略性研究思维确定其在应用经济

---

① 林木西、黄泰岩：《国民经济学》（第三版），经济科学出版社2018年版。

② 中国人民大学经济学院. 中国人民大学第三届国民经济管理论坛成功举行，http：//econ. ruc. edu. cn/displaynews. php？id＝14077，2017－06－13［2018－10－13］。

③ 中国人民大学经济学院. 中国人民大学经济学院国民经济管理系第七期双周学术研讨会召开，http：//econ. ruc. edu. cn/displaynews. php？id＝14364，2017－11－17［2018－10－13］。

④ 中国人民大学经济学院. 国民经济管理系第四期双周学术研讨会举行胡乃武教授纵论中国特色社会主义经济理论体系，http：//econ. ruc. edu. cn/displaynews. php？id＝14098，2017－06－27［2018－10－13］。

学中的核心地位和发展方向。①

耿明君认为从宏观角度与战略角度来看，国民经济学学科具有五大特点：一是宏观性，即经济总量并非只是单纯经济个量的加总；二是综合性，即依然须将综合性的问题视为国民经济学主要的研究内容；三是战略性，即该学科所要培养的人才应当是社会经济战略方面的人才；另外，还有前瞻性与对策性。目前对国民经济学学科的建设并不能有效体现出区域经济学、金融学、财政学等学科之间的区别性。②

二、经 济 发 展

（一） 中国经济发展的挑战与新常态

1. 面临的挑战

袁富华、张平认为现实的任务是把已经偏离了线性雁阵模型的增长方式，拉回到可持续的理想路径上来。比起依赖低端劳动力和资本的大规模工业化，我国城市化过程可持续的效率改善，涉及错综复杂的结构调整。如果调整失败，我国在全球化中完全专业化经济效率模式将向静态的租金模式退化。在城市化接替工业化逐渐成为增长主导力量的过程中，重视服务业的知识和人力资本创造功能，并对此给出系统可行的政策措施，是避免转型时期问题恶化的努力方向。③ 刘达禹等认为就经济增长的动力机制而言，现阶段出现了供给面与需求面双重约束的基本态

---

① 赵丝雨：《试析新时期国民经济学面临的新时代和新挑战》，载《卷宗》2017 年第 27 期。

② 耿明君：《对发展国民经济学学科的若干思考》，载《卷宗》2017 年第 27 期。

③ 袁富华、张平：《雁阵理论的再评价与拓展：转型时期中国经济结构问题的诠释》，载《经济学动态》2017 年第 2 期。

势，这对供给侧和需求侧的协调管理提出了更高要求。① 马勇、陈雨露认为中国将于 2019~2020 年进入拐点区域，此后宏观经济可能面临经济"保增长"和金融"去杠杆"两个基本问题。为此，应该积极加快经济的转型升级，同时采取稳健有序的"去杠杆化"策略，以实现经济增长和金融稳定的双重平衡。② 黄宝敏认为进入中等收入阶段以后，如果不能改变现有的经济增长方式，中国将会陷入"中等收入陷阱"。因此，经济新常态下要警惕"中等收入陷阱"的风险性，充分挖掘经济增长新动能，实现经济可持续增长和高收入目标。③ 苏冶等认为无论规模水平还是周期波动层面，均存在虚实背离特征；规模水平层面，虚拟经济对实体经济冲击反应具有惰性，对自身冲击反应更灵敏，对实体经济具有"挤出效应"；周期波动层面，仅存在实体经济对虚拟经济的短期先导性，非线性格兰杰因果检验进一步验证了背离事实；在虚实背离之下，价格型货币政策能长期抑制虚拟经济与实体趋势性背离。④

2. 中国经济发展新常态

黄泰岩认为中国创造了世界经济发展史上的奇迹，使中国具备了构建中国特色社会主义经济理论体系的典型条件。从实践经验中，我国已总结提出了一些中国特色社会主义经济理论。但是，在中国进入中高收入阶段后，面对跨越"中等收入陷阱"的严峻挑战，照搬新自由主义经济学、发展经济学、经济增长理论等学说难以指导中国新的实践，已有的中国特色社会主义经济理论也需要与时俱进。为破解发展新难题，我国提出了由经济发展新常态、新理念、新动力、新路径和新政策等构成的用于指导中国新实践的新理论，并将该理论与党的十八大以前形成

① 刘达禹等：《新常态下中国经济周期波动的趋势性特征及驱动因素研究》，载《江海学刊》2017 年第 2 期。
② 马勇、陈雨露：《金融杠杆、杠杆波动与经济增长》，载《经济研究》2017 年第 6 期。
③ 黄宝敏：《中国经济增长动力特征与"中等收入陷阱"的规避路径》，载《统计与信息论坛》2017 年第 9 期。
④ 苏冶等：《中国虚拟经济与实体经济的关联性——基于规模和周期视角的实证研究》，载《中国社会科学》2017 年第 8 期。

的理论系统化，形成了中国特色社会主义经济理论的新体系，指出了新体系具有的理论价值、世界价值和实践价值。[1] 洪银兴认为要根据新发展理念改变传统的经济发展观，其中包括：发展任务由摆脱贫困转向富裕人民；发展引擎由外需转向内需；拉动增长的"三驾马车"中的主拉动力由投资转向消费；释放活力的改革着力点由需求侧转向供给侧；经济增长所追求的原则由效率转向包容型；经济发展路径由依靠物质资源投入转向创新驱动；经济发展战略由不平衡战略转向平衡战略；二元结构现代化路径由非农带动"三农"转向直面"三农"发展；中国在全球经济中的地位由以比较优势融入全球化向以竞争优势主导全球化。[2] 刘伟认为新常态下中国经济的新变化为新起点、新机遇、新条件和新挑战四个方面。[3] 王少林研究认为1995年第二季度至2005年第四季度为中国经济旧常态时期，2008年第一季度至2017年为中国经济新常态时期，其余为过渡期。[4]

（二）中国经济发展的影响因素

1. 结构调整

华民认为为了让中国经济尽快重返繁荣，保证经济可持续增长，必须正视结构调整的"问题"，应当调整"结构调整"，适度放弃现有的一些结构调整政策，让市场而不是政策在资源配置中发挥决定性的作用。[5] 实现新常态突围，必须坚持用深化改革的办法破解经济发展中的体制性、结构性矛盾，推进重点领域和关键环节改革，使市场在资源配

---

① 黄泰岩：《在发展实践中推进经济理论创新》，载《经济研究》2017年第1期。

② 洪银兴：《进入新阶段后中国经济发展理论的重大创新》，载《中国工业经济》2017年第5期。

③ 刘伟：《新常态下中国经济增长与宏观调控》，载《社科纵横》2017年第2期。

④ 王少林：《中国经济新常态的量化识别与形成原因》，载《南方经济》2017年第7期。

⑤ 华民：《中国经济增长中的结构问题》，载《探索与争鸣》2017年第5期。

置中起决定性作用，同时更好地发挥政府作用。必须在深化改革中推进包容性发展，并在改革中体现包容性发展理念。政府职能必须转换，为更多的"僵化"资产转化为资本创造制度条件和市场环境；深化土地改革，将僵化的土地资产转化为货币（物质）资本；深化户籍制度改革，将僵化的劳动力资产转化为人力资本，并进一步提升人力资本水平。[①]

2. 要素配置

田萍、张屹山认为在以技术进步为主的经济增长动力结构形成之前，我国劳动和资本要素尚有持续发挥红利效果的潜力。[②] 方福前等认为1978年以来，中国经济波动和经济增长正相关关系产生的主要原因是改革红利的释放，即通过经济波动淘汰低效率企业和低效率投资项目、优化企业间的资源配置，进而促进经济增长。[③] 叶兴庆认为通过全面深化改革，把农业剩余劳动力从土地上彻底解放出来，改革新增建设用地调控机制、按新思路改革征地制度、探索集体建设用地入市途径，可以继续为新常态下全要素生产率的提高提供支撑力量。[④] 朱子云认为2008年以来全要素生产率贡献缩减是经济增长大幅度减速的主要因素；要素规模增长率下降与产出弹性缩减的双重挤压导致资本和劳动力规模贡献下滑；资本和劳动生产率增长双减速是造成全要素生产率大幅下降的主导因素。[⑤] 崔巍认为社会资本可以通过降低交易成本、促进人力资本和技术进步来推动经济增长。较高的社会资本可以为经济发展提供良

---

① 周文、陈跃：《新常态下中国经济发展转型与改革路径突破》，载《学习与探索》2017年第1期。

② 田萍、张屹山：《我国经济增长的投入要素：动力、潜力与摩擦》，载《中国高校社会科学》2017年第1期。

③ 方福前等：《中国经济短期波动对长期增长的影响——资源在企业间重新配置的视角》，载《管理世界》2017年第1期。

④ 叶兴庆：《新常态下应继续释放城乡间资源再配置效应》，载《经济社会体制比较》2017年第1期。

⑤ 朱子云：《中国经济增长的动力转换与政策选择》，载《数量经济技术经济研究》2017年第3期。

好的社会环境，是经济发展的重要保障。[①]

3. 金融发展

刘贯春等认为金融发展显著改善了纯技术效率，并足以弥补其对规模效率造成的损失，从而促进绿色发展效率的增长。特别地，金融结构与经济效率显著相关，股票市场较银行业更有利于提升经济效率。坚持市场化改革导向，大力发展直接融资市场并辅之以合理的金融资源分配政策，将有助于实体经济的长期增长。[②] 王奕鋆认为地区金融发展水平的不均衡会导致资本流向金融发展水平较高的地区，从而导致产业集聚现象和地区经济发展差距的拉大。但是随着金融发展水平的进一步提高，地区经济发展差距又会逐渐缩小。地区经济发展差距与地区金融发展水平大致呈倒 "U" 型关系。[③] 无论是在中国整体层面还是区域层面，金融发展水平、金融结构、金融效率与普惠金融对经济发展的影响都是非线性的，即具有门槛效应。但各维度的影响系数和显著性有较大的区域性差异，这也在一定程度上影响了金融促进区域经济协调发展作用的发挥。[④]

4. 投资需求

白俊红、吕晓红认为就全国总体而言，FDI 质量对中国经济发展方式的转变具有显著的促进作用，沿海作用大于内陆。[⑤] 徐奇渊等认为中国参与建设共赢、可持续的 "一带一路" 投融资机制要注重投资主体

---

①　崔巍：《论社会资本对经济增长的支撑与促进》，载《北京大学学报》2017 年第 3 期。

②　刘贯春等：《金融体制改革与经济效率提升——来自省级面板数据的经验分析》，载《管理世界》2017 年第 6 期。

③　王奕鋆：《金融发展、高端制造业集聚与地区经济发展差距——基于新经济地理学的分析框架以及来自中国 31 省市的证据》，载《经济问题探索》2017 年第 6 期。

④　罗玉冰：《金融资源配置对中国经济发展的门槛效应研究》，载《东南学术》2017 年第 3 期。

⑤　白俊红、吕晓红：《FDI 质量与中国经济发展方式转变》，载《金融研究》2017 年第 5 期。

借力借势布局、绑定各方投资伙伴的利益、对投资对象需要约法三章。①

5. 消费需求

刘金全、王俏茹认为我国目前的消费率依旧偏低，对经济增长的促进作用仍有很大的提升空间，为此政府应建立以消费为主导的经济转型，同时优化投资结构，创新对外贸易模式，保持适度的通胀水平，提升消费拉动经济增长的效率。② 刘长庚、张磊认为新常态经济增长要扩大国内需求、发挥消费的基础性作用，又要抓住结构调整的重要契机，加速要素升级，推动创新发展，以制度改革增强长期经济增长动力。③ 周密、刘秉镰认为中国式产能过剩是商品和住房二元市场叠加的饱和需求式过剩。普通商品市场的"饱和需求陷阱"和住房市场的"投资偏好陷阱"是关键制约点。这使需求刺激政策在饱和需求式过剩中失灵，并通过二元市场的"劣驱良"效应，引发经济"脱实向虚"的趋势。应通过二元市场的联动式调控，形成以供给方向和供给对象的结构性调整为重点的供给侧结构性改革。④ 刘东皇、沈坤荣认为劳动收入占比上升是近年来中国居民消费率提升的一大重要因素。劳动收入占比上升对中国居民消费率的促进效应不是因为劳动收入占比对居民消费的正向推动，中国的劳动收入占比与居民消费率正相关关系显著是由劳动收入占比对 GDP 表现出负向影响引致的。在推进功能性分配结构优化的同时应有效地发挥劳动收入占比对中国居民消费率的促进效应。⑤ 毛中根、

---

① 徐奇渊等：《"一带一路"投融资机制建设：中国如何更有效地参与》，载《国际经济评论》2017 年第 9 期。
② 刘金全、王俏茹：《最终消费率与经济增长的非线性关系——基于 PSTR 模型的国际经验分析》，载《国际经贸探索》2017 年第 3 期。
③ 刘长庚、张磊：《中国经济增长的动力：研究新进展和转换路径》，载《财经科学》2017 年第 1 期。
④ 周密、刘秉镰：《供给侧结构性改革为什么是必由之路？——中国式产能过剩的经济学解释》，载《经济研究》2017 年第 2 期。
⑤ 刘东皇、沈坤荣：《劳动收入占比与居民消费率：机理与中国经验》，载《社会科学研究》2017 年第 1 期。

杨丽姣认为建议从增加优质农产品、增加制造业有效供给和丰富服务业供给等方面增加产品和服务种类；从制定先进标准、弘扬工匠精神、加强消费维权等方面提升产品和服务品质；从打造中国质造和中国智造总品牌，铸造世界级高端奢侈、中国特色大品牌，塑造大众喜爱的安全放心、舒适安心好品牌等方面创新产品和服务品牌，通过增品种、提品质、创品牌，促进居民消费结构升级。①

6. 制度建设

吕璐、张进军认为制度的形成和发展具有很强的时代特征，是特定时代背景下个人、团体和社会组织共同作用的结果。制度一旦形成，其质量水平对特定时代特征下的国家经济发展有重要的影响，这种影响是在正式制度和非正式制度的共同作用下产生的。制度的正式性和非正式性在不同的社会组织中的表现是不同的。具体到中国的经济发展，民主集中制的特点有利于集中力量办大事。所以，中国的制度质量对经济发展的影响更为巨大。制度的不同形式中，非正式制度，尤其是传统文化和价值观，对中国当代经济发展的影响尤其深刻。② 田磊等认为经济政策不确定性冲击并不是中国经济波动的主要因素，但它表现出来类似于负向需求冲击的特征，且呈现通胀效应强于产出效应的中国特色。③ 周英男等认为绿色增长政策能够有效解决环境污染与经济发展的矛盾问题，确定绿色增长政策影响因素能够帮助政策制定者适时有效的制定政策。绿色增长的影响因素包括国际经验与压力、综合国力、环境容量和价值观念。④

---

① 毛中根、杨丽姣：《经济全球化背景下供给侧改革与居民消费结构升级》，载《财经科学》2017 年第 1 期。

② 吕璐、张进军：《制度质量与经济发展的再思考》，载《理论月刊》2017 年第 6 期。

③ 田磊等：《政策不确定性是中国经济波动的主要因素吗——基于混合识别法的创新实证研究》，载《财贸经济》2017 年第 1 期。

④ 周英男：《中国绿色增长政策影响因素及建构研究》，载《科学学与科学技术管理》2017 年第 2 期。

（三）中国经济发展转型

1. 国家发展战略转型

黄南、张二震认为在经济转型的研究上存在狭义与广义、传统与现代的区别，应从一个国家或地区的实际情况出发来理解经济转型，并随着经济发展阶段的不同，调整转型的目标和路径。中国现在需要针对自身存在的问题，探索出一条适合国情的新型转型之路。① 孙乐强认为《中国制造2025》的实施对于推动我国从中国制造到中国创造、中国速度到中国质量、中国产品到中国品牌、制造大国向制造强国的转变，具有不可估量的战略价值。今后一个时期还应当从核心竞争力、实施路径、人口优势、城市发展和国家治理五个方面进一步加强顶层设计，为未来国家发展战略的整体转型提供根本保障。② 张述存认为本着适度分散和差异化的原则，一方面继续加强对欧美地区的学习型、技术导向型投资；另一方面充分借势"一带一路"展开对沿线国家的战略型、资源合作型投资。③ 柳建文认为当区域协同发展日益深化时，仅靠政治调控已不足以应对不同层次和领域的问题，因此需要促进企业、民间组织等社会力量对区域事务的参与，形成区域主体间新的协作治理结构，构建区域协同发展的社会机制。④

2. 发展方式转型

顾海兵、张帅认为中国的能源转型不应再继续注重规模上的扩大，

---

① 黄南、张二震：《经济转型的目标、路径与绩效：理论研究述评》，载《经济评论》2017年第3期。

② 孙乐强：《后金融危机时代的工业革命与国家发展战略的转型——"第四次工业革命"对中国的挑战与机遇》，载《天津社会科学》2017年第1期。

③ 张述存：《"一带一路"战略下优化中国对外直接投资布局的思路与对策》，载《管理世界》2017年第4期。

④ 柳建文：《中国区域协同发展的机制转型——基于国家三大区域发展战略的分析》，载《天津社会科学》2017年第9期。

而应将重点转移到能源体制转型上来。[①] 张杰等认为短期内传统产业的转型升级仍将是中国经济新动力的主要来源之一，应成为改革的着力点和发力点。当前中国工业部门中经济新旧动力的转换和新动力的形成仍面临众多体制和机制性障碍因素的束缚和制约，应在明确相应改革突破口的基础上全面深化改革，完善实施制造业立国战略和创新驱动发展战略的外部市场环境和激励机制。[②]

3. 政府治理转型

黄新华认为从干预型政府向规制型政府变迁是推进国家治理现代化的必然选择。要实现这种转变，必须界定政府规制的内容、主体与工具，明确政府规制的范围和方式。从干预型政府向规制型政府转变是一个制度变迁的过程，制度变迁不仅会成为影响经济绩效的重要变量，也会成为社会发育的重要根源。[③] 李大宇等提出的"精准治理"范式，从根本上突破了传统"公共行政范式"泛政治化的政府地位，以及"公共管理范式"管理主义的治理倾向，实现了以民众需求为导向、以知识挖掘为支撑、以政策匹配为目标的回应技术变革与治理需求的政府治理范式的转换。"精准治理"是以全面精准的个体化信息集成为治理基础，以科学严谨的信息挖掘分析为治理前提，以历史最佳的政策知识推理为治理参考，以相宜有效的政策需求匹配为治理目的的治理体系和治理能力的创新再造过程，而个体化信息采集、挖掘、分析系统与治理主体考核体系的建设需在中国场景下由中央或省级政府引导实施。[④] 李齐等认为政府治理变革的逻辑起点是网络社会的技术变革，信息技术的广

---

① 顾海兵、张帅：《中国能源转型的测定研究及与美、德的比较》，载《学术研究》2017 年第 6 期。

② 张杰等：《中国经济新动力的转换、测算与对策研究——基于工业部门视角》，载《天津社会科学》2017 年第 1 期。

③ 黄新华：《从干预型政府到规制型政府——建构面向国家治理现代化的政府与市场关系》，载《厦门大学学报》2017 年第 3 期。

④ 李大宇等：《精准治理：中国场景下的政府治理范式转换》，载《公共管理学报》2017 年第 1 期。

泛应用不断改变着整个社会。技术的变革导致交易成本降低，促使着组织内部和组织间关系发生变革。组织变革的实质是各种社会关系的改变，其中主要是各主体权力关系和功能定位的改变。政府治理是以各主体间关系为基础而进行互动产生的，就是说，有什么样的现实性的主体间关系就有怎么样的政府治理。网络社会中各主体权力关系和功能定位的持续改变，必然导致政府治理变革，以适应内外变化，有效实施治理。这就是网络社会政府治理变革的逻辑结构。①

4. 制造业转型

张伯旭、李辉认为随着"互联网＋"所引发的技术经济范式变革和作为信息技术工具在制造业的深入应用，将对中国制造业的制造范式和运营方式带来深刻变化，前者的表现是智能制造、定制制造和网络协同制造，后者的表现是制造服务化与数字化商业。② 梁敬东、霍景东认为制造业服务化有利于制造业节能减排，有利于提升劳动生产率和推动服务业发展。推动制造业服务化要树立现代制造业与现代服务业"双轮驱动"、融合发展的理念；推动服务业创新，提高服务业效率；完善教育培训体系，提升人力资本水平等。③ 张旭等认为金融效率能够有效地促进制造业升级，而金融规模与金融集聚度则与制造业结构升级存在负向的相关关系。地区金融的发展虽然整体上能够有效地推动制造业的结构升级，但是这种作用主要是通过金融业"质"的发展来推动的，而"量"的发展却相反地起到了逆向的抵制作用。进一步优化金融与制造业的协调机制，引导金融资源更多地流向制造业部门，有效地防范制造业"脱实向虚"，成为未来制造业结构升级的关键性工作。④ 刘志彪认

---

① 李齐等：《网络社会政府治理变革的逻辑结构》，载《中国行政管理》2017 年第 7 期。

② 张伯旭、李辉：《推动互联网与制造业深度融合——基于"互联网＋"创新的机制和路径》，载《经济与管理研究》2017 年第 2 期。

③ 梁敬东、霍景东：《制造业服务化与经济转型：机理与实证》，载《首都经济贸易大学学报》2017 年第 2 期。

④ 张旭等：《金融发展有效地促进了制造业结构升级吗?》，载《宏观质量研究》2017 年第 2 期。

为从构建开放经济新体系的要求来看，振兴中国制造业要从加入全球价值链制造业出口导向发展模式，转向构建基于内需的经济全球化战略。①

（四）中国经济发展动力

1. 全面深化改革

罗来军认为党的十九大对全面深化改革的部署达到了前所未有的高度，其推进的核心指向是制度建设，即推进中国特色社会主义现代化制度体系的构建、实施与完善。根据党的十九大报告，坚持全面深化改革围绕着"制度"这一轴心，分解为"一个目标＋四条途径"。这指明了新时代全面深化改革的基本路径和关键方向。② 龚培河、万丽华认为全面深化改革的动力产生于改革要解决的问题所造成的压力，压力越大，动力越容易产生；动力释放取决于改革面对的问题所形成的阻力，阻力越大，动力释放越困难。当前全面深化改革使动力释放受到抑制，因此，克服阻力，疏通动力释放渠道是破解动力不足的关键所在。这就要求在改革中必须遵循坚持全面从严治党与全面深化改革辩证统一、坚持减少改革利益受损面与凝聚改革共识辩证统一、坚持顶层设计与摸着石头过河辩证统一、坚持舆论监督与正面引导辩证统一、坚持"静要有定力"与"动要有秩序"辩证统一五个基本原则。③ 李文军认为要牢固树立创新发展理念，深入贯彻实施创新驱动发展战略，大力推进大众创业、万众创新；以供给侧结构性改革为主线，推进体制机制改革全面深化，优化新经济发展的制度环境；以人力资源为支撑，充分激发人才的

---

① 刘志彪：《去产能、去杠杆、重构价值链与振兴实体经济》，载《东南学术》2017 年第 5 期。

② 罗来军：《"坚持全面深化改革"的内涵和实质》，载《前线》2017 年第 12 期。

③ 龚培河、万丽：《全面深化改革的动力解析》，载《中国特色社会主义研究》2017 年第 8 期。

创新创业动力，促进创新创业活力竞相迸发；深刻认识技术发展变化趋势，把握技术变革方向，支持前沿领域研发拓展；大力改善新经济发展的金融环境，形成多元化资本投入渠道，促进大量社会资本涌入。[1] 国家发展改革委投资研究所课题组认为中国实现经济中高速增长的路径是通过体制改革和科技创新，促进提高劳动参与率、释放人口库兹涅茨效应、提升人力资本质量、改善投资效益、推动科技创新、降低制度性交易成本，全面提升全要素生产率，推动经济增长趋近潜在增长率上限。[2]

2. 供给侧结构性改革

郑新立认为要解决我国经济运行中存在的突出矛盾，需不断地推进供给侧结构性改革，通过改革促进结构的转换，通过结构转换不断释放经济增长的新动能。一是推进城乡一体化，二是实现公共产品、公共服务的增长，三是以技术创新带动战略性新兴产业发展。其中，最强大的新动能是推进城乡一体化发展，即推进农业现代化、新农村建设、农民工的市民化和特色小镇建设。同时，还要聚焦投资体制改革，增加公共产品的供给；聚焦科技教育体制改革，增加技术和人才供给。[3] 郑新业等认为结合供给侧结构性改革和宏观调控两大政策工具进行的比较和分析表明，中央的、反周期的及总量性的宏观调控工具难以解决甚至会加剧这一问题。因此，需要对供给侧结构性改革和宏观调控进行分工与互补，即宏观调控侧重"稳增长"，供给侧结构性改革负责"调结构、提质量、增效益"，通过二者的协调互补以确保经济"稳中有进、稳中提质"。[4] 李俊江、孟勐认为供给侧结构改革的重心是以推进全要素生产

---

① 李文军：《以深化改革为动力推进新经济发展》，载《经济纵横》2017 年第 6 期。

② 国家发展改革委投资研究所课题组，《促进经济中高速增长的路径与措施》，载《宏观经济研究》2017 年第 1 期。

③ 郑新立：《抓住重大问题推进供给侧结构性改革》，载《北京交通大学学报》2017 年第 9 期。

④ 郑新业等：《供给侧结构性改革与宏观调控：分工与互补》，载《中国人民大学学报》2017 年第 5 期。

率来寻求新的增长动力，应该更注重于效率驱动和创新驱动。① 《供给侧结构性改革研究的基本理论与政策框架》课题组认为供给侧结构性改革需要从三个方面解决供给问题，即要素的集约节约化供给、产品的有效优质供给和制度的有效供给，其中制度供给是重中之重。我国供给侧结构性改革在理论基础、实践背景、制度环境、政策手段、动力机制上与英美等西方国家有着本质不同，不能把供给侧结构性改革看成是西方供给学派的翻版。在推进供给侧结构性改革时，要解决好供给与需求、长期与短期、政府与市场、国际与国内等四对重要关系。有两个重点：一是能否在传统增长动力衰退之时，尽快培育形成新的增长动力，实现新旧增长动能的有效接续；二是能否通过体制机制改革形成有效的制度供给，为新的增长动力打造新引擎。为此，应重点推进行政管理体制、国有企业和垄断行业、科技创新体制、财税金融体制以及相关基础性制度等五个方面的改革。② 石明明认为市场化是解决经济体系供需结构错配的重要方式，建议在推进供给侧结构性改革中，坚定不移地坚持市场经济改革方向，通过市场化办法系统性、机制性地矫正供需结构错配和要素配置扭曲。③ 王佳宁、史志乐认为针对"三去一降一补"中的"一补"，重点工作之一就是要推进脱贫，应该构建贫困退出机制，可从贫困基础、经济发展、人文发展和生存环境四个向度构建多维、动态的贫困退出指标体系。④ 吕炜等认为在供给侧结构性改革的背景下，政府通过清理过剩产能、市场退出等形式实现改革目标的同时，应当更加关注上游行业内部的市场势力变动，切实引入有效的竞争机制，防止上游行业市场势力重新增长，防止其与"价格自循环"效应重新叠加造成价

---

① 李俊江、孟勐：《论后发追赶进程中的供给侧增长动力转换》，载《求是学刊》2017年第3期。

② 《供给侧结构性改革研究的基本理论与政策框架》课题组，《推进供给侧结构性改革的基本理论与政策框架》，载《宏观经济研究》2017年第3期。

③ 石明明：《供需结构错配、市场化进程与供给侧结构性改革——基于我国省级数据的实证研究》，载《产业经济评论》2017年第9期。

④ 王佳宁、史志乐：《贫困退出机制的总体框架及其指标体系》，载《改革》2017年第1期。

格大幅波动，避免供给侧结构性改革成果遭到破坏。同时，在应对价格波动方面，政府也应注重对供给侧的调节，弱化"价格自循环"效应可能带来的不利影响。[①] 郑超愚、王春红认为中国经济的供给侧结构性改革是中国经济体制改革和结构调整的历史趋势延续以及适应时代要求的扩展和深化，同时具有市场基础、政府指引和微观调节的多维特征。中国供给侧结构性改革应该防范和化解其长期增长效应与短期稳定效应的可能冲突，综合协调各项重点任务中去产能与继续工业化、去库存与房地产泡沫、去杠杆与债务可持续性、降成本与工资收入预期以及补短板与基础设施投资的平衡关系，与积极需求管理政策相配合，引领中国经济发展的新常态和实现中国经济景气的正常化，以维持高储蓄—高投资—高增长的经济赶超模式。[②]

3. 自主创新

陈文翔、周明生认为自主创新能促进中国产业结构高级化，并促进产业结构的均衡发展，技术引进对产业结构高级化具有负向影响，而对产业结构合理化的影响效应不确定，国有企业通过创新的外部性机制，通过自主创新和技术引进能间接促进产业结构的合理化，对高级化的影响效应有限。[③] 邹荣等认为需求层面市场的双重分割产生了地区和城乡收入差距，削弱了有效需求对自主创新的"引致"作用，供给层面垄断所产生的资本和人力资本错配通过"挤出"效应抑制了企业的研发投入以及自主创新水平。因此，消除市场分割，推进要素市场化改革将是我国摆脱自主创新困境，实现创新驱动发展战略的重要保障。[④] 程晨认为同行业内的技术创新溢出抑制了企业的技术创新活动，并降低了企

① 吕炜等：《供给侧结构性改革加剧价格波动吗》，载《中国工业经济》2017 年第 8 期。

② 郑超愚、王春红：《中国供给侧结构性改革的宏观经济含义》，载《湖南大学学报》2017 年第 7 期。

③ 陈文翔、周明生：《自主创新、技术引进与产业结构升级——基于外部性视角的省级面板数据的实证分析》，载《云南财经大学学报》2017 年第 8 期。

④ 邹荣等：《新常态下中国自主创新困境的制度性因素分析》，载《西北大学学报》2017 年第 1 期。

业的全要素生产率，行业内技术创新溢出产生了负的交互作用；技术相宜度、知识产权保护、邻近区域中心城市显著地降低了上述消极影响。进一步地，对因果关系机制的考察发现，在我国知识产权保护不足的情形下，技术创新溢出效应鼓励了企业的技术模仿行为，抑制了自主创新活动，降低了创新效率和全要素生产率。在我国技术创新的市场化导向有待进一步强化的同时，规范对智力成果的产权保护将有利于企业间积极的创新交互效应的充分发挥。[1]

4. 投资与需求

田萍、张鹤认为在中国新常态的增长速度下，单纯依赖资本投资的效果，积累到该资本存量仍可保证中国经济持续增长 8～10 年的时间。[2]谢锐等认为中国碳排放增长的最大驱动因素是经济规模的扩张，而抑制国内碳排放增长的最主要因素则是各部门碳排放强度的下降，中间投入产品结构的变动则进一步导致碳排放增长。从供给链路径来看，"非金属矿物制品业→（中间部门）→固定资本形成"和"电力燃气水的生产供应业→（中间部门）→固定资本形成"分别是驱动中国碳排放实现增长和下降的最重要路径类型。为有效降低碳排放，中国应加强碳排放强度在关键路径中的减排作用，促进生产的中间投入改革，优化需求产品结构，协调居民消费、投资与减排的关系。[3]

（五）中国经济发展空间

张闪闪、孙少岩认为地区经济差距进一步缩小、未来城镇化水平进

---

① 程晨：《技术创新溢出与企业全要素生产率——基于上市公司的实证研究》，载《经济科学》2017 年第 11 期。
② 田萍、张鹤：《资本红利对中国经济增长的贡献估算与节点预测》，载《学术月刊》2017 年第 1 期。
③ 谢锐等：《中国碳排放增长驱动因素及其关键路径研究》，载《中国管理科学》2017 年第 10 期。

一步提高和经济结构继续优化调整是中国未来经济增长的三大潜在力量。中国经济增长将会继续从"投资拉动型"向"消费拉动型"转变，未来中国经济增速仍将保持世界领先，不宜过于低估中国未来的经济增长前景。[1] 刘金全等认为我国经济发展新常态的趋势性特征逐步显现和稳固，我国经济发展将再次获得增长动力转换、产业结构升级和整体结构优化的良好契机，能够为建设全面小康社会夯实基础。[2] 徐翔认为子代提供的赡养收入的提高则能提高长期潜在增长率。较高的教育供给水平能够提高居民对未来收入的预期，从而提高生育率，对于人口老龄化和随之而来的经济增速下滑具有显著的抑制作用。[3]

三、宏观经济调控

（一）政府职能与作用

周燕认为无论是"僵尸企业""过剩产能"现象，还是"劳动力成本上升"与"中等收入陷阱"，其实质都是因为政府与市场边界不清、中央政府与地方政府边界不清带来的交易费用所导致。供给侧改革的重心应该是如何界定这两种政府边界，让政府降低政策带来的交易费用，由企业自身寻找出路，降低信息费用，发挥市场优势，从而顺利实现供给需转化与产业结构调整。[4] 夏杰长、刘诚认为行政审批改革可以通过

---

[1] 张闪闪、孙少岩：《"一带一路"背景下我国未来经济增长潜力研究》，载《云南财经大学学报》2017年第4期。

[2] 刘金全等：《经济新常态下中国增长型经济周期的波动性与持续性研究》，载《吉林大学社会科学学报》2017年第3期。

[3] 徐翔：《人口老龄化背景下的长期经济增长潜力研究》，载《金融研究》2017年第6期。

[4] 周燕：《"供给侧改革"中的政府边界研究——兼论县际竞争与产业政策》，载《学术研究》2017年第7期。

减少企业交易费用而促进经济增长。行政审批可以抑制社会成本，对中国经济发展有一定的推动作用；而中国渐进性的审批改革确实可以推动经济增长，其微观机制是减少了企业的交易费用。[①] 陈甬军、丛子薇认为政府公共支出规模与市场一体化水平之间存在着倒 "U" 型关系，说明适度的政府干预能够促进市场一体化的推进，但需警惕 "过犹不及"。[②] 范欣、宋冬林、赵新宇认为政府应该加强基础设施建设，缩小基础设施建设的区域差异；同时，加强投资主体的跨区域协作，削弱地理界限对市场的不利影响；此外，政府应积极打造现代服务型政府，充分发挥政策导向功能，避免人为过多干预市场秩序，进而实现市场在资源配置中发挥决定性作用，以期建立现代市场体系。[③] 王弟海等认为政府通过公共资本（或债务）介入经济能提高经济效率。[④]

（二）宏观调控目标与机制

刘明远认为中国经济体制改革以来的宏观调控，片面强调财政政策与货币政策在宏观调控中的主导作用，忽视了社会再生产是价值形态运动与实物形态运动的统一，是价值补偿与实物更新的统一，以及与此相适应的宏观管理模式应当是价值形态调控与实物形态调控相结合，供给侧管理与需求侧管理相匹配的协调系统。[⑤] 印重、刘金全认为金融危机对全球经济的深远影响，让世界各国货币当局不得不对全球金融监管体系进行重新审视，开始着力构建 "货币政策与宏观审慎政策" 相结合

[①] 夏杰长、刘诚：《行政审批改革、交易费用与中国经济增长》，载《管理世界》2017 年第 4 期。

[②] 陈甬军、丛子薇：《更好发挥政府在区域市场一体化中的作用》，载《财贸经济》2017 年第 2 期。

[③] 范欣、宋冬林、赵新宇：《基础设施建设打破了国内市场分割吗?》，载《经济研究》2017 年第 2 期。

[④] 王弟海等：《OLG 模型中的多重均衡和经济效率》，载《金融研究》2017 年第 5 期。

[⑤] 刘明远：《西方主流宏观调控政策在中国的实践与反思》，载《当代经济研究》2017 年第 6 期。

的"双支柱"政策框架，实施基于金融稳定的货币政策与宏观审慎"双管齐下"的政策机制。应该将"金融稳定"纳入货币政策目标体系之中，众多学者认为，货币政策不宜直接作为用来维持金融体系稳定的政策工具，传统宏观调控框架下的货币政策应当与宏观审慎监管有机结合，实现相互促进。对于我国而言，货币当局要充分认识到实施宏观审慎政策在当前宏观金融形势下的紧迫性，要加速探索构建"货币政策 + 宏观审慎政策"的"双支柱"政策框架体系。[1]

（三）宏观调控政策

1. 财政政策

宋凌云、王贤彬认为财政手段产生了显著的资源补充效应与资源重置效应；政府信息完备性对财政手段的资源配置效应具有显著的强化作用；财政手段在信息完备程度较高的重点支柱产业和重点传统产业中具有显著的资源配置效应，在信息完备程度低的重点新兴产业中没有正向效应；产业竞争充分性对财政手段的资源配置效应具有显著的促进作用，产业竞争程度越高，财政手段的资源配置效应越显著。[2] 何华武、马国贤认为财政政策扩张会通过偏向性地带动生产资料企业产能，从供给侧抑制其价格水平。同时，借贷约束的存在使得此类企业能够更为容易地获得配套资金，从而导致其产能进一步扩张，使 PPI 相对于 CPI 持续下降。鉴于此，该文认为"财政政策—信贷—产能过剩"这一机制是理解我国在全球金融危机之后通货膨胀动态的关键。[3] 袁伟、沈悦认

---

① 印重、刘金全：《金融稳定目标下货币政策与宏观审慎政策的权衡》，载《学术交流》2017 年第 7 期。

② 宋凌云、王贤彬：《产业政策如何推动产业增长——财政手段效应及信息和竞争的调节作用》，载《财贸经济》2017 年第 3 期。

③ 何华武、马国贤：《财政政策、产能过剩与通货膨胀动态》，载《财政研究》2017 年第 7 期。

为财政政策冲击侧重解释经济周期的中期波动，货币政策冲击则侧重分析短期经济周期波动，合理控制财政支出可以降低经济波动幅度，要实现经济平稳快速增长，应保证资本投入适度增长，适时调整财政政策，财政支出的增加与货币供应量的增加能提升居民消费。[①]

2. 货币政策

徐忠认为中国金融宏观调控所积累的宝贵经验，与本轮国际金融危机后全球央行的反思是一致的，有必要加以总结完善。这对于做好新常态下转型中的中国货币政策，深化供给侧结构性改革，具有非常重要的理论和现实意义。[②] 黄志刚、许伟认为在难以精准识别减税降费力度时，货币政策、宏观审慎和减税降费等结构性措施构成的次优政策组合可以较好地兼顾稳增长、控房价和调结构，并提高社会福利。[③] 侯继磊认为中国人民银行创设了结构性货币政策以期短期内达到调整经济结构的作用，并产生了一定的效果。然而，中国结构性货币政策有待进一步改进和完善，如此才能达到全面深化改革、促进经济健康可持续发展的要求。[④] 童文中、范从来等认为系统性风险的产生是内生的，由于其他变量的反应，简单货币政策意外收紧并不一定会降低系统性风险，当金融部门脆弱时往往会造成强冲击。宏观审慎货币政策添加了逆周期资本要求和金融脆弱性反应，高风险状态下其"逆周期缓冲"机制会减弱意外性货币政策的负面影响，获取更高的福利收益，同时兼顾通货膨胀和产出的目标要求，从而更有效地平缓经济波动和维护金融稳定。[⑤]

---

① 袁伟、沈悦：《货币政策与财政政策对经济增长的效应分析》，载《统计与决策》2017 年第 1 期。

② 徐忠：《中国稳健货币政策的实践经验与货币政策理论的国际前沿》，载《金融研究》2017 年第 1 期。

③ 黄志刚、许伟：《住房市场波动与宏观经济政策的有效性》，载《经济研究》2017 年第 5 期。

④ 侯继磊：《经济结构转型中的结构性货币政策优化研究》，载《学习与探索》2017 年第 4 期。

⑤ 童文中、范从来等：《金融审慎监管与货币政策的协同效应——考虑金融系统性风险防范》，载《金融研究》2017 年第 3 期。

3. 产业政策

林毅夫认为经济发展需要"有效的市场"和"有为的政府"之共同作用，我国的产业分为追赶型、领先型、退出型、弯道超车型、战略型这五种类型。应根据各种产业的特征，发挥好"有效的市场"和"有为的政府"两只手的作用，共同推动我国的产业转型升级。[1] 王云平认为现阶段，我国产业政策主要存在如下问题：政策的功能定位模糊，政策的边界宽泛，政策手段的行政色彩较浓，政策的"合成谬误"问题值得关注，政策制定和实施的机制不完善。[2] 李景海、黄晓凤认为空间是异质性的，产业必须要落实到某一具体地区（或区域），这带有重要的结构意义和政策选择收益；地区经济发展必须要提升产业竞争力，形成比较优势；市场失败和系统失败致使产业政策呈现重要演化性质。于是，集聚政策和干预是有效的产业政策工具。[3] 江飞涛认为长期以来，中国实施以推动集中、打造大规模企业集团为导向的产业组织政策，这种导向产业组织政策逻辑与理论依据均存在较为严重的缺陷，政策效果不佳并且带来一系列的不良政策效应，对于产业的转型发展与效率提升产生了许多不利影响。[4] 邓仲良、张可云认为未来我国产业政策的制定与实施应当以政策对象的精准识别为基础，协调处理好与财政政策、金融政策、区域政策的关系，着重构建政府、企业、社会之间的信息共享、沟通协调与监督机制等保障产业政策有效组织实施的环境。[5]

---

[1] 林毅夫：《产业政策与我国经济的发展：新结构经济学的视角》，载《复旦学报》2017年第3期。

[2] 王云平：《我国产业政策实践回顾：差异化表现与阶段性特征》，载《改革》2017年第2期。

[3] 李景海、黄晓凤：《产业政策的空间逻辑：异质性、选择效应与动态设计》，载《财经科学》2017年第2期。

[4] 江飞涛：《中国产业组织政策的缺陷与调整》，载《学习与探索》2017年第8期。

[5] 邓仲良、张可云：《产业政策有效性分析框架与中国实践》，载《中国流通经济》2017年第10期。

4. 国民收入分配政策

权衡认为经济新常态下"增速变化、结构优化、动力转化"的新特点和新趋势，会对城乡居民收入分配带来积极而又深刻的影响。经济新常态对收入分配改革提出了更高的目标和要求，深化收入分配改革也会更好地引领和适应经济新常态。从经济新常态的大逻辑和要求看，新一轮收入分配改革的关键不仅仅是缩小收入差距，而是要在推动体制机制改革和创新驱动发展过程中，促进全面深化改革与分配制度创新联动发展，逐步形成合理有序的收入分配新格局和激励约束对称的经济机制，使收入分配的激励机制成为新常态下经济增长的新动力，最终实现发展成果更多更公平地惠及全体人民的目标。[1] 谭燕芝等认为在排除个人异质性特征的情况下，互联网使用能够给个人带来 14% 的收入回报率影响，其中城市能够带来约 20% 的收入回报，而农村的回报并不显著。进一步对城乡互联网使用进行分析，城乡的互联网重视程度并没有显著差异，表明回报率的差异主要是由农村在互联网使用上的应用与欣赏能力不足导致的。[2]

四、微观规制改革

(一) 经济性规制

余东华、巩彦博认为反垄断与松管制是规范政府行为、理顺政府与市场关系的重要举措，应成为供给侧改革的重要内容。供给侧改革背景

---

[1]　权衡：《经济新常态与收入分配：影响机制、发展趋势和应对措施》，载《中共中央党校学报》2017 年第 5 期。

[2]　谭燕芝等：《数字鸿沟还是信息红利：信息化对城乡收入回报率的差异研究》，载《现代经济探讨》2017 年第 10 期。

下，反垄断的重点是通过反行政性垄断深化国有企业改革、规范政府行为、推动政府管理体制改革，从而维护市场公平竞争，释放经济发展活力。放松服务业领域、要素市场和自然垄断行业的政府管制，能够推动政府简政放权、优化制度供给、降低企业成本，从而激发微观经济活力，推动经济转型升级。实施公平竞争审查制度是反行政性垄断的有力措施，也是放松经济性管制的突破口，体现了竞争政策优先的市场准则，将推动建立统一开放、竞争有序的市场体系。[1] 汪旭晖、张其林认为平台企业应该综合运用市场化方案、产业化方案、行政化方案规制平台卖家，除了持续完善平台程序、平台规则、声誉租金、监管策略，还要充分发挥经济性激励与社会性激励双重作用，从而更好地维护平台型电商声誉。[2]

（二）环境规制

王国蒙等认为当国家和地方政府管制力度较弱时，环境污染与经济发展之间为线性关系；当国家或者地方政府采取管制措施时，环境污染与经济发展之间存在着倒"U"型 EKC 曲线关系；当国家和地方政府同时管制时，EKC 曲线的拐点到来最快。环境管制措施对结构效应和技术效应有着正向的促进作用，对规模效应有一定的抑制作用。[3] 周茜等认为环境规制与企业创新呈"U"型，随着环境规制强度的增加，企业技术创新水平先下降再上升；另外，企业规模和企业净利润与企业创新水平正相关，外商直接投资和人力资本投入与企业创新水平关系不显著。因此，制定合理适度的环境规制，从长期来看有利于企业创新，同

① 余东华、巩彦博：《供给侧改革背景下的反垄断与松管制——兼论公平竞争审查制度的实施》，载《理论学刊》2017年第7期。
② 汪旭晖、张其林：《平台型电商声誉的构建：平台企业和平台卖家价值共创视角》，载《中国工业经济》2017年第11期。
③ 王国蒙等：《环境管制对环境库兹涅兹曲线的影响研究》，载《软科学》2017年第11期。

时应辅以合理的企业规模及与本产业相匹配的外商直接投资和人才引进政策。① 李霁友认为《中华人民共和国环境保护税法》将有利于优化经济结构，维护发展的可持续性。从务实的视角看，生态环境能否得到根本好转将取决于三个方面：法律能否得到严格的执行、污染当量的测量是否科学有效、地方政府决策时能否做到环境保护优于经济增长。②

（三）规制体制改革

李晓琳认为总体来看，我国的竞争政策应用基础薄弱，确立竞争政策基础性地位必须在观念、立法、实践、组织等方面进行深入的探讨。在我国，确立竞争政策的基础性地位，应形成严格有效的公平竞争审查机制，建立起竞争政策与产业政策的协调机制，构建可靠的组织保障机制。③ 于立、刘玉斌认为市场的决定性作用既包括配置资源作用，又包括激励主体作用，不可偏废。竞争政策的基础性地位取决于市场的决定性作用，广义竞争政策包括反垄断政策和规制政策。竞争政策与产业政策主要为替代关系，而竞争政策与规制政策主要为互补关系。国有经济重点领域首先要进行"政府企业—特殊法人—股份公司"的组织调整，才能适应竞争政策。公平竞争审查制度主要针对"行政垄断"，任重道远。④

（四）规制体系改革

胡伟认为财政支出绩效管理是以结果为导向的管理模式，它强调资

① 周茜等：《产业创新与环境规制能共赢吗？——来自江苏省制造业 2004—2014 年 19 个行业的经验证据》，载《科技管理研究》2017 年第 7 期。
② 李霁友：《环保费改税对我国生态环境及经济发展的影响》，载《管理世界》2017 年第 3 期。
③ 李晓琳：《市场经济体制背景的竞争政策基础体系解构》，载《改革》2017 年第 3 期。
④ 于立、刘玉斌：《中国市场经济体制的二维推论：竞争政策基础性与市场决定性》，载《改革》2017 年第 1 期。

源配置与运用效率。我国财政支出绩效管理法律规制体系是由宪法规制、财政法规制、审计法规制和行政规章规制等构成的，它是以"过程＋结果"为导向的规制模式。财政支出绩效管理的法律规制功能在于维护财政支出绩效管理的秩序、保障财政支出绩效管理的公平，以及提高财政支出绩效管理的效率。[①] 吉洁、国世平认为规制体系中的"一元三级"模式更加符合我国股指期货市场的发展要求。[②]

———————

① 胡伟：《我国财政支出绩效管理法律规制：体系、模式与功能》，载《经济与管理评论》2017 年第 3 期。

② 吉洁、国世平：《中国股指期货规制体系改革——基于世界主要经济体的经验》，载《技术经济与管理研究》2017 年第 3 期。

第七章

2018 年国民经济学发展

一、学 科 发 展

国民经济学科研究的对象是国民经济如何运行和管理，力图揭示国民经济运行和管理规律性，为此国民经济学科研究核心命题集中在三个层次上：国民经济运行和国民经济管理；经济总量，经济结构，经济平衡和国民经济核算；政府经济管理职能，宏观调控，社会经济发展战略与规划和经济政策。国民经济学科的理论来源是政治经济学、宏观经济学、部门经济学以及一些自然科学和社会科学。在中国学科发展过程中，形成了计划制度、管理调控、经济核算和复合系统四个流派。总体上看，国民经济学科还是一门不成熟的应用经济学科，还处在发展和变化之中。[1] 林木西认为对于国民经济管理理论创新来说，主要有三点：一是明确新时代国民经济管理的目标，二是坚持以人民为中心，三是建设社会主义现代化的强国。[2] 林木西、黄泰岩认为现代化经济体系为国民经济管理理论创新丰富了科学内涵，包括四部分：一是国民经济系

---

[1]　刘瑞：《国民经济学科理论体系与流派》，载《国民经济评论》2018 年第 2 期。

[2]　林木西：《新时代国民经济管理理论创新》，载《政治经济学评论》2018 年第 9 期。

统，主要包括系统概论、系统结构、系统环境。二是国民经济运行，主
要包括总体分析、需求动力与需求管理、供给推力与供给侧结构性改
革、周期波动。三是国民经济发展战略与规划，主要包括国民经济与社
会发展战略、国民经济规划。四是国民经济管理，主要包括管理目标、
监测预警与综合评价、宏观调控、预期管理、资产管理和微观规制
改革。①

二、经 济 发 展

（一）中国经济发展的挑战与新常态

1. 面临的挑战

我国发展仍处于并将长期处于重要战略机遇期，经济运行稳中有
变、变中有忧，外部环境复杂严峻，经济面临下行压力。这些问题既有
短期的也有长期的，既有周期性的也有结构性的。要加快经济结构优化
升级，提升科技创新能力，深化改革开放，加快绿色发展，参与全球经
济治理体系变革，变压力为加快推动经济高质量发展的动力。② 我国经
济正处在转变发展方式、优化经济结构、转换增长动力的攻关期，还有
很多坡要爬、坎要过，需要应对可以预料和难以预料的风险挑战。③ 国
务院发展研究中心"经济转型期的风险防范与应对"课题组认为今后
一个时期，我国长期积累形成的风险易发、高发，有可能会集中释放。
基于经济转型期六部门风险分析框架，需要重点关注的风险涉及金融、

---

① 林木西、黄泰岩：《国民经济学》，经济科学出版社 2018 年版，第 13 页。
② 中央经济工作会议：http://politics.people.com.cn/n1/2018/1222/c1024-30481785.html。
③ 2018 年政府工作报告：http://www.gov.cn/zhuanti/2018lh/2018zfgzbg/zfgzbg.htm。

房地产、政府债务、产业转型、人口老龄化、社会分化和外部冲击等诸多领域。① 丁守海、丁洋、吴迪认为未来中国经济发展的重点并不在于经济增长有多快或目标翻几番，而在于高质量发展，这对发展动能的转换提出了很高的要求，它要从原发式创新的技术潜力、结构性非均衡的势能差、体制性障碍所蕴含的制度红利中寻找答案。② 中国人民大学中国宏观经济分析与预测课题组（执笔人为刘元春、刘晓光、邹静娴）认为当前中国经济以下三大特征将是理解中国宏观经济的要点：一是经济企稳但难以快速反弹；二是风险有所缓和但警报并没有解除；三是结构虽有所优化但面临政策退出的冲击。③ 韩保江认为经济新常态是供给侧结构性改革的逻辑前提，新发展理念是供给侧结构性改革的价值引领。④

2. 中国经济发展新常态

中国人民大学中国宏观经济分析与预测课题组（执笔人为陈彦斌、陈小亮、刘哲希）认为新常态新阶段的四大深层次问题分别是外部环境的改善难以过高期待，内部市场景气的传导机制不畅，投资持续下滑的趋势难以扭转，储蓄率居高不下消费难有提升。⑤ 王珺认为面对经济新常态，供给侧结构性改革是破解我国经济深层次矛盾与问题、增强适应性发展的有效之道。创新是推动我国经济实现引领性发展的根本动力。⑥ 魏敏、李书昊从动力机制转变、经济结构优化、开放稳定共享、生

---

① 国务院发展研究中心"经济转型期的风险防范与应对"课题组：《打好防范化解重大风险攻坚战：思路与对策》，载《管理世界》2018 年第 1 期。

② 丁守海、丁洋、吴迪：《新时代高质量发展重在动力系统与调节机制再造》，载《上海经济研究》2018 年第 8 期。

③ 中国人民大学中国宏观经济分析与预测课题组：《新常态迈向新阶段的中国宏观经济——2017—2018 年中国宏观经济分析与预测》，载《经济理论与经济管理》2018 年第 2 期。

④ 韩保江：《"供给侧结构性改革"的政治经济学释义——习近平新时代中国特色社会主义经济思想研究》，载《经济社会体制比较》2018 年第 1 期。

⑤ 中国人民大学中国宏观经济分析与预测课题组：《结构性去杠杆下的中国宏观经济——2018 年中期中国宏观经济分析与预测》，载《经济理论与经济管理》2018 年第 8 期。

⑥ 王珺：《新常态需要新供给，新供给依靠创新驱动——学习〈习近平谈治国理政〉第二卷的几点体会》，载《广东社会科学》2018 年第 2 期。

态环境和谐和人民生活幸福五个方面综合探讨新常态下中国经济增长质量提升模式，并据此构建适用于新常态的经济增长质量综合评价体系。[①]

（二）中国经济发展的影响因素

1. 结构调整

武建新、胡建辉认为就产业结构调整对绿色经济增长的直接效应而言，产业结构合理化和高级化均显著促进了中国经济的绿色增长。[②] 王军、詹韵秋认为消费升级会对就业数量产生轻微的不利影响，但是有助于我国就业质量的改善；产业结构的优化会对就业数量的增加和就业质量的改善都产生积极的影响，且对就业质量改善的影响力度是对就业数量增加的5.93倍。[③] 李志俊、原鹏飞认为就单一的产业调整策略而言，过剩行业去产能会带来一定负面影响，但产业结构优化和节能效应非常明显；高技术产业产能提升具有显著的促增长、调结构效应。[④] 楠玉、袁富华、张平认为有效实现经济转型和经济结构调整必须要保持经济中高速增长，同时稳步迈入中高端发展水平。中国当前仍处于经济结构服务化引致的结构性减速阶段，向中高端发展水平的迈进仍不容忽视。[⑤]

2. 要素配置

洪银兴认为中国的市场经济是由计划经济转型而来，市场发育程度

---

① 魏敏、李书昊：《新常态下中国经济增长质量的评价体系构建与测度》，载《经济学家》2018年第4期。

② 武建新、胡建辉：《环境规制、产业结构调整与绿色经济增长——基于中国省级面板数据的实证检验》，载《经济问题探索》2018年第3期。

③ 王军、詹韵秋：《消费升级、产业结构调整的就业效应：质与量的双重考察》，载《华东经济管理》2018年第1期。

④ 李志俊、原鹏飞：《产业供给侧结构性改革的影响及效果研究——基于产业结构变动的视角》，载《经济经纬》2018年第2期。

⑤ 楠玉、袁富华、张平：《中国经济增长跨越与迈向中高端》，载《经济学家》2018年第3期。

低，因此市场体系和市场秩序的混乱现象更为严重，难以实现市场配置资源的有效性。因此需要推进以市场整体有效为目标的市场秩序和规范建设。建立法治化的营商环境，降低市场交易成本，基于信息不完全建立克服机会主义行为的体制机制，建立统一开放竞争有序的市场等，所有这些都是当前加快完善社会主义市场经济体制的内容。[①] 要素市场化的市场监管体制改革涉及：全面实施市场准入负面清单制度，清理废除妨碍统一市场和公平竞争的各种规定和做法，支持民营企业发展，激发各类市场主体活力。深化商事制度改革，打破行政性垄断，防止市场垄断，加快要素价格市场化改革，放宽服务业准入限制，完善市场监管体制。[②]

3. 金融发展

魏杰认为要想充分发挥现代化经济体系在实现现代化强国中的重大作用，一方面是要掌握技术话语权与金融话语权，另一方面则是要防范与抵抗各种风险。中国不爆发系统性金融风险，才能实现现代化的目标。[③][④] 李健、张兰、王乐认为金融发展对中国经济增长的影响取决于金融发展和实体部门经济之间的增长差异。当金融发展增速超过实体部门经济增速24.34%时，金融发展会对中国经济增长产生显著的负面影响；当增速差异不高于24.34%时，金融发展会对中国经济增长产生显著的正向影响。[⑤] 张志明认为我国现阶段金融与实体经济不协调主要表现为金融部门过度膨胀、资本脱实向虚严重、金融市场配置扭曲，导致

---

① 洪银兴：《完善产权制度和要素市场化配置机制研究》，载《中国工业经济》2018 年第 6 期。

② 洪银兴：《基于完善要素市场化配置的市场监管》，载《江苏行政学院学报》2018 年第 2 期。

③ 魏杰：《防范金融风险，建设现代化经济体系》，载《政治经济学评论》2018 年第 1 期。

④ 魏杰：《2018 年中国经济政策最新预判——十九大报告蕴涵的现代化经济体制理念》，载《湖南大学学报（社会科学版）》2018 年第 3 期。

⑤ 李健、张兰、王乐：《金融发展、实体部门与中国经济增长》，载《经济体制改革》2018 年第 5 期。

产业空心化严重和金融风险集聚。产生这一问题的根源是经济金融化的弱点，使金融系统对实体经济有效供给不足，金融部门过度膨胀而实体经济弱化。[1] 殷剑峰认为金融改革的基本方向是建立开放的市场导向体系，让市场在金融资源配置中发挥决定性作用，发展强大的资本市场以及培育与资本市场密切相关的机构投资者，改革人民币的发行机制，推动人民币成为关键储备货币。[2] 梁琳、林善浪认为当前中国金融发展并不是绿色的，金融体系对经济的低碳绿色转型尚未表现出积极的作用。[3] 王柄权、李国平认为金融市场和银行中介的发展都促进了实际行业结构向经济波动最小化行业结构收敛，因而缓解了经济波动，行业间资本生产率增长率的相关性是金融发展通过引导行业资源重配以向波动最小行业结构收敛而发挥经济波动缓解作用的必要条件。[4]

4. 投资需求

投资或投资需求是总需求的重要组成部分，也是经济增长的重要引擎。李晖、唐志鹏认为投资对金砖国家经济的带动作用明显大于发达国家，与其他国家相比，中国的投资效应偏高。发达国家投资主要用于第三产业发展，而金砖国家则主要投资于第二产业部门。[5] 徐枫、马佳伟认为投资者对不同类型的创业投资政策的需求程度存在差异，金融支持政策对创业投资的重要性程度最大，其次是退出渠道政策，然后是人才激励政策，最后是税收优惠政策。[6] 投资主要取决于企业的预期投资收

---

① 张志明：《金融化视角下金融促进实体经济发展研究》，载《经济问题探索》2018 年第 1 期。

② 殷剑峰：《比较金融体系与中国现代金融体系建设》，载《金融评论》2018 年第 5 期。

③ 梁琳、林善浪：《金融结构与经济绿色低碳发展》，载《经济问题探索》2018 年第 11 期。

④ 王柄权、李国平：《中国金融发展与经济波动——资源重配视角的分析》，载《财经论丛》2018 年第 1 期。

⑤ 李晖、唐志鹏：《中国经济增长的内需动力因素分析——基于 WIOD 数据库的国际比较研究》，载《现代经济探讨》2018 年第 6 期。

⑥ 徐枫、马佳伟：《基于投资者政策需求视角的中国创业投资发展影响因素研究》，载《宏观经济研究》2018 年第 3 期。

益和预期投资成本的比较。李阳、王劲松就资产价格通过企业的预期投资收益和预期投资成本对投资的影响进行了分析后得出结论：资产价格对企业预期投资收益的影响是正向的，对预期投资成本的影响是负向的；而投资与企业的预期投资收益正相关，与企业的预期投资成本负相关，因此，资产价格对投资的影响是正向的。[①]

5. 消费需求

殷杰兰认为我国经济要保持持续稳定增长，必定要靠内需和消费。然而当前我国居民收入占 GDP 的比重较低，居民的消费倾向也较低。同时，我国城乡收入和消费的巨大差距，也是导致我国人均消费水平较低的重要原因之一。[②] 中国人民大学中国宏观经济分析与预测课题组（执笔人为陈彦斌、陈小亮、刘哲希）认为当前中国经济仍然面临一定的下行压力，尤其需要警惕消费增速过快下滑、宏观税负进一步加重、民间投资复苏乏力、部分企业效益状况显著恶化、去杠杆过程中金融体系不稳定性加剧等主要风险点。[③] 李晖、唐志鹏认为受国情和发展阶段影响，中国消费对经济的驱动作用不仅低于发达国家，也低于其他金砖国家，贡献偏弱的主要原因在于消费对第三产业的拉动作用显著低于其他国家。现阶段中国消费对经济增长的诱发作用较高，扩大消费对带动中国经济发展有很大上升空间。[④]

6. 制度建设

我国制度变迁的中国特色主要表现为：中国的制度变迁并不根源于"华盛顿共识"，采用的是渐进的制度变迁方式，把自下而上的制度变

① 李阳、王劲松：《资产价格对投资影响的理论分析》，载《经济问题》2018 年第 4 期。
② 殷杰兰：《改革开放 40 年居民消费对经济结构转型的影响》，载《财经科学》2018 年第 10 期。
③ 中国人民大学中国宏观经济分析与预测课题组：《结构性去杠杆下的中国宏观经济——2018 年中期中国宏观经济分析与预测》，载《经济理论与经济管理》2018 年第 8 期。
④ 李晖、唐志鹏：《中国经济增长的内需动力因素分析——基于 WIOD 数据库的国际比较研究》，载《现代经济探讨》2018 年第 6 期。

迁与自上而下的制度变迁结合起来，从"权利限制准入秩序"向"权利开放准入秩序"转变。卢现祥、朱迪认为今后我国制度变迁理论研究要重点解决以下问题：要从政府主导的市场经济转向让市场决定资源配置的市场经济；要把对外开放与深化市场经济体制改革有机结合起来；要深化要素市场的改革，改革和完善要素产权制度；要把生产技术与社会技术结合起来。[①] 社会主义初级阶段的基本经济制度是公有制为主体、多种所有制经济共同发展，坚持这一基本经济制度是维系社会主义市场经济的前提条件。刘国光、王佳宁认为深化中国经济体制改革，应坚持社会主义市场经济体制改革方向，以坚持和完善社会主义基本经济制度为制度基础，抓住政府与市场关系这个核心问题，正确认识和处理好公平与效率、先富与共富、民富与国富的关系。[②]

（三）中国经济发展转型

1. 国家发展战略转型

国务院发展研究中心"国际经济格局变化和中国战略选择"课题组认为2020～2035年是我国比较优势转换期，是中国作为新兴大国崛起的关键期，也是国际格局大调整期。新一轮技术革命、全球经济治理变革、大国博弈等重要因素，将深刻改变未来国际经济格局。面对国际格局的深刻变化，中国要充分利用大国优势，积极参与全球经济治理体系变革，主动营造外部环境。同时，要适应中国比较优势转换，充分发挥本土市场优势、人力资本优势、基础设施和产业配套优势，加快体制机制的改革创新，大力吸引全球生产与创新资源、高端制造与现代服务产业，增强创新能力，培育参与国际竞争的新优势，进一步提升中国在

---

① 卢现祥、朱迪：《中国制度变迁40年：回顾与展望——基于新制度经济学视角》，载《人文杂志》2018年第10期。

② 刘国光、王佳宁：《中国经济体制改革的方向、目标和核心议题》，载《改革》2018年第1期。

全球价值链中的地位和国际影响力，确保 2035 年基本实现社会主义现代化。中国应牢牢把握住以信息技术为代表的新技术革命和绿色发展带来的机遇，着眼提升产业国际竞争力，着力推进关键领域市场化改革，加快推进高水平对外开放，积极稳妥参与全球经济治理，处理好与守成大国的关系，以"一带一路"建设为重点，加快构建"人类命运共同体"。[①]

2. 发展方式转型

林毅夫认为新时代发展关键在于推动实体经济产业转型升级。在中国经济的总体发展态势下，新时代中国经济发展的关键在于实体经济的发展。实体经济是一国经济的立身之本，是财富创造的根本源泉，是国家强盛的重要支柱。发展实体经济离不开制造业，需要创新驱动。[②] 任保平、李禹墨认为新时代我国经济从高速增长向高质量发展转型的路径在于：构建现代化的经济体系，建立高质量的经济体系。实现三大变革，提高发展动力的质量；实现活力、效益与质量的有机结合，提高供给体系的质量；提升企业效率，构建高质量发展的微观主体。发挥质量型政策的作用，建立高质量发展的宏观调控体系。[③] 钞小静、薛志欣认为在理论层面，马克思主义政治经济学对经济发展质量提出了发展动力、发展结构以及发展效率三个方面的要求；在实践层面，我国在发展动力、发展结构和发展效率三个层面上对经济发展质量的提升仍有约束，今后应通过三维创新驱动、结构再平衡支撑以及发展效率提升三个维度不断形成新推力，推动中国经济高质量发展。[④]

---

① 国务院发展研究中心"国际经济格局变化和中国战略选择"课题组：《未来 15 年国际经济格局变化和中国战略选择》，载《管理世界》2018 年第 12 期。

② 林毅夫：《中国改革开放 40 年经济发展态势与新时代转型升级展望》，载《西部论坛》2018 年第 6 期。

③ 任保平、李禹墨：《新时代我国高质量发展评判体系的构建及其转型路径》，载《陕西师范大学学报（哲学社会科学版）》2018 年第 3 期。

④ 钞小静、薛志欣：《新时代中国经济高质量发展的理论逻辑与实践机制》，载《西北大学学报（哲学社会科学版）》2018 年第 6 期。

3. 政府治理转型

张紧跟、周勇振认为当前基层政府普遍面临权小、责大、能弱的结构性困境，基层治理能力的弱化带来国家治理目标虚化、公共服务型政府建设虚化、基层治理异化等问题，并最终损害了国家治理有效性和合法性。新一轮机构改革必须正视和回应当前基层治理能力弱化的现实，通过构建权能匹配的基层政府治理结构，增强基层政府价值引领能力，实现基层政府治理法治化、民主化等途径，增强基层治理能力，夯实基层政府治理现代化的基础。① 翟云认为"互联网＋政务服务"加快了我国政府职能转变进程，驱动着"放管服"改革向纵深推进，并赋予政府治理模式重塑新动能。② 李瑞昌认为随着机构改革的深入推进，政府概念从狭义的政府转向广义的政府；改革范围扩大到党政军群机构；改革的目标演变为国家治理体系和治理能力现代化。③ 余璐、戴祥玉认为我国地方政府协同治理阻滞因素主要源自治理环境层面的资源短缺和配套制度滞后、治理方式层面的治理流程不畅、治理结构层面的结构失衡和分散化治理。提升区域经济协调发展过程中的地方政府合作共治水平，需要从基础环境层、技术保障层和治理主体层三个方面共同努力，尽快跳脱协同治理标准、协同治理功能和协同治理行动的发展困境。④

4. 制造业转型

改革开放40多年来，制造业发展迅猛：创新投入不断增加、工

---

① 张紧跟、周勇振：《以治理现代化深化基层政府机构改革》，载《华南师范大学学报（社会科学版）》2018年第6期。

② 翟云：《重塑政府治理模式：以"互联网＋政务服务"为中心》，载《国家行政学院学报》2018年第6期。

③ 李瑞昌：《机构改革的逻辑：从政府自身建设到国家治理体系现代化》，载《华南师范大学学报（社会科学版）》2018年第6期。

④ 余璐、戴祥玉：《经济协调发展、区域合作共治与地方政府协同治理》，载《湖北社会科学》2018年第7期。

业出口能力大大提高、部分产业已达到世界先进水平。然而，在国际竞争格局中，我国制造业产业长期处于价值链低端，缺乏高端产品与服务，供需严重不匹配。冯晓莉等提出了制造业企业转型升级具体路径：首先利用专利导航技术，企业可以发掘行业高端技术、产品专利，找到自身的优势或者缺陷，做好专利布局，力争取得行业技术领先水平，补足行业短板；其次通过正当抢注商标，扩大市场份额，提高品牌知名度，同时也要借力核心技术打造高质量的产品，与同类相区别，形成品牌优势，提高供给质量；在大数据、云计算等高科技的发展下，最终融合先进的信息技术，转变传统思维方式，以顾客的需求为出发点，走定制化、个性化的制造之路，推动制造业供需匹配，实现价值链两端共同提升。[1] 余东华、张维国认为要素市场扭曲和资本深化是影响我国制造业转型升级的重要因素。我国要素市场扭曲状况长期存在，资本价格负向扭曲程度更为严重，低廉的要素成本导致资本深化加快，对制造业内部结构合理化产生了抑制作用；在要素市场扭曲情况下，资本深化和资本过量投入导致了产能过剩和创新惰性，在长期内不利于制造业转型升级。加快要素市场改革、推进技术创新、提高资本使用效率，是推动制造业转型升级的有效举措。[2] 聂国卿、郭晓东认为实行更加严格的环境规制对推动我国制造业的创新转型必然具有显著的"激励"效应。环境规制对我国制造业创新转型的推动作用与制造业自身的污染属性以及其所处的创新转型阶段密切相关。目前环境规制对推动我国制造业转型升级成功的"合力效应"尚不明显。[3]

---

① 冯晓莉、耿思莹、李刚：《改革开放以来制造业转型升级路径研究——基于微笑曲线理论视角》，载《企业经济》2018 年第 12 期。

② 余东华、张维国：《要素市场扭曲、资本深化与制造业转型升级》，载《当代经济科学》2018 年第 2 期。

③ 聂国卿、郭晓东：《环境规制对中国制造业创新转型发展的影响》，载《经济地理》2018 年第 7 期。

（四）中国经济发展动力

1. 全面深化改革

黄泰岩认为新时代我国仍处于社会主义初级阶段的基本国情没有变，实现"两个一百年"发展目标、推动经济高质量发展和建设现代化经济体系等任务，都要求继续坚持改革开放。应通过落实创新驱动战略、推进供给侧结构性改革、理顺政府与市场关系等途径，进一步深化改革开放。[1] 改革的周期性变化规律对于新时代全面深化改革具有重要的意义；经济面临下行压力，恰是改革最佳窗口期；改革进入新周期，才能孕育经济运行新周期；激发人民的改革激情与活力，才能推动改革周期性运动；加强顶层设计，才能推动改革全面深化。[2] 田国强认为中国作为转型经济体，面临着发展驱动和现代经济体系双转型滞后问题，其根本原因在于治理结构的失衡，这是导致实际经济增长低于潜在经济增长的关键性制度根源。而要解决经济结构失衡、体制结构失衡、治理结构失衡的根本出路，在于按照党的十九大的精神，贯彻五大新发展理念，形成具有包容性的现代化经济体系和有效的社会治理体系，以此推动质量变革、效率变革、动力变革，提高全要素生产率。同时，以法治、执行力和民主监督来提升国家能力和政府执行力，推动改革发展美好蓝图的落地。[3]

2. 供给侧结构性改革

胡鞍钢等认为应从两个方面做好经济供给侧结构性改革：一是优化

---

[1] 黄泰岩：《新时代改革开放的继承与创新》，载《辽宁大学学报（哲学社会科学版）》2018 年第 5 期。

[2] 黄泰岩：《我国改革的周期性变化规律及新时代价值》，载《经济理论与经济管理》2018 年第 11 期。

[3] 田国强：《十九大与全面深化改革的新使命、新任务》，载《人民论坛·学术前沿》2018 年第 2 期。

结构，淘汰落后产能，着力解决结构性产能过剩；推进去库存、去杠杆、降成本、补短板，提高户籍人口城镇化率，拉动潜在消费，探索各种 PPP 模式，扩大有效投资，形成供需动态平衡；消除要素流动的制度性壁垒，优化资源配置；推动传统产业转型升级，大力发展新兴产业。二是增加有效供给，营造创业、创新、创智的良好环境，发挥创新拉动经济发展的乘数效应；加强以五年规划为核心的宏观调控，控制各类经济风险，提高发展质量。[①] 谢地认为如果把体制、机制、制度创新及政府治理问题置于供给侧结构性改革范畴加以考量，深化供给侧结构性改革无疑是建设现代经济体系的关键环节，更是实现我国经济真正"强起来"的关键步骤。[②] 伍茜溪认为政府、市场、企业三方应共同从供给侧协调发力，方能培育和增强经济发展新动能，推动新常态下的中国经济持续发展。政府深化简政放权、提供优质服务，能够发挥市场的有效性；有效的市场能够提高资源的配置效率，从而提高全要素生产率；竞争性的市场，能够激发企业创新的自觉性，增强企业的创新能力，进一步提高供给质量和效率。[③] 马晓河认为供给侧结构性改革的目的是以需求为导向增加有效供给，路径是以市场为导向增加资源配置活力，动力是以改革为引擎增加有效制度供给，最终提升经济增长的质量和效益，形成供求结构高效对接、生产力得到解放发展、经济保持中高速、产业迈向中高端。[④]

3. 自主创新

洪银兴认为我国进入新时代的现代化，创新是第一动力。要实现对

① 胡鞍钢、程文银、鄢一龙：《中国社会主要矛盾转化与供给侧结构性改革》，载《南京大学学报（哲学·人文科学·社会科学）》2018 年第 1 期。

② 谢地：《深化供给侧结构性改革是我国经济"强起来"的关键步骤》，载《政治经济学评论》2018 年第 1 期。

③ 伍茜溪：《供给侧视角下经济发展新动能培育探析》，载《云南财经大学学报》2018 年第 4 期。

④ 马晓河：《推进供给侧结构性改革若干问题思考》，载《中国特色社会主义研究》2018 年第 1 期。

发达国家科技和产业的赶超，既需要基础研究达到世界一流水平，还需要打通科学到技术再到产业的转化通道。[1] 陈昌兵认为增长理论就是不断探索发展根本动力，发展根本动力在于创新。进入新时代，我国第一、第二和第三产业发展的主要动力已转换到创新上，创新是新时代我国高质量发展的动力。在创新驱动下，我国将由依靠要素投资和牺牲环境为主发展，转型升级为服务业升级和高端制造业发展、深度城市化和技术创新等。[2] 韩晶、酒二科研究表明创新通过产业结构调整"中介作用"影响经济增长的机制是存在的：中部、西部地区经济增长对创新的影响强度较大，东部地区所处的创新阶段更加领先，进一步突破前沿技术，容易遭遇瓶颈；中国长期经济增长需要进一步突出创新的主体地位，加大对产业内部技术创新的投入，促进技术创新对产业结构高级化作用的有效发挥。[3]

4. 投资与需求

李磊、冼国明、包群研究发现外资溢出对企业向中、高收入国家或地区的投资影响较强；对于商贸服务型、研究开发型、垂直生产型对外直接投资的正向影响更为明显。外商投资在直接促进内资企业走出去的同时，还通过提升内资企业生产率水平，间接推动了其对外直接投资。[4] 白俊红、刘宇英研究发现中国各地区均存在着一定程度的资本和劳动力错配，但对外直接投资显著地改善了中国整体资本和劳动力的资源错配，提高了资源配置效率。[5]

---

[1] 洪银兴：《创新是新时代现代化的第一动力》，载《经济理论与经济管理》2018年第1期。
[2] 陈昌兵：《新时代我国经济高质量发展动力转换研究》，载《上海经济研究》2018年第5期。
[3] 韩晶、酒二科：《以产业结构为中介的创新影响中国经济增长的机理》，载《经济理论与经济管理》2018年第6期。
[4] 李磊、冼国明、包群：《"引进来"是否促进了"走出去"？——外商投资对中国企业对外直接投资的影响》，载《经济研究》2018年第3期。
[5] 白俊红、刘宇英：《对外直接投资能否改善中国的资源错配》，载《中国工业经济》2018年第1期。

（五）中国经济发展空间

40 多年的改革与发展，中国经济经历了四大转型：从计划经济到市场经济的转型，从封闭经济到开放经济的转型，从二元经济到现代经济的转型，从高生育率到低生育率的转型。宋立刚认为这些转型是推动中国经济高速增长的源泉，也是解释经济增长下滑的主要原因，同时还是判断未来经济走向的基本依据。但这些转型仍有不彻底的地方，仍有很大的改进空间。只有实施供给侧改革，才能使这些转型向着有利于可持续增长的方向变化。供给侧改革的关键是解决制度的深层问题，核心任务还在于通过制度改革解决要素的最优配置。通过制度改革，不断降低制度性交易成本，不断提高制度的适应性效率，这才是实现中国经济进一步转型、跨越"中等收入陷阱"的根本举措，更是未来实现国家长治久安的制度保障。[①] 任保平、李禹墨认为要实现我国经济从高速增长向高质量发展的转变，就需要构建高质量发展的评判体系。高质量发展的评判体系包括：高质量发展的指标体系、政策体系、标准体系、统计体系、绩效评价体系、政绩考核体系。[②]金碚认为高质量发展阶段必须有更具本真价值理性的新动力机制，即更自觉地主攻能够更直接体现人民向往目标和经济发展本真目的的发展战略目标。这种新动力机制的供给侧是创新引领，需求侧则是人民向往。这种新动力机制的内在要求就是市场经济工具理性与经济发展本真理性的有效契合。[③]

---

① 宋立刚：《改革开放 40 年中国经济结构转型研究》，载《人民论坛·学术前沿》2018 年第 23 期。

② 任保平、李禹墨：《新时代我国高质量发展评判体系的构建及其转型路径》，载《陕西师范大学学报（哲学社会科学版）》2018 年第 3 期。

③ 金碚：《关于"高质量发展"的经济学研究》，载《中国工业经济》2018 年第 4 期。

三、宏观经济调控

（一）政府职能与作用

何大安、杨益均认为政府作为宏观调控的行为主体，其选择行为在受到动机、偏好、认知和效用期望等内生规定的同时，也会在一定程度上受科技进步及其实施手段的影响。大数据、人工智能和互联网或物联网等的发展，正在改变着政府思维模式及其选择行为。[1] 张继焦认为目前政府的作用是主导性的，随着市场经济制度的不断完善，地方政府直接干预经济的职能将会逐步弱化，社会力量的作用也会逐渐减弱，企业作为市场主体的作用将会逐渐增强。[2] 宗良、范若滢认为未来中国既要坚定推进市场化改革，完善市场机制，让市场发挥决定作用；同时应进一步完善宏观调控机制，让政府发挥较好作用。[3] 孙涛、张怡梦认为机构改革与职能转变历经从"被动配合"到"主动作为"，新一轮党政机构改革更是以职能逻辑为主线，受公共价值导向的影响，政府职能的内涵、属性、结构、运作体现了责任、服务、分权、法治的导向。[4]

（二）宏观调控目标与机制

洪银兴等从分析视角、发展理念、政策主线、实施机制和政府作用

① 何大安、杨益均：《大数据时代政府宏观调控的思维模式》，载《学术月刊》2018年第5期。
② 张继焦：《经济社会结构转型：政府、市场、社会三者的不同作用》，载《湖南师范大学社会科学学报》2018年第1期。
③ 宗良、范若滢：《政府与市场"两只手"的有机结合——宏观经济理论历史演进、未来路径与理论模型》，载《金融论坛》2018年第4期。
④ 孙涛、张怡梦：《从转变政府职能到绩效导向的服务型政府——基于改革开放以来机构改革文本的分析》，载《南开学报（哲学社会科学版）》2018年第6期。

五个方面，总结了 2013～2018 年中国宏观经济调控理论与实践发生的深刻变化，认为在习近平经济思想指导下，新时代中国宏观经济调控体系已初步确立。[①] 宗良、范若滢认为中国宏观经济调控的逻辑，是坚持问题导向，针对不同时期面临的突出风险和问题，理性综合选择"供给管理"与"需求管理"组合，给出具体措施，并在实践中检验、调整。从本质上看，供给侧结构性改革模型是宏观调控模型在限定条件下的特殊情形。[②] 杜秦川认为我国经济发展新常态对创新宏观调控提出了更高要求，供给侧结构性改革背景下创新宏观调控应遵循市场化导向原则、促进深化改革原则、促进经济发展原则、法治化导向原则。[③] 李云庆、蔡定创认为运用创新的信用价值论理论原理，采用三个层次的生产方式，即实体价值生产、信用价值生产和社会资本生产，对经济发展进行宏观调控，我国经济在 2050 年以前仍可实现持续高速增长。[④]

（三）宏观调控政策

1. 财政政策

付文飙、鲍曙光认为财政政策从政府行为、要素相对价格、企业技术水平和创新能力三个途径影响经济高质量发展，金融政策则通过资本积累和 TFP 增长影响经济发展质量。当前我国质量发展以及财政金融对我国质量发展影响的研究仍很薄弱，一方面在主流经济学范式下缺少一个系统的理论分析框架，另一方面也缺少基于中国国情和发展阶段的中

[①] 洪银兴、刘伟、高培勇、金碚、闫坤、高世楫、李佐军：《"习近平新时代中国特色社会主义经济思想"笔谈》，载《中国社会科学》2018 年第 9 期。

[②] 宗良、范若滢：《宏观调控理论的创新思维、模型构建与中国实践》，载《国际金融研究》2018 年第 11 期。

[③] 杜秦川：《供给侧结构性改革下创新宏观调控的方向》，载《宏观经济管理》，2018 年第 6 期。

[④] 李云庆、蔡定创：《实施三层级宏观调控促进经济高质量发展》，载《宏观经济管理》2018 年第 9 期。

国特色质量发展道路的研究。① 邹卫星、房林、谢振发现财政政策的增长效应不容忽视，但推动作用有限，单凭财政政策难以实现经济增长目标。财政支出规模和行政管理型支出与经济增长率正相关；经济建设型支出、科教文卫型支出和社会保障型支出均与经济增长率负相关。财政支出结构的解释力要大于财政支出规模；要维持快速的经济增长，需要重视财政支出规模及其结构的作用。② 张杰、庞瑞芝、邓忠奇认为减税有助于稳定经济波动，尤其是减比例税，但减税的经济稳定效应弱于转移支付；生产性财政支出的经济稳定效应最强，但容易造成过度投资；由于中国税收体系不完善，个税主要由工薪阶层承担，产生福利扭曲效应；全部财政稳定政策集成体系的经济稳定效应优于单一财政政策。③

2. 货币政策

金春雨、张龙、贾鹏飞发现并不存在一成不变的最优货币政策规则，最优的货币政策规则随着不同经济时期的政策目标及外部环境而变化；货币供应量规则最不可取，它的政策空间最小、福利损失最大；在中央银行更希望稳定宏观经济指标并且货币政策偏好较大的时期，泰勒规则是最佳选择；如果中央银行更希望刺激经济发展，并且货币政策偏好较小，则前瞻性利率规则更适合。④ 庄子罐、贾红静、刘鼎铭发现与未预期货币政策冲击相比，包含预期货币政策冲击的模型表现效果更佳，且预期货币政策冲击对大多数宏观经济变量的影响更大，因此忽略预期冲击会低估货币政策的实施效果；与价格型货币政策相比，数量型货币政策对中国宏观经济波动的影响程度更大且政策效果的持续时间更

① 付文飙、鲍曙光：《经济高质量发展与财政金融支持政策研究新进展》，载《学习与探索》2018 年第 7 期。
② 邹卫星、房林、谢振：《财政政策对经济增长的效应研究》，载《学习与实践》2018 年第 9 期。
③ 张杰、庞瑞芝、邓忠奇：《财政自动稳定器有效性测定：来自中国的证据》，载《世界经济》2018 年第 5 期。
④ 金春雨、张龙、贾鹏飞：《货币政策规则、政策空间与政策效果》，载《经济研究》2018 年第 7 期。

长，但是不能忽视价格型货币政策对消费、通胀的调控作用；无论何种规则下，货币政策冲击对投资的影响最大，对通货膨胀的影响较小。[1]徐忠认为我国仍属于转型过程中的不发达经济体，经济结构也不稳定，货币调控方式选择和转型须服从和服务于高质量发展转变，仍需深化发展金融市场微观基础、制度保障和产品功能等金融市场体系。[2]

3. 产业政策

改革开放 40 年来我国政府利用产业政策不断培育并积累高端要素、优化国内外市场环境，积极提升国际产业分工地位以及产业结构升级。但宋文月、任保平认为特惠性产业政策与非均衡的产业发展模式也造成了较大的政策实施成本，制约了产业升级效率。实现高质量发展阶段的产业升级，需要政府通过调整产业政策措施、构建以竞争政策为基础的政策体系以及进一步优化国家治理体系等方式，保障市场机制的有效性，提高企业的自主创新水平与产业国际竞争力，促进产业结构与价值链升级。[3]江飞涛、李晓萍认为中国的产业政策越来越注重市场机制的作用，但仍保留了大量直接干预市场的措施，由此带来的不良政策效应日趋突出。当前，中国应转为实施以功能性政策为主体的产业政策体系，重在完善市场机制、维护公平竞争、促进创新、推动产业绿色与包容性发展。[4]江飞涛、李晓萍对林毅夫与张维迎产业政策之争进行了回顾和评述，重新厘清了产业政策中的市场机制与政府作用及两者的关系，提出在以功能性产业政策或横向性产业政策为代表的新产业政策模式下，市场应居于主导地位，政府在为市场机制的有效运转提供必要的市场基础制度方面扮演着关键性角色。在新的产业政策模式下，市场与

---

① 庄子罐、贾红静、刘鼎铭：《货币政策的宏观经济效应研究：预期与未预期冲击视角》，载《中国工业经济》2018 年第 7 期。

② 徐忠：经济高质量发展阶段的中国货币调控方式转型，载《金融研究》2018 年第 4 期。

③ 宋文月、任保平：《改革开放 40 年我国产业政策的历史回顾与优化调整》，载《改革》2018 年第 12 期。

④ 江飞涛、李晓萍：《改革开放四十年中国产业政策演进与发展——兼论中国产业政策体系的转型》，载《管理世界》2018 年第 10 期。

政府是互补与协同的关系。[①]

4. 国民收入分配政策

洪银兴认为富起来时代的收入分配改革重在效率，改革集中在两个方面：一是各种生产要素参与收入分配后形成按劳分配为主体多种分配方式并存的基本分配制度；二是实施允许一部分地区和一部分人先富起来的大政策，并产生了明显的提高效率、充分动员了各种创造财富的要素的效果。深化收入分配制度改革应集中在两个方面：一是坚持按劳分配原则，完善按要素分配；二是缩小收入差距，使人民共享发展成果。[②] 贾康等认为深化收入分配制度改革，需在"激励—约束框架下"，廓清"公平与效率"关系的准确内涵，对收入差异形成原因做出正确分析，为把握好政策理性奠定认识基础。中国优化收入分配的基本思路，应是以共同富裕愿景为"目标导向"，结合"问题导向"，加快推进由"先富"向"共富"的战略转换。[③] 张车伟、赵文发现从初次分配看，近年来我国劳动报酬份额有所提高，但实际工资水平原地踏步的状况并没有发生根本性变化，这是一种对劳动者不利的分配格局；从二次分配看，居民部门收入占国民收入的份额约为54%，虽然近年来略有上升，但还远未达到合理水平；从税费负担看，有将近1/3的居民收入因缴纳税费而变得不可支配，这使得工薪劳动者在分配格局中的不利地位雪上加霜；从居民收入差距看，我国基尼系数一直在高位徘徊，是经济可持续发展与全面建成小康社会的重要负面因素。[④]

---

① 江飞涛、李晓萍：《产业政策中的市场与政府——从林毅夫与张维迎产业政策之争说起》，载《财经问题研究》2018年第1期。

② 洪银兴：《兼顾公平与效率的收入分配制度改革40年》，载《经济学动态》2018年第4期。

③ 贾康、程瑜、于长革：《优化收入分配的认知框架、思路、原则与建议》，载《财贸经济》2018年第2期。

④ 张车伟、赵文：《我国收入分配格局新变化及其对策思考》，载《北京工业大学学报（社会科学版）》2018年第5期。

四、微观规制改革

（一）经济性规制

吕昱江认为经济新常态下，产业政策和竞争政策的结合与平衡变得更加重要，这就为经济性规制提出了新的挑战。同时，经济性规制及其制约机制的完善也与转变政府职能、深化行政体制和机构改革有密切联系。传统的经济性规制的弊端在实践中逐渐凸显，需要改革，从命令型规制转向激励型规制。但在缺乏制约的情况下，激励型规制更有可能会失效、失败。可见加强对经济规制的监督非常重要，然而我国在制约经济性规制方面面临着规制机构不独立等不足。应将分散于各政府职能部门中的各种经济规制职能优化组合成统一的规制机构，直属于中央政府保持相对独立，政府相关部门与规制机构"监管"分离，政府相关部门主要设定规制政策框架，并对规制机构进行监督。另外，大众传媒也要在舆论监督方面起到相应的积极作用。①

（二）环境规制

何兴邦认为环境规制有助于显著促进综合经济增长质量的改善，即环境规制有助于显著改善经济增长效率，促进经济绿色发展程度，提升社会福利水平。不过，环境规制显著加剧了收入不平等且环境规制对产业结构升级和经济发展稳定影响并不显著。② 孙玉阳、宋有涛、王慧玲

---

① 吕昱江：《新常态经济规制及其制约机制完善》，载《新经济导刊》2018 年第 10 期。
② 何兴邦：《环境规制与中国经济增长质量——基于省际面板数据的实证分析》，载《当代经济科学》2018 年第 2 期。

认为行政命令型、市场激励型环境规制工具与产业结构升级呈现倒
"U"型关系，公众参与型环境规制暂时未对产业结构升级产生影响。[①]
于潇认为环境规制政策经济效应内生于环境资源的价值属性、经济增长
对环境的依赖以及环境领域的市场失灵，并且环境规制政策经济效应的
发挥受到中国情境、交易成本、工具选择的外在约束。[②] 彭聪、袁鹏意
外发现经济发达地区的环境规制强度并不比经济欠发达地区更高，反而
可能更低。究其原因在于，消除地区规模效应后，经济欠发达地区在突
发环境事件罚款与污染损害赔款等二级指标上相较经济发达地区更
高。[③] 李虹、邹庆认为对于资源型和非资源型城市，无论是产业结构合理
化还是高级化，环境规制、资源禀赋均对其存在着显著的门槛效应。[④]

（三）规制体制改革

戚聿东、李颖认为在新经济的运行逻辑下，传统上基于垄断、信息
不对称、外部性、公共产品、信息安全等因素而产生的政府规制需求发
生了根本变化。为适应新经济发展，政府规制改革方向上应从强化规制
转向放松规制，内容上应从经济性规制转向社会性规制，方式上应从歧
视性规制转向公平竞争规制，方法上应从正面清单制转向负面清单制，
流程上应从前置审批转向后置监管，机构上应从专业型部门转向综合型
部门，机制上应注重使用"规制沙盒"。[⑤] 程如烟研究了主要国家面向
创新的规制改革做法，具体包括探索建立创新友好的规制框架，针对新

① 孙玉阳、宋有涛、王慧玲：《环境规制对产业结构升级的正负接替效应研究——基于中国省际面板数据的实证研究》，载《现代经济探讨》2018 年第 5 期。

② 于潇：《环境规制政策影响经济增长机理的生成逻辑》，载《经济问题探索》2018 年第 6 期。

③ 彭聪、袁鹏：《环境规制强度与中国省域经济增长——基于环境规制强度的再构造》，载《云南财经大学学报》2018 年第 10 期。

④ 李虹、邹庆：《环境规制、资源禀赋与城市产业转型研究——基于资源型城市与非资源型城市的对比分析》，载《经济研究》2018 年第 11 期。

⑤ 戚聿东、李颖：《新经济与规制改革》，载《中国工业经济》2018 年第 3 期。

兴技术领域进行规制改革，减轻规制负担并提高其灵活性，对我国规制
改革的启示是：建立创新友好性的规制框架，以加快我国创新建设进
程；针对新兴技术领域加强规制的前瞻研究；进一步减轻规制的行政负
担。[①] 涂远博等认为企业偏好于通过行贿来获取政治关系抑制了企业创
新，反腐切断政治关联促进企业创新。过度的政府规制导致的权利寻租
是腐败的源头，简政放权压缩寻租空间抑制腐败发生。[②] 江南认为政府
规制创新能力不足、政府规制的多方"博弈"以及道德、诚信体系缺
失，是限制分享经济发展的重要因素，政府应在适度规范引导及监督的
基础上营造更加有利的发展环境。[③] 罗英、钟光耀认为政府监管应当以
制度创新来回应共享经济的技术创新，在包容审慎基础之上坚持激励为
主的监管理念，构建自我规制为主、行政监管为辅的合作监管体制；建
设更注重信息甄别的网上信用平台，并注重提升消费者的信息识别与吸
收能力，同时重视发挥非正式监管规则的作用。[④]

（四）规制体系改革

改革开放 40 年以来，中国垄断产业改革与发展取得了长足的进步，
在产权制度、竞争优化以及规制体系构建等方面均具有积极进展，尤其
是产权制度中政企分开和竞争优化方面取得了历史性成就，但是其改革
仍然面临不完全、不彻底的问题：产权改革尤其是混合所有制改革仍处
于初步阶段，还有很大的空间；拆分措施促进竞争仍有局限，有效竞争
依然不足；独立规制机构尚未真正建立，规制体系仍待理顺。在新时代
中国特色社会主义建设的新背景下，垄断产业仍需在产权结构调整、有

---

① 程如烟：《一些国家面向创新的规制改革浅析》，载《科技管理研究》2018 年第 22 期。
② 涂远博、王满仓、山冰：《规制强度、腐败与创新抑制——基于贝叶斯博弈均衡的分析》，载《当代经济科学》2018 年第 1 期。
③ 江南：《分享经济视域下共享出行的政府规制行为》，载《江西社会科学》2018 年第 6 期。
④ 罗英、钟光耀：《面向共享经济的政府监管创新研究》，载《湖南社会科学》2018 年第 2 期。

效竞争完善与重建规制体系等方面继续深入推进中国垄断产业改革，同时垄断产业改革与发展应该统筹国内与国际两个市场以同时推进高质量发展与提升企业的全球市场竞争力。作为供给侧结构性改革等多项改革的载体，垄断产业改革经验有助于为全面深化经济体制改革产生辐射作用，为推动中国经济高质量发展做出更大贡献。①

---

① 肖兴志、韩超：《中国垄断产业改革与发展40年：回顾与展望》，载《经济与管理研究》2018年第7期。

第八章

2019 年国民经济学发展

一、学科发展

2019 年，学者们将国民经济学的研究重点放在其理论基础的完善中，主要是将政治经济学思想与国民经济学思想进一步融合以完善中国特色社会主义经济。张东辉系统地论述费希特"靠劳动生存"的劳动观在国民经济学中的运用，包括劳动与所有权、劳动与国家分工、劳动与闲暇；最后，从劳动的本质、组织方式和目的三个方面论述费希特劳动思想对马克思的影响。[①] 张震红主要基于马克思对国民经济学中"分工"的认识指出国民经济学家的"分工"概念抽掉了分工背后具体的历史内容，掩盖了分工在不同社会形态下的质的差别，进一步提出借由分工实现社会共同体的共同富裕无法成为真正的现实。[②] 郭冠清在肯定了李斯特的国民经济学的理论和实践价值的基础上，提出要以国家为重要独立变量构建中国特色社会主义政

---

① 张东辉：《费希特的劳动思想及其在国民经济学中的运用——兼论对马克思的影响》，载《北京社会科学》2019 年第 7 期。

② 张震红：《马克思对国民经济学"分工"概念的批判与超越》，载《人民论坛》2019 年第 14 期。

治经济学。[1]

二、经 济 发 展

（一）中国经济发展的挑战与趋势

1. 面临的挑战

改革开放以来，中国经济的快速发展使得中国从一个贫穷落后的国家快速成为一个中等偏上收入水平的国家，成为目前世界上最大的新兴市场国家。长期来看，我们正从新兴市场国家向发达国家过渡，存在着一些新兴市场国家共有的挑战[2]。但当今和今后一段时间，由于正处于中国构建高质量发展模式的关键期、外部风险的集中释放期，以及全面深化改革的攻坚期，所以我们还必须认清中国特有的挑战[3]。

张慧君认为在中国实现高质量发展需要更为现代化的国家治理模式作为有力支撑，现有的国家治理模式在运行中出现一些明显由于追求经济高速增长所带来的功能异化和协调失灵问题，使之与高质量发展的内在要求之间存在矛盾，主要包括：经济发展目标的异化、原有治理和发展手段边际效益递减以及支撑发展的制度安排的内在弊端。[4] 进一步地，任保平、李禹墨提出高质量发展阶段对创新动力、人力资本、金融

[1] 郭冠清：《从经济学的价值属性看中国特色社会主义政治经济学的国家主体性》，载《经济纵横》2019 年第 7 期。

[2] 胡必亮：《哪些经济风险需要加以防控》，载《人民论坛》2019 年第 18 期。

[3] 宋瑞礼：《新形势下中国宏观调控取向与对策研究》，载《宏观经济研究》2019 年第 11 期。

[4] 张慧君：《构建支撑高质量发展的现代化国家治理模式：中国经验与挑战》，载《经济学家》2019 年第 11 期。

体系、制度都具有很高的需求。① 而袁晓玲等主要从理论上探讨了中国
经济高质量发展存在的困惑，针对经济高质量发展缺乏系统的理论结
构、指标评价系统不一致、研究层面不充分等问题，提出应该进一步完
善经济高质量发展理论内涵框架、机理和评价体系，并通过树立"大质
量"观和建立"现代化经济体系"，探索经济高质量发展路径。②

全毅认为中国当前面临着"中等收入陷阱"和"修昔底德陷阱"的
双重考验，中美关系的不确定性对世界格局将产生巨大影响。而就中国自
身而言，长期的贸易结构失衡增加了中国经济发展的不确定性；全球价值
链重构使中国经济结构转型升级面临双重竞争夹击。③

高帆认为我国经济发展的主要挑战来自结构性问题，而这些结构性
问题均发生在一个正处于体制转型的发展中大国，且均面临着城乡二元
结构这个共同背景，这些问题往往是"表象在非农领域，根源在农村部
门"。④ 齐珊则通过研究国有企业改革，提出在国有企业改革发展中主
要面临着国有企业体制机制不完善问题、国有经济布局不合理现象、在
对外投资过程中存在投资格局不平衡和"竞争中立"原则的挑战。⑤

2. 中国经济发展趋势

侯成琪等对 2019 年举办的第十九届中国青年经济学者论坛的六个
分专题分别进行了综述，总结了有关学者在"政治经济学""宏观金融
与政策""土地制度与经济增长""劳动经济学""税收政策与制度"
"环境经济学"等方面的讨论内容。诸如社会生产关系、社会保障、高质

---

① 任保平、李禹墨：《新时代我国经济从高速增长转向高质量发展的动力转换》，载
《经济与管理评论》2019 年第 1 期。
② 袁晓玲、李彩娟、李朝鹏：《中国经济高质量发展研究现状、困惑与展望》，载《西
安交通大学学报（社会科学版）》2019 年第 6 期。
③ 全毅：《新时期中国对外开放面临的严峻挑战及其战略选择》，载《和平与发展》
2019 年第 6 期。
④ 高帆：《农村经济体制变革与改革开放再出发的触发机制》，载《复旦学报（社会科
学版）》2019 年第 4 期。
⑤ 齐珊：《新时代国有企业改革发展面临的机遇与挑战》，载《思想理论教育导刊》
2019 年第 10 期。

量发展、供给侧结构性改革、政府与市场的关系、金融政策、全球化以及人口、教育和文化等议题都是学者们正在研究的问题。[1]

　国家发展改革委经济研究所课题组在明确高质量发展内涵和认清与发达国家之间差距的基础上，明确了推动经济高质量发展与新发展理念、现代化经济体系以及供给侧结构性改革之间的关系，提出要以质量第一、效益优先为导向，以技术创新和制度创新为动力，加快推动三大变革，努力提高经济发展可持续性，同时强调政府作用，政府要为高质量发展创造良好的社会环境和国际环境。[2] 景维民等则基于不同受教育水平的人力资本变化构建了教育人力资本结构，并基于新发展理念，利用主成分分析法核算了经济高质量发展指数，探究教育人力资本结构对经济高质量发展的影响。[3] 张克中等从人口老龄化所带来的诸如财政负担、人口红利消失等角度，提出要引入弹性退休制度、激发自愿性养老储蓄、实现基础养老金的全国统筹、加快建设多层次养老保险体系，由此推动中国经济在新时代背景下实现高质量发展。[4]

　高鸣等在总结中国农村集体经济发展历程的基础上，提出当前阶段要继续深入推进农村集体产权制度改革、加快探索农村集体经济组织特别法人实现形式、多维度创新农村集体经济运行机制、加快消除集体经济"空壳村"、薄弱村、因地制宜推进农村集体经济振兴以及营造有利于农村集体经济发展的政策环境等措施。[5] 陶长琪等回顾了新中国成立 70 年来中国工业与经济发展历程，剖析了不同阶段下工

---

① 侯成琪、吴迪、肖雅慧：《新时代中国特色社会主义经济建设：问题与探索——第十九届中国青年经济学者论坛综述》，载《经济研究》2019 年第 11 期。

② 国家发展改革委经济研究所课题组：《推动经济高质量发展研究》，载《宏观经济研究》2019 年第 2 期。

③ 景维民、王瑶、莫龙炯：《教育人力资本结构、技术转型升级与地区经济高质量发展》，载《宏观质量研究》2019 年第 4 期。

④ 张克中、陈祎、鲁元平：《中国经济高质量发展阶段增长动力研究——基于人口老龄化视角的分析》，载《天津社会科学》2019 年第 4 期。

⑤ 高鸣、芦千文：《中国农村集体经济：70 年发展历程与启示》，载《中国农村经济》2019 年第 10 期。

业与经济内在发展特点，结合中国特色社会主义新时代背景，发现当前发展存在制度变革有待创新、工业与经济结构尚需优化、发展的科创支撑不足、传统驱动需求趋弱等七大方面问题，并提出了相应对策。[①]

蔡昉认为随着国际形势变化和自身发展阶段变化，面对来自全球化的逆风和传统增长动能的式微，坚持深化经济改革和扩大对外开放，引领全球化保持开放包容性质，坚持和完善自身发展所必要的"钱纳里条件"，中国经济就可以实现长期可持续发展。[②]

（二）中国经济发展影响因素

1. 结构调整

李静、楠玉认为不纠正人力资本与传统产业间的错配，难以实现缩小与发达国家的差距；在纠正错配时，后发国家如果过多地强调自主创新、忽视产业升级，可能会难以摆脱传统产业的主导地位。推进第二产业技术升级，积极鼓励和发展现代服务业，调整产业发展路径。要加快推进医疗、卫生、信息技术、生物技术、教育、研发等高技能产业，以全面优质的发展吸纳高质量劳动力，改变由过去增长惯性造成的人力资本错配局面，为高技能人力资本发挥其外部性功能制造更多机遇。[③] 胡立君、郑艳认为要科学确定不同区域城镇化发展重点，东部地区主要提升第三产业规模和质量，中西部地区主要发展基础设施、提升第二产业规模和质量。要加大对低收入群体、中西部贫困地区教育投入力度，提

---

① 陶长琪、陈伟、郭毅：《新中国成立 70 年中国工业化进程与经济发展》，载《数量经济技术经济研究》2019 年第 8 期。

② 蔡昉：《全球化、趋同与中国经济发展》，载《世界经济与政治》2019 年第 3 期。

③ 李静、楠玉：《人力资本错配下的决策：优先创新驱动还是优先产业升级？》，载《经济研究》2019 年第 8 期。

高劳动力素质，扩宽就业渠道，实现产业结构和劳动力结构同步优化。[1] 郭克莎认为"十四五"时期要总结吸收"十三五"时期的有益经验，推进产业结构政策的调整转变，完善政策实施的条件和机制。基本取向：一是坚持以供给侧结构性改革为引领，以深化改革促进产业政策的合理设计和有效实施；二是坚持处理好政府与市场的关系，使产业结构政策建立在使市场在资源配置中起决定性作用和更好发挥政府作用的体制机制上；三是坚持把结构调整与产业升级结合起来，推动制造业向中高端发展、高质量发展并增强对结构优化的带动效应。[2]

2. 要素配置

刘志成认为当前要素市场化配置的主要障碍，既有市场垄断行为多发、资源环境要素外部性难以内部化导致的内生性扭曲，也有要素市场双轨运行、区域性和行业性市场壁垒、政策直接干预等政策性扭曲。促进要素市场化配置必须优化政府管理经济的方式，维护要素市场公平竞争秩序，加快推进重点要素市场化改革，进一步完善要素价格形成机制，并加快推进要素市场相关配套改革。[3] 刘翔峰、刘强认为现行土地制度、户籍制度、金融制度、技术创新制度、数据管理制度等均存在体制障碍，制约了各要素的市场化配置。要素价格市场化机制不健全，竞争性要素市场体系尚未构建，要素市场发育程度低等问题，导致了要素配置结构失衡、产业转型升级困难以及资本配置效率、全要素生产率、产业竞争力和国家竞争力下降。[4] 李明珊、孙晓华、孙瑞认为从要素价格角度入手，发挥市场在劳动力价格形成机制中的决定性作用并且加大技术市场化的改革力度，尽快跳出技术市场化的"低水平陷阱"，鼓励知识资源更多地向企业流

① 胡立君、郑艳：《中国收入差距与产业结构调整互动关系的实证分析》，载《宏观经济研究》2019 年第 11 期。

② 郭克莎：《中国产业结构调整升级趋势与"十四五"时期政策思路》，载《中国工业经济》2019 年第 8 期。

③ 刘志成：《要素市场化配置的主要障碍与改革对策》，载《经济纵横》2019 年第 3 期。

④ 刘翔峰、刘强：《要素市场化配置改革研究》，载《宏观经济研究》2019 年第 12 期。

动，使其真正成为技术创新的主体，全面实施创新驱动战略。[①]

3. 金融发展

黄宪、刘岩、童韵洁认为我国金融发展在深化改革和走向不断成熟的过程中，必须尊重我国自身特点和经济运行的规律，需要深入考察和汲取各模式中适合本国的元素，通过不断吸纳、扬弃和完善，才能使我国金融发展能最有效促进经济的持续增长。[②] 杨筝、王红建、戴静、许传华认为随着中国人民银行对存贷款利率上下限管制的逐步放开，利率市场化改革作为我国要素市场化改革的重要一环，对促进金融行业、特别是银行间的有效竞争具有重要意义。利率管制的放松也带来了金融业特别是银行间竞争程度的加剧，这不仅有助于显著抑制金融行业的超额利润，推进实体经济与虚拟经济间利润率的均等化，而且能够更好地发挥金融等虚拟经济对实体经济的服务作用。[③] 滑冬玲根据大量数据分析认为中国金融系统风险总体可控，金融体系较为安全，但是对金融科技的迅速发展、泡沫经济、金融法治体制不完善等问题带来的金融风险仍需高度关注。针对当前影响中国金融安全的关键问题，要完善公司债券市场基本制度、运用结构性货币政策、对不同渠道流入房地产的信贷进行合并集中度监管、避免政策性扶持性贷款进入商业银行贷款、充分利用互联网众筹模式、建立金融风险早期预警和应急处置机制、制定"金融监管法"等维护金融安全。[④] 姬旭辉认为金融风险的系统性爆发会严重影响和拖累实体经济的发展，导致宏观经济的不稳定性和脆弱性。因此，必须加强对金融的监管和引导，促使金融服务于实体经济，严格控

[①]　李明珊、孙晓华、孙瑞：《要素市场化、结构调整与经济效率》，载《管理评论》2019 年第 5 期。

[②]　黄宪、刘岩、童韵洁：《金融发展对经济增长的促进作用及其持续性研究——基于英美、德国、法国法系的比较视角》，载《金融研究》2019 年第 12 期。

[③]　杨筝、王红建、戴静、许传华：《放松利率管制、利润率均等化与实体企业"脱实向虚"》，载《金融研究》2019 年第 6 期。

[④]　滑冬玲：《系统性金融风险隐患及其防范——基于新时代金融安全观分析》，载《中国特色社会主义研究》2019 年第 6 期。

制经济过度金融化的趋势，防范化解金融风险。[1]

4. 投资需求

在当前我国经济发展的过程中，陈斐等认为我国实际公共—私人投资比偏离最优公共—私人投资比将对中国经济增长产生显著的负向影响，而且无论是全国层面还是分地区而言，中国公共投资的实际规模总体上高于其潜在的最优规模。[2] 同时，潘雅茹、罗良文认为基础设施投资能够促进区域创新效率提升，但也会引起创新效率损失，二者之间存在显著的倒"U"型关系，即随着基础设施投资的不断增加，其对创新效率的影响将从"促进效应"向"抑制效应"转变。[3] 针对国有投资的有效性问题，陈鑫等指出国有风险投资能够有效地推动区域技术进步，不但有助于推动所在地区技术进步，而且还存在显著的空间溢出效应；国有风险投资的空间溢出效应大于非国有风险投资；国有风险投资能有效提升非国有风险投资对所在地区技术进步的边际贡献。[4] 引进来和走出去并重发展是中国实现经济高质量增长的重要途径。田素华等的实证分析表明，引进外商直接投资和发展对外直接投资，均能促进中国经济增长和人均 GDP 提高，能够显著提高中国全要素生产率、助推中国技术进步，对劳动工资增加和发展高素质劳动要素有积极意义。[5] 孔群喜、王紫绮认为对外直接投资能促进我国质量型经济的发展，但对外直接投资对经济增长质量的积极作用存在时滞效应，即对外直接投资逆向技术溢出需要时间才能发挥作用。[6]

① 姬旭辉：《防范化解金融风险的政治经济学研究》，载《经济学家》2019 年第 2 期。
② 陈斐、何守超、吴青山、康松：《偏离最优公共—私人投资比对经济增长的影响》，载《中国工业经济》2019 年第 1 期。
③ 潘雅茹、罗良文：《基础设施投资对区域创新效率的异质性影响》，载《贵州社会科学》2019 年第 4 期。
④ 陈鑫、陈德棉、乔明哲：《国有风险投资真的低效吗？——基于区域技术进步的视角》，载《经济与管理研究》2019 年第 1 期。
⑤ 田素华、李筱妍、王璇：《双向直接投资与中国经济高质量发展》，载《上海经济研究》2019 年第 8 期。
⑥ 孔群喜、王紫绮：《对外直接投资如何影响中国经济增长质量：事实与机制》，载《北京工商大学学报（社会科学版）》2019 年第 1 期。

5. 消费需求

陈冲、吴炜聪认为从整体来看，消费结构升级对我国经济高质量发展具有显著的积极作用。分维度来看，消费结构升级有助于经济动力机制转变、经济结构优化和实现绿色发展，但是对经济系统稳定和经济福利共享的影响并不显著。从不同地区来看，消费结构升级对东、西部地区经济质量提升具有显著的积极作用，但对中部地区的影响并不显著。另外，消费结构升级对高质量发展的影响存在门槛效应，当跨过门槛值以后，消费结构升级的驱动效应会不断凸显。① 韩雷、彭家欣认为提升居民消费率对经济发展有着重要的作用。当前从绝对数值上看中国居民消费率较低，比较来看也远低于世界其他主要国家，消费已成为制约中国经济高质量发展的一个重要因素。要提高居民消费率，就要改善产品的供给结构，提高居民收入占比，缩小社会收入差距，完善金融体制和社会保障体制。② 在消费"升级"还是消费"降级"的问题中，石明明等指出 1998 ~ 2017 年，中国城乡居民的第 I 类消费升级（食品等生存性消费占比下降）和第 II 类消费升级（符号性和服务性消费占比上升）均在持续不断地进行，但乡村居民的第 I 类消费升级效应小于城镇居民；2013 年以后，随着中国宏观经济下行压力增大，第 II 类消费升级出现一定程度的放缓，居住类支出对其他消费支出形成了较大的挤出效应。③ 孙兴杰等指出我国消费市场表现出消费分层的特征，且短期内居民消费变动呈现的主要是不同群体消费升级速度的差异，并不是明显的"升级"和"降级"的区别；同时房价、收入和消费习惯对于不同群体的消费行为存在异质性影响。④

---

① 陈冲、吴炜聪：《消费结构升级与经济高质量发展：驱动机理与实证检验》，载《上海经济研究》2019 年第 6 期。

② 韩雷、彭家欣：《提升中国居民消费率：系统工程而非重点工程——一个基于文献的述评》，载《经济科学》2019 年第 3 期。

③ 石明明、江舟、周小焱：《消费升级还是消费降级》，载《中国工业经济》2019 年第 7 期。

④ 孙兴杰、鲁宸、张璇：《消费降级还是消费分层？——中国居民消费变动趋势动态特征研究》，载《商业研究》2019 年第 8 期。

6. 制度建设

四川省社会科学院《经济体制改革》编辑部举办的"纪念经济体制改革 40 周年学术交流暨优秀征文颁奖大会"围绕我国经济体制改革重大理论和实践问题等主题，展开了深入的讨论交流，提出了诸多具有创新性的观点，包括思想解放是中国改革开放的前提、制度创新是深化经济体制改革的关键所在、深化国企改革和农村改革是推进经济体制改革的重要领域、建设自贸试验区是深化经济体制改革的试验田、完善市场机制是深化经济体制改革的重点方向。[①] 陈云贤认为中国特色社会主义市场经济是有为政府与有效市场相结合的经济，现代市场机制着眼点不仅在产业经济的提升发展上，而且在城市经济的资源配置、区域竞争力和可持续发展上，它将引领着中国和世界经济实践的发展和经济学理论的提升。[②] 王琳等认为对经济"新常态"的基本认识是 2012 年以来深化改革的思想前提，"新发展理念"的提出是其全局引领，而"现代化经济体系"构想和"人类命运共同体"倡议则是在这一全局引领下在内部和外部两个方向的理论拓展，两者共同推动着中国特色社会主义市场经济体制改革不断深化发展。[③]

（三）中国经济发展转型

1. 国家发展战略转型

彭绪庶认为科学评价创新驱动发展战略实施进展，针对差距和问题

---

① 曹羽茂、何飞：《建立中国特色社会主义市场经济体制的不懈探索——"纪念经济体制改革 40 周年学术交流暨优秀征文颁奖大会"会议综述》，载《经济体制改革》2019 年第 1 期。

② 陈云贤：《中国特色社会主义市场经济：有为政府＋有效市场》，载《经济研究》2019 年第 1 期。

③ 王琳、冯璐、李皎：《中国特色社会主义市场经济体制改革的深化探索研究》，载《上海财经大学学报》2019 年第 4 期。

改进政策措施，是促进创新发展的必要举措。我国创新驱动发展战略的实施已经产生了成果，但在实施过程中还存在发展不充分不均衡不协调、体制机制障碍、创新投入强度低和结构配置不合理、文化和教育中的消极因素阻碍创新等问题，需要加快企业为主体和市场为导向的经济体制改革，进一步深化科技创新管理体制改革，建立健全科技人员流动和评价制度，修订完善知识产权法并强化知识产权保护，以及从教育着手培养创新文化基因和创新社会氛围。[①] 徐璋勇、葛鹏飞发现现有研究对区域发展战略的政策效果进行了深入探讨，但均忽视了其对资本错配的影响。中国由于金融部门改革的滞后，存在普遍的资本错配现象，严重影响着中国经济的高质量发展。西部大开发作为一项影响深远的区域经济发展战略，改善了国有企业、民营企业、非出口企业的资本错配。[②]

黄征学从空间布局对接的角度对一带一路建设进行了研究，他认为对于构建国内区域和开放型经济联动发展新格局，需要从硬联通和软联通两方面着手，畅通国内外的联系；加强国际国内区域、次区域合作，形成协同发展的体制机制合力；强化空间规划的引导和约束，确保合作目标"落地生花"。[③] 杜人淮发现中国经济由高速增长转向高质量发展的过程中出现的路径黏性问题会使转变发生迟滞；为了化解路径黏性需要树立经济高质量发展思维理念，强化经济高质量发展鲜明导向，健全经济高质量发展激励约束机制。[④] 李月、徐永慧考察了结构性改革对经济体由效率驱动向创新驱动阶段转变的影响，发现贸易部门—行政管理体制—金融改革和贸易部门—产品市场规制—劳动力市场改革两条路

[①] 彭绪庶：《目标导向的创新驱动发展战略实施进展研究》，载《经济纵横》2019 年第 5 期。

[②] 徐璋勇、葛鹏飞：《国家区域发展战略与资本错配——基于西部大开发的准自然实验》，载《产业经济研究》2019 年第 4 期。

[③] 黄征学：《推进"一带一路"建设与国家重大区域战略融合发展》，载《宏观经济管理》2019 年第 9 期。

[④] 杜人淮：《经济高速增长转向高质量发展：路径粘性、迟滞效应和化解》，载《现代经济探讨》2019 年第 4 期。

线，采取上述两条改革路线有助于尽快实现由效率驱动向创新驱动的转变。①

2. 发展方式转型

杨丞娟认为在经济全球化和区域一体化快速发展的今天，任何一个经济体都不能孤立存在。传统的以行政区划为特征的经济主体之间的界限日益模糊，并逐渐被以功能划分为依据的区域经济主体所取代，开始形成以大城市为核心，周边城市共同参与分工与合作的一体化圈域经济。圈域经济现象的形成反映了经济合作对区域发展的重要作用。② 李书昊通过构建包含创新驱动、市场主导、结构均衡、绿色环保、资源高效和以人为本6个子系统的经济发展方式转变测度体系，对中国经济发展方式转变的相对进程进行评估，发现创新驱动、资源高效和结构均衡3个子系统是制约中国经济发展方式转变的主要子系统。③ 李曦辉、黄基鑫认为中国的经济发展模式应该是可持续的发展模式，绿色发展作为新常态背景下国家经济发展的新战略，其核心内涵就是经济社会可持续发展，其动力来源于中国区域经济增长的非均衡性，克服发展方式与发展理念的约束条件，实现经济与生态环境协调可持续发展。④

邝劲松认为以 GDP 为中心的发展逻辑中，强调发展速度，催生了环境危机和产能严重过剩等低质量发展问题，形成中国经济发展困局。破局的关键在于，推动经济发展逻辑从"以 GDP 为中心"转向"以人为中心"。⑤ 李翀梳理了中国 70 年的经济复兴之路，发现目前中国经济

---

① 李月、徐永慧：《结构性改革与经济发展方式转变》，载《世界经济》2019 年第 4 期。
② 杨丞娟：《中国圈域经济形成和发展的动力机制——本土化的补充解释》，载《广西社会科学》2019 年第 7 期。
③ 李书昊：《新时代中国经济发展方式转变的测度研究》，载《经济学家》2019 年第 1 期。
④ 李曦辉、黄基鑫：《绿色发展：新常态背景下中国经济发展新战略》，载《经济与管理研究》2019 年第 8 期。
⑤ 邝劲松：《经济发展逻辑的嬗变与创新：从以 GDP 为中心转向以人为中心》，载《社会科学》2019 年第 9 期。

面临的最大问题是粗放型的经济发展方式已不可持续，这不仅表现在大规模投入社会资源难以为继还表现在劳动密集型产业的竞争力下降，对此作者认为要通过实施经济发展方式转变来解决这个问题，主要有两种方法，分别是促进科学技术的进步和推动产业结构升级。[①] 简新华、聂长飞认为实现从高速增长到高质量发展必须全面深化改革，特别是供给侧结构性改革，创新、完善相关制度和政策，改进国民经济、企业经营和科学技术等方面的管理方式，更好地发展各类教育事业，更快地推进科学技术创新特别是自主创新和进步，有效调整和优化经济结构，切实转变发展方式。[②]

3. 政府治理转型

沈伯平、陈怡认为目前我国制度性交易成本居高不下，要改变这一状况，必须通过制度创新推进政府职能转型：加强党对政府转变职能工作的集中统一领导；将推进政府职能转变至实现国家治理体系和治理能力现代化的高度，加强制度的顶层设计；必须切实在各级政府职能部门内部建立完善的干部问责制度、选择性激励制度和容错纠错机制；必须加大政府市场监管的力度；同时通过开放促改革，倒逼政府职能转变。[③] 鲁保林、邬嘉晟认为党和政府作为推动经济发展的重要行为主体，自上而下对经济活动进行规划引导、组织协调，以自觉治理促进国民经济有计划按比例发展，充分激发和释放了生产力发展的潜能。并发现自觉治理生动体现了人的自觉能动性在经济社会发展中的作用，是后发国家赶超先发国家的强力助推器。[④]

朱玲认为我国数字政府治理建设应通过建构与完善数字政府治理的

① 李翀：《论中华民族 70 年的经济复兴之路》，载《中山大学学报（社会科学版）》2019 年第 5 期。

② 简新华、聂长飞：《高速增长到高质量发展》，载《社会科学战线》2019 年第 8 期。

③ 沈伯平、陈怡：《政府转型、制度创新与制度性交易成本》，载《经济问题探索》2019 年第 3 期。

④ 鲁保林、邬嘉晟：《以自觉治理推动经济发展：中国的逻辑》，载《当代经济研究》2019 年第 9 期。

法律体系、升级与重塑数字政府治理的多元参与机制以及引进与培养数字政府治理的优秀人才等方式推进治理进程。[①] 陈朋探讨了大数据时代下的政府治理转型，认为当前政府治理转型首先必须有正视大数据、理性应用大数据的思维观念。在此基础上，再着力推动政府结构转型，推动政府组织体系从封闭性结构走向开放性结构、从官僚科层制走向扁平化。在同步推进理念转型和结构转型之际，还要通过建立协同性运行机制和预判性决策机制来推动政府治理方式转型。[②] 吴文琦认为发挥大数据技术优势有助于加快实现基层政府治理能力现代化。大数据技术对于拓展基层政府的治理视角、促进基层政府之间的协同合作和完善治理工作流程发挥着重要作用，为此，基层政府要充分利用大数据技术，不断提高公共决策、政策执行、社会管理以及公共服务等方面的能力，使基层治理工作更加高效化、精准化。[③]

贾义保认为政府治理在经济社会发展过程中，承载着维护市场运行秩序、优化宏观经济结构、促进社会公平正义、保障社会和谐稳定的使命。推进政府治理能力现代化既关涉到国家制度设计，也关涉国家、政府与社会的关系。推进政府治理体系与治理能力现代化，要努力做到坚持政府治理创新与秉承人民至上理念相统一，坚持政府科学决策与更好回应群众利益诉求相统一，坚持政府宏观调控与完善市场决定内生机制相统一，坚持政府法治建设与着力提升公务人员素质相统一，坚持政府考评优化与健全岗位责任追究制度相统一。[④] 姜庆志认为基层政府的治理转型关键在于在契合环境的基础上实现对冲突目标的理性权衡、资源和治权的共享程度以及乡村社会的组织化水平的有机结合，并通过资源的高效利用、权力的有效制衡以及各方收益的绝对增加来保持治理系统

① 朱玲：《我国数字政府治理的现实困境与突破路径》，载《人民论坛》2019 年第 32 期。

② 陈朋：《数据时代政府治理何以转型》，载《中共中央党校（国家行政学院）学报》2019 年第 6 期。

③ 吴文琦：《充分利用大数据技术提升基层政府治理能力》，载《人民论坛》2019 年第 35 期。

④ 贾义保：《推进政府治理现代化需要正确认识和处理的若干关系》，载《中州学刊》2019 年第 12 期。

的稳定性。① 赵云辉等研究了大数据发展水平、制度环境与政府治理效率之间的影响机制，研究结果表明：大数据发展水平有助于政府绩效的提升并能有效抑制腐败行为。大数据发展水平与制度环境的有效契合是提高政府绩效和抑制腐败的关键。制度环境是大数据发展水平对政府治理效率发挥作用的主要边界条件。②

4. 制造业转型

房建奇等探讨了大数据下的制造业转型升级，认为大数据产业的兴起，为我国制造业提质增效、创新驱动发展提供了崭新途径，加速推动着我国从制造业大国向制造业强国转型升级。③ 余东华、田双分析了嵌入全球价值链对制造业转型升级的作用机制，发现嵌入全球价值链总体上能够推动中国制造业转型升级，并提出中国制造业亟须抓住新工业革命带来的契机，提高自主创新能力，实现在全球价值链中的地位跃升，迈向全球价值链中高端，获取嵌入全球价值链的技术创新效应，从而实现转型升级、提质增效和国际竞争力提升。④ 余东华、李捷认为在信息网络技术作用下形成的人才红利足以弥补人口红利消失对制造业转型升级带来的不利影响。加快信息网络技术扩散，提升劳动力供给的有效性，增加人力资本积累，能够形成有效推动制造业转型升级的动力机制。⑤ 金泽虎、钱燕研究生产性服务进口对我国制造业转型升级的影响，发现中国制造业与生产性服务业之间的耦合水平偏低。生产性服务进口能够促进制造业的转型升级，且生产性服务的技术密集度越高，其

---

① 姜庆志：《走出怪圈：产业扶贫中基层政府治理转型的多重逻辑——基于建始县的纵向案例分析》，载《中国农村经济》2019 年第 11 期。

② 赵云辉、张哲、冯泰文、陶克涛：《大数据发展、制度环境与政府治理效率》，载《管理世界》2019 年第 11 期。

③ 房建奇、沈颂东、亢秀秋：《大数据背景下制造业转型升级的思路与对策研究》，载《福建师范大学学报（哲学社会科学版）》2019 年第 1 期。

④ 余东华、田双：《嵌入全球价值链对中国制造业转型升级的影响机理》，载《改革》2019 年第 3 期。

⑤ 余东华、李捷：《人力资本积累、有效劳动供给与制造业转型升级——基于信息网络技术扩散的视角》，载《经济科学》2019 年第 2 期。

进口在促进制造业转型升级中的作用就越弱。[①]

张恒梅、李南希认为智能制造是我国制造业企业未来的发展方向。在当前创新驱动发展战略背景下，物联网技术与制造业的深度融合，将会形成制造业智能化转型的新动能。但我国制造业的物联网应用条件尚不成熟，很多企业仍未制定较为明确的工业物联网发展规划。对此，应加快建立相关标准体系，完善相关基础设施，加强数据信息保护，发挥成功融合企业的典型示范作用，提升自主技术创新能力，加大相关人才培养力度及金融支持力度。[②] 霍媛媛认为以大数据技术驱动制造业转型升级面临着数据信息质量不高、生产性服务业发展滞后等问题，亟须推动大数据管理、研发、应用等产业发展，建立面向产业结构调整的大数据产业链，推动大数据技术与传统制造业深度融合，以大数据技术助推制造业转型升级。[③]

曲绍卫、夏远、姚毅研究生产性服务业集聚与制造业转型之间的关联性。并得出结论：首先，中国生产性服务业集聚与制造业转型彼此间都具有促进作用；其次，由于中国制造业发展阶段的局限性，区域创新能力的提升并不能很好地推动制造业转型；最后，区域金融发展和政府干预能够促进生产性服务业集聚，但政府干预却会阻碍制造业转型升级。[④] 张永恒、王家庭认为高质量发展下中国产业转型升级方向，要拓展并细化产业转型升级维度；注重不同产业间的配比，尤其是生产性服务业和制造业配比；重视并确立制造业的根本地位；提升我国经济外向型程度。[⑤] 陈瑾、李若辉从协同创新驱动视角，提出新时代我国制造业

---

① 金泽虎、钱燕：《生产性服务进口对我国制造业转型升级的影响》，载《重庆社会科学》2019 年第 6 期。

② 张恒梅、李南希：《创新驱动下以物联网赋能制造业智能化转型》，载《经济纵横》2019 年第 7 期。

③ 霍媛媛：《以大数据技术驱动制造业转型升级》，载《人民论坛》2019 年第 25 期。

④ 曲绍卫、夏远、姚毅：《生产性服务业集聚与制造业转型的关联性研究——基于产业互动视域的分析》，载《预测》2019 年第 5 期。

⑤ 张永恒、王家庭：《高质量发展下中国产业转型升级方向研究——基于中美两国数据的对比》，载《科技进步与对策》2019 年第 23 期。

应通过产业融合、集群发展、生产要素优化配置、产业链智能拓展等路径来实现产业升级。① 葛冬冬认为"智能＋"更多聚焦在提高我国的工业基础能力和创新能力上，促进了制造业和服务业融合发展。制造业作为国民经济的重要支柱产业，必须抓住机遇，以向智能制造转型为关键，以大众创业、万众创新为抓手，走在升级发展前列。②

（四）中国经济发展动力

1. 全面深化改革

党的十八届三中全会对全面深化改革做了重要部署，其中经济体制改革是全面深化改革的重点。韩文龙、朱杰、祝顺莲认为经济体制改革核心问题是正确处理好政府和市场的关系。他们将学者们关于有效市场、有为政府、市场于政府的有机结合进行了综述。解决政府和市场的关系问题，就要使市场在竞争性的资源配置领域发挥决定性作用，同时需要完善社会主义市场体系。局部上层建筑的重构和社会基础的转型可以有效促进经济改革，特别是通过党的自我完善和政府自身的改革来校正改革的利益方向。有为政府的关键是法治，需要保护市场主体的"私权"，同时规范政府的"公权"。而政府与市场的关系也需要在时代的变迁中不断变化，充分发挥市场和政府的优势。③ 任鹏认为中国特色社会主义进入新时代，推进全面深化改革"呈现全面发力，多点突破、蹄疾步稳、纵深推进的局面"，面临的任务更重、难度更大、要求更高，亟待深入研究政策执行的规律特点，提升政策执行力，这不仅是改革深入推进、改革举措落实的重要保障，其本身更成为国家治理能力现代化

① 陈瑾、李若辉：《新时代我国制造业智能化转型机理与升级路径》，载《江西师范大学学报（哲学社会科学版）》2019 年第 6 期。
② 葛冬冬：《"智能＋"：为制造业转型升级赋能》，载《人民论坛》2019 年第 33 期。
③ 韩文龙、朱杰、祝顺莲：《全面深化经济体制改革重大实践问题研究》，载《政治经济学评论》2019 年第 10 期。

的重要目标。① 鲁明川认为生态环境关乎国计民生，是一国可持续发展
的重要因素。因此，保护生态环境是新时代全面深化改革的基本底线，
推进生态建设是新时代全面深化改革的重要内容，增进生态公平是新时
代全面深化改革的价值追求，促进生态发展是新时代全面深化改革的方
向原则。②

2. 供给侧结构性改革

过去，由要素驱动和投资驱动的发展模式造成了经济发展透支，不
合理、不协调的经济结构严重阻碍了我国的经济发展速度和质量，必须
深入贯彻落实供给侧结构性改革。因此，王冰冰认为创新驱动引领的供
给侧结构性改革才是促进经济持续健康发展的主要动力：制度创新可为
供给侧结构性改革提供良好的制度基础，可以从战略层面提升有效供
给；技术创新可为供给侧结构性改革提供长期动力，并持续提升潜在供
给和产出水平；模式创新是供给侧结构性改革发挥作用的催化剂，也是
疏通制度创新和技术创新向最终经济发展目标传导的关键环节。供给侧
结构性改革的目的就是从生产端入手驱动经济发展新动力，提升经济发
展质量满足人民日益增长的美好生活需求。③ 据此，周小亮提出引入制
度变革与结构调整构建理论分析框架，进而研究供给侧结构性改革驱动
经济发展新动力、提升经济发展质量的内在机制、实现条件和制度基
础。同时，促进产业结构调整与优化实体经济和虚拟经济比例关系，提
升经济发展质量的基本原则、重点任务和实践路径。④ 吴义刚站在马克
思扩大再生产理论的视角分析了供给侧结构性改革对经济均衡增长的影

① 任鹏：《提升全面深化改革中的政策执行力》，载《中国特色社会主义研究》2019 年
第 5 期。
② 鲁明川：《新时代全面深化改革的生态之维》，载《哈尔滨工业大学学报（社会科学
版）》2019 年第 5 期。
③ 王冰冰：《创新驱动视角下供给侧结构性改革的逻辑与政策选择》，载《经济纵横》
2019 年第 9 期。
④ 周小亮：《供给侧结构性改革提升经济发展质量的理论思考》，载《当代经济研究》
2019 年第 3 期。

响，他认为供给侧结构性改革既是化解我国现阶段两部类失衡现实矛盾的当务之急，也是在中国特色社会主义市场经济条件下生产方式的调整和完善，引导我国国民经济持续均衡发展的根本措施。[①]

3. 治理体系与治理能力现代化

陈进华认为治理体系是国家运行的制度载体和机制保障，而国家主导是治理体系现代化的内在逻辑。治理体系现代化国家逻辑的核心问题是，构建有效应对和化解国家与社会关系问题的治理规则、程序及其秩序，那么正确发挥国家在治理体系中的权威引领作用，更是实现社会公正、提高市场效率、培育社会自治的制度架构与机制保障。[②] 赵宏认为化解社会主要矛盾便成为推进实现国家治理体系现代化的新使命和新挑战，这就要求国家在推进实现治理现代化的过程中注意以下几点：重塑社会气质，必须高扬以人民为中心的发展思想，从重视"权力"转向重视"权利"，进一步提升民族自信心。协调利益关系，着力解决不平衡不充分发展的问题。创新社会治理，既要要求体制创新，又要加快政府转型。[③] 刘占祥、闪月以社会主义核心价值观的视角论述了国家治理现代化的价值动力。他们认为，社会主义核心价值观是现代国家构建的价值根基，可以提升国家治理现代化水平。因为社会主义核心价值观是匡正现代治理的柔性力量，不仅为国家现代化治理提供价值目标，而且为全面深化改革凝聚社会力量。同时，社会主义核心价值观为国家现代化治理提供现代性思维，促进社会向现代转型，引领社会活力的释放。[④]

① 吴义刚：《供给侧结构性改革：均衡增长的理论与逻辑——基于马克思扩大再生产理论的研究》，载《当代经济研究》2019 年第 8 期。
② 陈进华：《治理体系现代化的国家逻辑》，载《中国社会科学》2019 年第 5 期。
③ 赵宏：《从社会主要矛盾变化的视角探析新时代推进实现国家治理体系现代化的使命与挑战》，载《科学社会主义》2019 年第 3 期。
④ 刘占祥、闪月：《论国家治理现代化的价值动力——基于社会主义核心价值观的考察》，载《中国行政管理》2019 年第 10 期。

4. 自主创新

刘思明、张世瑾、朱惠东通过构建指标体系分析认为发达国家与发展中国家的创新驱动力水平和这个国家的经济发展水平有着直接关系；科技创新比制度创新影响更大，且科技创新和制度创新两者的交互作用对发达国家的影响比对发展中国家更显著；当前制度创新水平较差，制约了我国科技创新的发展，应将二者同步协调发展。① 华坚、胡金昕研究发现我国当前的经济高质量发展水平和科技创新能力整体呈现由东部向西部由强变弱趋势；经过构建指标体系证明了我国的创新驱动发展战略当前进展情况较好，但同时提升空间也很大。② 任保平、李禹墨认为当前我国已经通过制度创新改革实现了经济体制的转型，而制度创新也是我国经济增长的重要原因之一；我国应继续加大对创新者的培养、对科技创新的鼓励，以此获得更多的科技创新成果，以此打造出更有效率的科技成果产业化模式，进一步实现新旧动能转化。③

5. 投资与需求

才国伟、杨豪研究发现外商对我国要素市场的直接投资会促进要素市场结构向更合理方向发展，进而优化要素的配置；外商直接投资对劳动力要素市场的影响力较低；同时这种促进效应也受到如宏观经济环境等多种外界因素影响。④ 毛其淋研究发现外商对国内企业的投资促进了国内企业的创新能力，同时我国近年融资难度的降低和研发能力的提升

---

① 刘思明、张世瑾、朱惠东：《国家创新驱动力测度及其经济高质量发展效应研究》，载《数量经济技术经济研究》2019年第4期。

② 华坚、胡金昕：《中国区域科技创新与经济高质量发展耦合关系评价》，载《科技进步与对策》2019年第8期。

③ 任保平、李禹墨：《新时代我国经济从高速增长转向高质量发展的动力转换》，载《经济与管理评论》2019年第1期。

④ 才国伟、杨豪：《外商直接投资能否改善中国要素市场扭曲》，载《中国工业经济》2019年第10期。

使得外商投资对国内企业创新能力的促进作用进一步加大。①

（五）中国经济发展空间

陶长琪、陈伟、郭毅通过对新中国 70 年经济发展历程进行分析认为当前我国经济发展应从完善现代工业体系、优化经济和工业结构、加强创新能力、在维持国际市场稳定的同时提升国内消费、绿色可持续发展、城乡协调发展等方面入手。② 清华大学中国经济思想与实践研究院（ACCEPT）宏观预测课题组认为 2019 年上半年我国经济由于内部信心不足等原因出现了下行趋势，其认为对传统产业的改造升级是当前可以促使经济焕发新活力的有效手段。③ 国家发展改革委经济研究所课题组认为我国当前经济已经转向高质量发展，然而与发达国家相比我国的经济发展质量有所不足，具体体现在供给质量、供给体系效率、供给稳定性等方面。与此同时，我国的经济发展存在着向高质量发展转型观念不足、科技创新遇到瓶颈、国际形势愈加复杂等挑战。我国应协调好经济发展的速度与质量，积极促进政府和企业探索出一个新的发展模式，同时注重产业对高质量发展的重要支撑作用，努力使产业发挥出内在潜能。④ 张治河、郭星、易兰认为我国改革开放以来所进行的各项改革目的都是为了更好发挥市场对资源的配置作用，但这并不意味着政府是无用的，与之相反，应该是政府和市场共同发挥作用，二者相协调共同参与经济发展才是最优的发展模式。我国当前应将核心技术的创新放在科技发展的首要位置，同时要进一步加强政府和市场的协作能力，促进我

① 毛其淋：《外资进入自由化如何影响了中国本土企业创新?》，载《金融研究》2019 年第 1 期。

② 陶长琪、陈伟、郭毅：《新中国成立 70 年中国工业化进程与经济发展》，载《数量经济技术经济研究》2019 年第 8 期。

③ 清华大学中国经济思想与实践研究院（ACCEPT）宏观预测课题组：《2019 年上半年中国宏观经济形势分析及其未来展望》，载《改革》2019 年第 8 期。

④ 国家发展改革委经济研究所课题组：《推动经济高质量发展研究》，载《宏观经济研究》2019 年第 2 期。

国经济发展效率进一步提升。[1]

三、宏观经济调控

（一）政府职能与作用

张喜红认为，政府职能转变是深化党和国家机构改革的内在要求，也是推进国家治理现代化的必然选择。当前，我国发展所面临的复杂形势对推进国家治理体系和治理能力现代化提出了新的挑战和要求，作为公共事务治理主体的政府，要不断提升动态调适能力，以职能转变推动治理创新。[2] 李叶妍等通过实证研究发现市场竞争是优化资源配置、提升生产效率的基础性决定性因素，而政府"有形的手"的适度引导和支持，有利于更大限度激发市场主体活力、竞争力和创造力，推动更高效率和质量的经济社会发展。[3] 何哲认为传统的中央地方关系，在新信息时代将形成新的挑战和变革。在中央层面，由于具备了巨大的信息调度能力，会逐渐形成一个相对更加统一和能力更强的中央政府；在地方层面，则会在微观上加强面向公民个体的精准公共服务供给能力。因此，将会形成一种两头加强、中间提供支撑的新的组织结构体系。[4] 竺乾威认为，以人民为中心的新发展观要求政府从"五位一体"的总体布局整体性地履行其职能，这就需要改变以往政府注重单一职能行使的

---

[1] 张治河、郭星、易兰：《经济高质量发展的创新驱动机制》，载《西安交通大学学报（社会科学版）》2019 年第 6 期。

[2] 张喜红：《责任政治建设与政府职能转变：关系、路径与指向》，载《学习与探索》2019 年第 12 期。

[3] 李叶妍、姜楠：《市场竞争、"有形的手"与生产效率》，载《宏观经济研究》2019 年第 12 期。

[4] 何哲：《新信息时代中央地方职能与纵向治理结构变革趋势探析》，载《电子政务》2019 年第 12 期。

做法，使政府回归其本源，也就是一个权力受到制约的法治、负责、透明和高效的现代政府。未来的机构改革要从国家治理现代化的高度来着力推进这一现代政府的建构。[1]

（二）宏观调控目标与机制。

庞明川认为，新中国 70 年宏观调控先后经历了从"计划管理"到"综合平衡"、再到"宏观调控""总量调控""总量＋结构"调控以及从"需求结构调整"到"需求＋供给"的结构性调控五次大规模实践转型，形成了中国特色宏观调控"总量＋结构""需求＋供给"的理论范式，为发展宏观调控理论贡献了中国经验和智慧。[2] 刘伟等认为，2019 年，面对供给、需求"双收缩"的局面，中国应该采取扩张性政策组合，以扩张性市场环境管理为主、扩张性供给管理次之、扩张性需求管理为辅，形成丰富多变的政策组合，从而实现宏观经济中宏观调控目标多元化，努力完善以需求管理、市场环境管理和供给管理三大类政策为主的中国特色宏观调控体系。[3] 苏剑等认为需求管理主要包括凯恩斯的需求管理政策、需求型创新、需求侧改革，供给管理主要包括要素价格政策、财政政策、供给型创新、供给侧改革，市场环境管理政策主要包括"市场环境改革"和在既定制度基础上进行的"市场环境微调政策"。[4] 宋瑞礼对新形势下如何提高宏观调控成效进行了深入研究，探索性提出了应对严重外部冲击的"双积极"宏观调控新取向、致力于改善潜在经济增长率的"创新刺激"宏观调控新思路和以提高宏观调控操作适应性应对经济走势不确定性的新主张，这对于搞好新形势下

---

① 竺乾威：《服务型政府：从职能回归本质》，载《行政论坛》2019 年第 5 期。

② 庞明川：《新中国 70 年宏观调控的转型、创新与基本经验》，载《财经问题研究》2019 年第 11 期。

③ 刘伟、苏剑：《守住底线，确保经济安全——2019 年经济形势展望与政策建议》，载《学术月刊》2019 年第 4 期。

④ 苏剑、陈阳：《中国特色的宏观调控政策体系及其应用》，载《经济学家》2019 年第 6 期。

的宏观调控具有重要理论和现实意义。[1]

（三）宏观调控政策

1. 财政政策

刘安长认为我国逆周期财政政策在新中国成立 70 年以来取得了举世瞩目的成就，为我们新时期的经济宏观调控积累了宝贵的经验。我们要客观看待财政政策对宏观调控目标的作用，正视财政政策的调控成本以及重新界定政府在宏观调控中的作用边界。[2] 刘金全等基于总量和结构视角研究发现，在经济适速增长阶段，积极的财政政策能带动经济增长，以提高教科研支出和增值税、降低投资性支出和营业税为主，以降低一般公共服务支出、消费税和所得税为辅的财政政策有利于经济高质量发展。在经济高速增长阶段，增加财政支出和税收能带动经济增长，以降低教科研支出和营业税、提高投资性支出和增值税为主，以提高一般公共服务支出、消费税和所得税为辅的财政政策有利于经济高速增长。[3] 杨志勇梳理新中国成立 70 年来的财政政策，发现财政政策目标的选择需要准确认识国家作用；财政政策成功的基础是尊重财政规律；财政政策需要超越宏观经济稳定目标，为工业化和现代化提供保障；面向未来，财政政策应立足于服务国家治理体系和国家治理能力现代化建设，服务国家参与人类命运共同体的构建；应重新理解财政政策知识，为财政政策选择提供支持，同其他政策目标相互协调。[4]

---

① 宋瑞礼：《新形势下中国宏观调控取向与对策研究》，载《宏观经济研究》2019 年第11 期。

② 刘安长：《我国逆周期财政政策 70 年：演进、镜鉴与展望》，载《经济学家》2019 年第 12 期。

③ 刘金全、张龙：《基于总量调控和结构优化视角的我国经济高质量发展财政政策》，载《软科学》2019 年第 2 期。

④ 杨志勇：《新中国财政政策 70 年：回顾与展望》，载《财贸经济》2019 年第 9 期。

2. 货币政策

苏治、刘程程、位雪丽发现经济不确定性仅会在量上影响货币政策调控效果，并不会改变其作用方向，不确定性会削弱货币政策有效性，这种弱化程度在金融危机后表现得更加明显。[1] 李成、王东阳研究发现，我国经济增长高速阶段贷款基准利率、法定存款准备金率及公开市场操作三种货币政策工具对银行信贷的调控效力受到削弱。我国经济增长减速阶段贷款基准利率调整对商业银行信贷的引导效应较弱，法定存款准备金率和公开市场操作的影响效力较强，同时表现出鲜明的结构性特征，即三种货币政策调控均未引起城市商业银行的信贷扩张。客观认识经济周期不同阶段货币政策调控效应的机理和现实，有助于货币当局实施差异化的调控方式以实现货币政策调控的精准有效。[2] 张斌、熊婉婷发现中国经济 2012 年前后迈过工业化的高峰期进入经济结构转型过程中，传统资本密集型行业信贷需求大幅下降，新兴人力资本密集型行业信贷需求相对较低且在债务主导的金融服务体系中面临融资供给制约。由于市场内生的企业信贷供给和需求双双下降，总需求不足问题凸显。宏观经济稳定方面，宏观经济运行特征由此前的"易热难冷"转向"易冷难热"，"债务—通缩"风险加大。这要求货币政策在执行中更加注重温和通胀目标，充分运用各种政策工具确保总需求和总供给的平衡。金融稳定方面，防范系统性风险的重点要与时俱进地调整。时间轴上要特别关注经济周期和金融周期下行叠加带来的系统性风险；空间轴上不仅要关注"大而不能倒"的系统重要性机构，还须加强"小广散"金融机构的稳定性，注重与其相关的风险传染。[3]

---

① 苏治、刘程程、位雪丽：《经济不确定性是否会弱化中国货币政策有效性》，载《世界经济》2019 年第 10 期。

② 李成、王东阳：《基于经济发展周期的货币政策周期：理论逻辑与实证检验》，载《经济学家》2019 年第 2 期。

③ 张斌、熊婉婷：《经济结构转型与"双支柱"调控框架》，载《金融研究》2019 年第 12 期。

3. 产业政策

改革开放 40 年在历经萌芽、起步、调整、转型、深化五个发展阶段后，我国已成长为世界高新技术产业大国，从政策演变趋势看，越来越注重发挥政策的引领支撑作用，更注重产业成长性的培育以及多元化创新能力培养。然而李中认为政策制定主体权威性、政策着眼点、针对性以及政策力度等缺陷，决定了企业自主创新能力仍有较大提升空间。未来产业发展应加强顶层设计，明确政策制定主体权责，着力优化支持方式，强化共性技术供给，以破解"低端化、空心化、边缘化"发展困境。① 郭克莎认为中国产业结构调整升级的阶段性趋势是：2016~2020 年是承上启下的初步推进期，2020~2035 年是多种因素作用下的快速变动期，2035 年之后将进入有规律演变的相对稳定期。"十四五"时期要重点关注和解决的主要结构问题是：工业产能过剩问题、新兴产业发展问题、制造业的地位和作用问题、服务业结构的优化问题。基本取向：一是坚持以供给侧结构性改革为引领，以深化改革促进产业政策的合理设计和有效实施；二是坚持处理好政府与市场的关系，使产业结构政策建立在使市场在资源配置中起决定性作用和更好发挥政府作用的体制机制上；三是坚持把结构调整与产业升级结合起来，推动制造业向中高端发展、高质量发展并增强对结构优化的带动效应。② 于潇宇、刘小鸽针对中国经济发展迈入新常态，以选择性为主的产业政策所带来的不良政策效应日趋严重，产业政策亟待转型的困境，认为中国可以借鉴日本在工业化后期产业政策演变的相关经验。应适时调整产业政策目标，并在实施手段、制定主体和制定程序方面尽快转型，实现产业政策与竞争政策的协调；应加强构建有利于促进创新产生和扩散的市场环境，从基础创新、产业创新和制度创新

① 李中：《改革开放 40 年我国高新技术产业发展实践与反思》，载《经济体制改革》2019 年第 1 期。
② 郭克莎：《中国产业结构调整升级趋势与"十四五"时期政策思路》，载《中国工业经济》2019 年第 7 期。

三个层面推动创新政策转型。[①]

4. 国民收入分配政策

实现经济发展成果全民共享、全体人民共同富裕是国家现代化进程的根本目标，改善民生有助于推动现代化内生动力的形成。收入分配是改善民生、实现发展成果由人民共享最重要、最直接的方式。郭玉燕认为目前初次分配不合理，二次分配没有达到缩小收入差距的效果，三次分配机制尚未形成，需要加快收入分配制度改革，保护合法收入，合理调节过高收入，规范隐性收入，取缔非法收入。调整初次分配，提高劳动报酬比重，增加居民财产性收入。调整二次分配，完善税收体系和社会保障体系。调整三次分配，构建慈善文化和制度环境。[②] 魏熙晔、龚刚、李梦雨研究发现：（1）对于中等收入经济体，收入差距过大会导致消费升级和产业升级的"涓滴效应"被阻隔，经济增长出现瓶颈，甚至陷入中等收入陷阱；（2）收入分配与经济增长存在多重均衡特征，低收入阶段下的收入不平等促进经济增长，中等收入阶段下的收入不平等存在最优水平，而高收入阶段下的收入不平等则阻碍经济增长；（3）经济增长率、消费增长率和服务业增长率均与基尼系数呈显著的库兹涅茨倒"U"型关系，存在最优的收入分配结构。

由于中等收入陷阱的存在性，中国能否跨越中等收入陷阱，主要取决于收入分配结构和生产技术水平这两个关键维度。[③] 汪洪溟、李宏认为当前基于公平收入分配目标的社会保障政策，主要需解决调节范围、调节力度以及主要由制度设计本身所决定的收入调节的具体方向等方面的问题。[④]

[①] 于潇宇、刘小鸽：《新常态下中国产业政策的转型——日本工业化后期产业政策演变的经验启示》，载《现代经济探讨》2019 年第 3 期。

[②] 郭玉燕：《民生共享背景下的收入分配制度改革》，载《现代经济探讨》2019 年第 3 期。

[③] 魏熙晔、龚刚、李梦雨：《收入分配、产业升级与中等收入陷阱》，载《浙江社会科学》2019 年第 10 期。

[④] 汪洪溟、李宏：《改革开放以来社会保障收入分配调节效应实证分析》，载《中国软科学》2019 年第 12 期。

四、微观规制改革

（一）经济性规制

董娟、李骁原认为由于互联网金融展现出的全新特性和其本身涉及的业务模式很容易成为如非法经营罪、非法吸收公众存款罪和集资诈骗罪等滋生的温床，因此，互联网金融领域迫切需要完备科学的刑事法律制度加以规制和监管，保证经济活动的健康运行与繁荣稳定。[①] 宁立志、杨妮娜认为专利独家许可能在短时间内以较小成本完成专利技术的产业化，产生规模经济效应，在整体上促进社会技术创新，但具有竞争关系的专利权人与被许可人之间的独家许可以及拥有市场支配地位的专利技术的独家许可会危及市场竞争秩序，因此有必要在反垄断法层面明确专利独家许可违法性的构成要件，为反垄断法规制专利独家许可行为提供理论支持。[②] 莫林认为共享平台的信息利用目前基本处于自主状态，现行立法尚未提供具体可操作规范，从而客观上纵容平台放任信息攫取本能，过度收集、宽松审查和不当披露信息，直接或间接导致诸如网约车领域的恶性案件发生，共享经济的信息披露需处理好协议披露和强制披露、主动披露和被动披露、守信披露与失信披露的关系。[③]

（二）环境规制

黄金枝、曲文阳认为环境规制推动了城市全要素生产率与创新效率

---

① 董娟、李骁原：《互联网金融领域刑法规制探究》，载《东南大学学报》2019 年第 S1 期。

② 宁立志、杨妮娜：《专利独家许可的反垄断法分析》，载《中州学刊》2019 年第 4 期。

③ 莫林：《共享平台的信息规制义务》，载《科技与法律》2019 年第 5 期。

的提高，对经济发展具有助推的潜力，环境规制通过直接作用于城市全要素生产率与创新效率，进而有效促进区域经济的发展。① 董景荣、张海涛等认为企业规模、劳动投入和外商直接投资对装备制造业的技术创新有明显促进作用，但环境规制会抑制外商直接投资的技术溢出效应和企业的规模效应，利润率对技术创新有抑制作用。建议政府制定严格的环境规制政策，同时加大对企业科研经费的支持力度，并给外商资本更好的投资环境来减小环境规制所带来的抑制作用。② 张栋浩、樊此君认为环境规制对外企规模不仅存在负向的本地效应，还存在正向的空间溢出效应，即本省加强环境规制会降低本省外企规模，而外省加强环境规制则会提高本省外企规模。同时，环境规制只是对港澳台企业规模存在本地效应和空间溢出效应，对非港澳台企业规模的影响并不显著。③ 王晓红、冯严超等认为不同区域的环境规制效果存在显著的空间异质性，全国、东部与中部地区的环境规制在促进城市发展质量提升方面存在协同效应，而西部地区的环境规制在促进城市发展质量提升方面存在替代效应，环境规制工具应根据区域的差异设置不同的组合。④

（三）规制体制改革

张敏、林志刚通过系统回顾和梳理日本规制改革的演进，指出日本规制改革在改革机制设计、建构法律体系、完善参与机制等方面，均为我国推动国家治理体系和治理能力现代化提供了有价值的启发和借鉴。从规制改革的机制设计来看，要法律先行，确保程序和规制的合法性，

---

① 黄金枝、曲文阳：《环境规制对城市经济发展的影响——东北老工业基地波特效应再检验》，载《工业技术经济》2019 年第 12 期。

② 董景荣、张海涛、王亚飞：《环境规制对技术进步的影响——基于中国装备制造业的实证检验》，载《重庆师范大学学报》2019 年第 1 期。

③ 张栋浩、樊此君：《环境规制如何影响外企规模——基于港澳台企业和非港澳台企业的异质性分析》，载《国际经贸探索》2019 年第 10 期。

④ 王晓红、冯严超、焦国伟：《环境规制对中国城市发展质量的影响研究》，载《吉林大学社会科学学报》2019 年第 4 期。

同时还要制定中立的、第三方外部监管和评估机制。[①] 原凯认为普惠金融作为一种新兴金融平权理念，不仅包含了金融正义的自由核心，也指向了金融正义的公平维度。我国普惠金融制度建构应在倡导市场化的大前提下，以去行政化为主要内容，兼顾行为监管和关联配套机制建设，构筑普惠金融立体规制框架，从而为普惠金融的长远与均衡发展奠定基础。[②] 陈兵认为数字经济作为新时代深化供给侧改革，促进消费升级和模式创新的重要动力和实践进路，在取得巨大成绩的同时，也诱发诸多规制风险与危害。因此，我们应更新规制理念与方法，确立系统规制的逻辑，利用整体的、多层次的规制思维，改善实施机制，构建由政府主导的，经营者、消费者、社会组织参与的多维度、多元化、全方位的经济法治规制系统。这一规制系统依赖于顶层设计与顶层推动的协同联动，尊重多元利益的平衡，最终实现效率、公平及安全的三位一体。[③]

（四）规制体系改革

熊鸿儒认为近年来，我国一大批数字平台企业快速崛起，在大幅改善经济效率、增进社会福利的同时，也带来了不少新的治理挑战。平台垄断问题引发的监管难题较为突出，传统的反垄断分析标准、执法方式及监管体系亟待完善。为顺应数字经济与平台经济的发展规律，最大限度地激励创新，并有效保护消费者，应坚持包容审慎、开放透明、灵活有序的监管原则，多措并举完善反垄断规制体系，提升监管能力。[④] 邓

---

① 张敏、林志刚：《打造小而有效的政府——日本规制改革的回顾与评析》，载《现代日本经济》2019 年第 1 期。

② 原凯：《金融正义视阈中的我国普惠金融立体规制研究》，载《暨南学报》2019 年第 7 期。

③ 陈兵：《法治视阈下数字经济发展与规制系统创新》，载《上海大学学报》2019 年第 4 期。

④ 熊鸿儒：《我国数字经济发展中的平台垄断及其治理策略》，载《改革》2019 年第 7 期。

春生认为随着互联网技术的不断创新和发展，互联网不仅在国民经济各个领域进行了深度融合，而且也彻底改变了人们的生活方式。为了健全网络借贷风险监管体系，可从征信系统、行业自律和政府监管这三个方面来审视及完善网络借贷平台风险规制体系。其中，在政府监管方面，帮助网络借贷行业协会在风险监管中发挥重要作用、建立网络借贷监管法律体系等完善网络借贷风险规制体系的对策，以促进网络借贷的健康稳定发展。①

---

① 邓春生：《网络借贷平台风险规制体系的审视及完善》，载《四川理工学院学报》2019 年第 5 期。